경제 읽어주는 남자

경제 읽어주는 남자

초판 발행 | 2018년 9월 7일
초판 6쇄 발행 | 2020년 1월 10일

지은이 · 김광석
발행인 · 이종원
발행처 · (주)도서출판 길벗
브랜드 · 더퀘스트
주소 · 서울시 마포구 월드컵로 10길 56(서교동)
대표전화 · 02) 332-0931 | **팩스** · 02) 332-0586
출판사 등록일 · 1990년 12월 24일
홈페이지 · www.gilbut.co.kr | **이메일** · gilbut@gilbut.co.kr

기획 및 책임편집 · 김세원(gim@gilbut.co.kr) | **디자인** · 최윤선
제작 · 이준호, 손일순, 이진혁 | **영업마케팅** · 정경원, 이정, 김선영 | **영업관리** · 김명자 | **독자지원** · 송혜란, 정은주

교정교열 · 공순례 | **CTP 출력 및 인쇄** · 예림인쇄 | **제본** · 예림바인딩

ISBN 979-11-6050-562-7 03320
(길벗 도서번호 090128)

정가 : 17,000원

이 도서의 국립중앙도서관 출판예정도서목록(CIP)은 서지정보유통지원시스템 홈페이지(http://seoji.nl.go.kr)와 국가자료공동목록시스템(http://nl.go.kr/kolisnet)에서 이용하실 수 있습니다.(CIP제어번호: CIP2018025513)

경제 읽어주는 남자

어려운 경제,
알기 쉽게 설명한다

김광석 지음

더퀘스트

| 프롤로그 |

경제를 알면 미래가 보인다,
경제 지식이 힘이다!

—

경제를 알면 세상 돌아가는 게 훤히 보입니다. 필자도 경제를 잘 모르다가 알게 되면서 넓은 세상이 보이는 경험을 했습니다. 민간 및 국책 연구기관들에서 다양한 정책 연구와 경제·산업 연구들을 진행하면서 세상을 보는 시야와 깊이가 달라지는 것을 실감했습니다. 그리고 그렇게 쌓인 지식들은 제 일상과 투자 판단에 매우 유용하게 활용되었습니다. 이 같은 지식과 경험을 보다 많은 사람들과 공유하고, 특히 경제를 어렵게 느끼는 이들에게 '쉽게' 전하고 싶었습니다.

경제를 아는 것은 직장인들에게 매우 중요합니다. 직장 내 의사결정자라면 더욱더 경제적 환경 변화에 맞춘 적절한 대처를 할 줄 알아야겠고, 일반 직장인 또한 회사에서 잘나가기 위해서도, 그리고 회사 밖에서 경쟁력 있는 커리어를 준비하기 위해서도 경제 지식은 꼭 필요합니다.

학생이나 취업준비생도 예외는 아닙니다. 경제 변화를 예측할 수 있어야 진로와 관련하여 좋은 의사결정을 할 수 있고, 경제를 잘 아는 사람이

사회에 '준비된 인재'로 보이는 것은 당연합니다. 만약 여러분께서 학부모라면 내 아이에게 세상 살아가는 데 꼭 필요한 지식과 지혜를 가르쳐 주는 현명하고 당당한 부모이고 싶을 겁니다. 이때에도 경제 지식은 필수입니다.

경제를 이해하는 일은 투자 의사결정에도 매우 중요합니다. 경제에 대한 이해 없이 투자하는 일은 마치 '눈을 감고 운전하는 행동' 같기도 합니다. 주식 투자든 부동산 투자든 경제적 현상을 올바로 이해하고, 주체적으로 해당 종목과 물건에 대한 상승-하락의 방향성을 전망할 수 있어야 합니다. 이 책은 투자를 위한 경제적 지침을 전달하고, 투자 의사결정 시 반드시 유의해야 할 점을 별도로 설명하고 있습니다.

—

우리 주변에는 경제 사전이나 경제 교과서 식의 컨셉을 내세운 좋은 책들이 많습니다. 하지만 그러한 접근 방식은 실제 경제가 어떻게 돌아가는지 이해하는 데 다소 한계가 있습니다. 대학에서 4년간 경제학을 전공하고도 경제 현상을 잘 설명하지 못하거나, 경제 기사를 이해하지 못하는 경우가 매우 많으니까요. 비유컨대, 영어 사전을 줄줄 왼다고 영어가 술술 나오는 것은 아니듯, 사전을 공부하기보다 직접 영어권 나라에서 부딪혀 보는 것이 실제로 영어 능력을 키우는 데 효과적일 것입니다.

이 책은 한국경제와 세계경제를 이해하는 데 가장 중요한 이슈가 되는 경제 현상들을 제시하고, 그것을 제대로 이해하기 위한 기본 개념들을 함께 설명합니다. 즉, '사전 주고 스스로 영어 해 봐'가 아니라, '일단 영어 해 봐, 모르는 단어는 옆에서 알려줄게'와 같은 방식입니다.

—

구체적으로, Part 1에서는 현실 경제를 이해하는 데 필요한 최소한의 기본 지식들을 설명해 놓았습니다. 경제란 무엇인지, 경제를 왜 알아야 하는지 등을 교과서와 사전을 덮고 설명합니다. 본격적인 경제 지식을 쌓기에 앞서 큰 그림을 그려보는 단계입니다. 물론 본론으로 바로 들어가고 싶은 독자들께서는 바로 Part 2로 넘어가셔도 무방합니다.

Part 2에서는 금리, 무역, 환율, 부동산 등 13가지의 주요 경제 개념들을 설명할 것입니다. 마치 강연을 듣는 듯 쉽고 편안하게 읽으실 수 있도록 친근한 구어체로 서술하였습니다. 그래서 구성 면에서도 제1강, 제2강, …… 하는 식으로 이름 붙였습니다.

각각의 강연 뒤에는 '응용학습'이 이어집니다. 문체도 내용도 앞의 강연 식의 설명에 비하면 다소 딱딱하게 느껴지실 수도 있습니다. 우리가 평소 경제 신문이나 경제 전문가에게서 접하는 내용들과 유사하지요. 한마디로 응용학습은, 앞 부분의 기초 강연에서 배운 지식들을 지금 이슈가 되는 현실 경제에 대입해보는 시간이라고 할 수 있습니다.

예를 들어, '제1강 금리'에서 금리를 둘러싼 각종 기초 지식을 배웠다면, '금리 응용학습'에 가서 현재 미국의 경제 상황과 기준금리 기조를 살펴보고, 기준금리 인상이 한국에 미치는 영향, 나아가 기업과 개인에 미치는 영향들을 살펴볼 것입니다.

이렇듯 기초 강연에서 응용학습으로 이어 가며 서서히 난이도를 높여 읽다 보면 여러분들은 어느새 '경제를 보는 눈'을 갖게 될 것입니다.

한편, Part 3에는 '2020년 경제전망'을 담았습니다. 당장 우리 삶에 변화를 몰고 올 국내외 주요 경제 이슈 10가지를 선정하여 미래를 전망하고 대응책을 고민해 볼 것입니다.

미래를 아는 일은 매우 중요합니다. 어떻게 준비하고, 무엇에 유념해야 하는지를 결정하도록 돕기 때문입니다. 미래를 아는 일은 불확실성을 확실성으로 만드는 일이기도 합니다. 그래서 미래를 아는 것은 위기를 기회로 만드는 것과 통합니다.

이 책을 통해 부디 여러분 모두가 경제 보는 안목을 키우고 현명한 경제 활동을 하게 되시길 바랍니다.

2019년 12월

경제 읽어주는 남자

김광석

Contents

PART 1

경알못을 위한 최소한의 경제 상식

경제란 무엇인가?

경제는 어떤 요소들로 구성되는가?

경제, 교양을 넘어 생존 지식이다

경제란 무엇인가?

기본 개념 익히기

• • •

'경제'란 무엇일까요? 자신에게 질문해봅시다.

대답하기 쉽지 않죠? 대학 4년간 경제학만 공부한 경제학 학사도 대답이 금방 나오지 않을 겁니다.

'경영'은 무엇일까요? 역시 대답하기 어렵죠. 마찬가지로 경영학을 전공한 경영학 학사도 쉽게 대답하지 못합니다.

그렇다면 경제와 경영에는 어떤 차이가 있을까요?

아마도 '그게 그거 아냐? 비슷한 것 같은데?'라고 생각하는 사람이 대부분일 겁니다.

경제가 성장해야 한다는 얘기도 흔히 하는데, 여기서 성장은 도대체 무엇일까요? '경제성장률'이라는 지표도 있고, 최근에는 '저성장'이라는 말도 자주 들립니다. 말 그대로 성장 속도가 낮다는 건데, 성장 속도가 어느 정도길래 낮다는 걸까요? 경제성장률이 어느 수준일 때 저성장이라고 하는 걸까요?

'실업률'이라는 지표도 있죠. 실업률이 높아 문제라는 얘기를 많이 듣는데 수치가 얼마나 되길래 그러는 걸까요? 저는 강연을 할 때마다 이 질문을 종종 합니다. 실업률이 몇 퍼센트일지 예상해보라고요. 그러면 20퍼센트다, 30퍼센트다 하고 답합니다. 하지만 그건 현실과는 너무 동떨어진 수치예요. 딱 잘라 말하면 우리나라는 실업률 통계를 기록한 이후, 어쩌면 건국 이래 실업률이 20퍼센트를 넘어간 적이 없습니다. 최근에도 실업률이 높다고 하지만 2017년 실업률은 3.7퍼센트였고, 2018년에도 4퍼센트대를 기록하고 있습니다. 흔히 생각하고 체감하는 것과 '실업률'이라는 개념 간에 큰 차이가 있는 셈이죠. 청년 실업률이 심각하다고 하니 이에 대해서도 학생들에게 물어봅니다. 그러면 대부분 30~40퍼센트라고 대답합니다. 앞으로 자세히 살펴보겠지만, 이 역시 너무나 터무니없는 수치예요.

'경제'라는 단어를 일상적으로 사용하지만 그 의미를 정확하게 이해하는 사람은 매우 드뭅니다. 앞서 본 기초적인 질문에도 아마 대부분이 고개를 갸웃거리며 대답을 망설였을 거예요.

이 책에서는 경제를 정확하게 이해할 수 있도록 돕고자 합니다. 요즘 '○알못', 그러니까 '○○를 잘 알지 못하는 사람'이라는 줄임말이 유행하고 있죠. 이 책은 '경알못', 즉 '경제를 잘 알지 못하는 사람'을 위한 책입니다. 전국의 모든 경알못이 쉽게 이해할 수 있도록 경제를 읽어주고자 합니다. 그러니까 저는 '경제 읽어주는 남자', 즉 '경읽남'입니다. 실제 경제가 어떻게 돌아가는지, 그리고 대두되는 이슈들을 어떻게 해석하는지를 알려드리겠습니다. 교과서에서는 절대 찾을 수 없는 이야기들을 만나면서 당신도 경알못에서 통쾌하게 탈출할 수 있을 것입니다.

우주에서 바라본 '경제'라는 나무

•••

우선 경제의 정의부터 내려볼까요? 경제라는 나무를 이해하기 위해서는 경제가 속해 있는 숲을 먼저 봐야 합니다. 숲을 충분히 살펴본 다음 나무를 들여다보기로 합시다. 그러려면 최대한 멀리 떨어져서 봐야 해요. 대기권을 벗어나 우주 정도면 어떨까요? 지금부터 우주에서 경제라는 숲을 살펴봅시다.

우리는 초등학교, 중학교, 고등학교 시절 중간고사 때마다 이런 문제를 만났어요.

경제의 3대 주체는 무엇인가?

( ), ( ), ( )

기억나지요? 괄호 3개짜리 단골 시험 문제였으니까요. 처음에는 틀렸을지 모르지만 하도 반복되다 보니 나중에는 문제를 보자마자 답을 딱 적었을 거예요. 지금은 어떤가요? '알긴 아는데…, 뭐였드라' 싶지 않나요? 이해하지 않고, 단순히 외웠기 때문이죠. 저 역시 학창 시절에는 단순히 외우기에 바빴답니다.

하나 더, 기억을 조금 더 더듬어보면 다음 그림도 생각날 겁니다. 원 3개를 삼각형 모양으로 배치해놓고 화살표를 막 그리며 설명하시던 선생님까지 떠오를지도 몰라요.

경제의 3대 주체

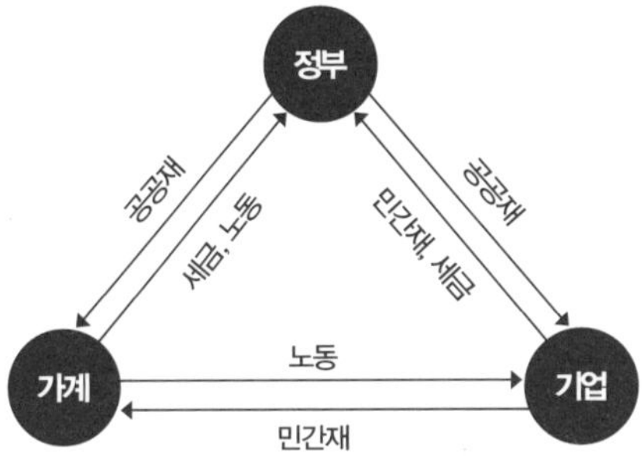

정부
공공재
세금, 노동
민간재, 세금
공공재
가계
노동
민간재
기업

정답이 나왔네요. 경제의 3대 주체는 '가계, 기업, 정부'입니다.

우선, 정부는 가계와 기업에 무엇을 주지요? 우리가 매일 쓰고 있는 전기, 수도, 도로, 다리, 공원, 경찰 서비스, 국방 서비스, 법률 서비스를 제공합니다. 이렇게 정부가 생산하는 것들을 공공재(public good)라고 합니다. 공공재와 반대되는 개념은 민간재(private good)입니다.

공공재는 정부가 생산하는 것, 민간재는 민간 기업이 생산하는 거죠. 공공재와 민간재를 구분하는 기준은 생산의 주체가 다르다는 것 외에 '경제 원칙'이라는 것도 있습니다. 즉, 효율성을 택할 것이냐, 형평성을 택할 것이냐 하는 점입니다. 민간재는 효율성이 중요한 생산물이고, 공공재는 형평성이 중요한 생산물입니다.

예를 들어 전기라는 생산물을 볼까요? 효율성의 논리로만 따진다면 울릉도에는 전기가 공급돼선 안 됩니다. 인적이 드문 산이나 섬에 수도시설이 들어가서도 안 되고요. 이처럼 재화와 서비스를 효율성의 잣대로 공급하면 공평한 분배가 이뤄지지 않기 때문에 문제가 발생할 수 있어요. 공공재의 관점에서는 그 재화를 누리지 못하는 사람이 있으면 안 됩니다. 그래서 전국 어디에나 전기와 수도가 공급되는 것입니다.

반대로 민간재는 효율성의 잣대로 생산됩니다. 같은 제품도 더 싸게, 또는 비용을 덜 들여서 이윤을 극대화하도록 만들어야 하지요. 물론 값비싼 브랜드나 고품질의 제품도 생산되고, 이때는 소비자가 제한되기도 합니다. 계속 성장하는 기업이 있는가 하면, 경쟁에서 밀려나 사라지는 기업도 있지요. 일명 효율성이 떨어지는 기업들이죠.

정부는 공공재를 생산하는 경제 주체입니다. 공공재가 없으면 경제가 (효율적으로) 돌아가지 않습니다. 도로가 없고, 철도가 없고, 전기가 없는데 민간 기업들이 생산을 제대로 할 수 있을까요? 다리가 없다면 물류는 얼마나 비효율적일까요? 인프라가 잘 갖춰진 나라의 기업과 인프라가 없는 나라의 기업 간에는 경영 경쟁력에서 엄청난 차이가 납니다. 그러므로 정부가 생산해내는 공공재는 경제 운용에서 빠질 수 없는 중요한 재화와 서비스라고 할 수 있어요.

정부는 무엇으로 공공재를 생산할까요? 그리고 공공재를 사용하는 대가로 우리는 무엇을 지불해야 할까요?

바로 세금입니다. 즉, 기업과 가계가 내는 공동 분담금이죠.

기업은 법인세 등의 명목으로 세금을 내지요. 생산을 더 많이 했다는 것은 도로를 더 많이 이용했고, 물류 인프라를 더 많이 이용했다는 뜻이 됩니다. 돈을 많이 버는 기업은 더 많은 공공재를 사용한 것이고, 그렇기에 더 많은 분담금을 내는 겁니다.

가계는 소득세나 소비세 등의 명목으로 세금을 냅니다. 옛날에는 인두세라고 하여 '한 사람당 벼 한 가마' 하는 식으로 세금을 냈었죠. 돈을 많이 버는 사람이나 적게 버는 사람이나 똑같이 세금을 낸 거예요. 하지만 현재는 돈을 많이 버는 사람이 더 많은 세금을 내는 구조로 되어 있습니다. 앞서 말한 것처럼 공공재를 더 많이 활용했기 때문입니다.

우리는 납세자입니다. 세금을 내기 때문에 정부가 허술한 행정을 하거나 부실한 공공재를 건설한다든가 하면 채찍질을 할 수 있습니다. 치안과 국방 서비스가 미흡할 때도 정부의 정책을 비판할 수 있고요. 정책을 비판하기 위해 국민의 의견을 똘똘하게 대변해줄 국회의원을 선출하고, 정부를 감시합니다.

또한 공공재를 많이 이용한 고소득자가 탈세를 하면 엄청난 비난의 대상이 됩니다. 이를 민간재에 비유하면, 과일 가게에서 사과를 사면서 돈을 안 내고 사과만 가져간 격이기 때문입니다.

가계는 세금 외에 노동을 제공하기도 합니다. 이들이 공무원입니다. 공무원은 노동의 대가로 임금을 받고, 공무원이 아닌 가계 구성원과 함께 공공재의 사용 대가인 세금을 지불합니다.

정부의 역할은 매우 중요합니다. 그렇다면 정부의 역할, 정부의 의사결정이 지금보다 더 합리적일 순 없을까요? 정부가 의사결정을 좀더 잘한다면 세상이 얼마나 좋아질까요. 비선실세도 없고, 정경유착도 없는 정부였으면 좋겠습니다. 이런 납세자의 바람, 즉 '정부는 의사결정을 더 잘해라, 운영은 이렇게 해라'라고 마련해놓은 가이드라인이 있습니다. 그게 바로 행정학입니다.

한편, 정부도 중요하지만 더욱 중요한 건 나 자신이죠. 무엇보다도 내가 행복한 것이 중요하니까요. 개인이나 가계가 행복하게 살기 위해, 또는 윤리적·도덕적으로 살기 위해서는 이러이러해야 한다고 정리해놓은 지침이 있습니다. '이렇게 의사결정 하세요'라고 정리해놓은 학문이 바로 윤리학이나 도덕학입니다. 가정학도 여기 들어갑니다. 가계의 목적이 행복하게 사는 것이며, 이렇게 하면 더 행복하게 살 수 있다는 지침을 마련해놓은 학문들인 거죠.

정부의 목적은 공정하게 분배하는 데 있고, 가계의 목적은 최대한 행복하게 사는 데 있습니다. 기업의 목적은 이윤을 극대화하는 데 있고요. 각 경제 주체의 목적이 다르기 때문에 주체들의 행동 지침서 또한 다르기 마련이죠.

먼 길을 돌아 이제 기업에 대해 알아볼 차례입니다. 애초에 기업이라는 것은 없었습니다. 현대 사회에 들어오면서 생겨났죠. 더 옛날에는 정부도 없고 오직 가계만 있었습니다. 가계에서 국가가 파생되고, 국가라는 단위가 생기면서 정부의 역할이 필요해졌습니다. 그리고 정부가 해결할 수 없는 일을 해결하는 기업이 생겨나고, 기업의 역할이 필요해졌습니다.

기업은 경제에 얼마나 중요할까요?

두말할 것도 없이 매우 중요합니다. 무엇이 그렇게 중요하냐고요? 다음 다섯 가지 항목을 하나씩 살펴보면서 답을 대신하겠습니다.

기업의 역할

1 생산

2 국가 경쟁력

3 법인세

4 CSR

5 고용

첫째, 기업은 민간재를 생산합니다.

생산의 주체로서 중요하다는 이야깁니다. 가계는 더 행복해지고자 합니다. 어떻게 하면 더 행복해질 수 있을까요? 돈을 많이 벌면 행복할까요? 스트레스를 안 받을 때 행복할까요? 무언가를 성취할 때 행복할까요? 편안하게 또는 걱정 없이 살 때 행복할까요? 이는 매우 어려운 질문이기도 합니다.

경제학에서는 소비할 때 행복하다고 설명합니다. 물질경제학에서는 인간이 소비할 때 행복하다고, 즉 소비가 만족을 준다고 합니다. 추위를 느낄 때 따뜻한 옷을 사면 더 만족스러운 삶이 됩니다. 집이 좀 좁고 경치도 좋지 않다면 한강이 내려다보이는 넓은 평형의 아파트를 샀을 때 좀

더 만족스러운 삶이 됩니다. 좀더 예뻐지고 싶어 의학의 힘을 빌리는 것 또한 의료 서비스 소비죠. 더 예쁜 옷을 사는 것 역시 소비입니다. 불만족스러운 상태를 만족스럽게 만드는 것, 그것이 바로 소비죠.

가계는 이처럼 소비를 통해 행복해집니다. 이 흐름대로라면 기업이 더 잘 생산할 때 인간이 더 행복해진다는 논리가 생깁니다. 내 맘에 드는 예쁜 옷, 멋진 자동차, 편리한 휴대전화를 기업이 효율적으로 생산하면 나는 그 상품을 소비하면서 더 나은 삶을 영위하게 됩니다. 즉, 가계가 더 행복해지는 거죠.

둘째, 국가 경쟁력입니다.

전 세계 국가를 한쪽에는 경제 규모 순으로 나열하고, 다른 한쪽에는 세계 1,000대 기업을 보유한 숫자대로 나열해본다면 아마 그 순서가 거의 일치할 겁니다. 기업은 생산의 주체이기 때문에 국가의 경제 규모를 결정하고, 이것이 국가 경쟁력으로 연결됩니다.

저는 2000년대 초반, 처음으로 해외여행을 떠났습니다. 배낭에 필름카메라와 필름 7통을 가지고 유럽으로 갔어요. 필름카메라와 디지털카메라가 혼재하던 시기였습니다. 그런데 필름카메라 때문이었는지, 당시 꽤 많은 유럽인이 저를 약간 후진국 사람 취급을 하더군요. 그때만 해도 한국인은 선진국 사람 앞에선 말발도 잘 서지 않았죠.

하지만 지금은 글로벌 무대에 나가 중요한 스피치를 합니다. 그럴 때면 사람들의 눈이 반짝여요. 경청하고 있다는 뜻이죠. '저 한국인이 무슨 말을 하는지 자세히 들어보자' 하고요. 이게 국가 경쟁력 아닐까요? 이른바 명문 대학을 졸업했거나 굴지의 기업에 다닐 때 '어느 대학을 나왔고 어디 소속이다' 하는 것이 상당한 자부심이 되듯이, 글로벌 무대에서는 현재 '내가 한국 사람이다' 하는 것이 나의 자부심이 됩니다.

가계뿐만 아니라 기업의 경영활동에서도 어느 나라의 기업이냐가 매우 중요합니다. 중동의 어느 나라에서 석유화학 발전소를 건립하기 위해 사업을 발주한다고 합시다. 세계 수많은 기업이 그 사업을 수주하기 위해서 경쟁할 겁니다. 한국만 해도 삼성엔지니어링, 현대엔지니어링, GS건설 등 다양한 기업이 철저히 준비한 제안서를 가지고 입찰에 나서겠지요. 그곳에서 한국에 대한 평가는 곧 기업에 대한 평가입니다. 최근 많이 달라지긴 했지만, 과거에는 중국 기업들이 제출한 제안서는 일단 무시하고 보는 경향도 있었어요. 이런 게 국가 경쟁력입니다.

그런데 그 국가 경쟁력을 누가 만들까요? 김연아, 박지성, 박태환, 정현 등의 스포츠 선수들이나 싸이, 빅뱅과 같은 연예인들도 국가의 위상을 높이는 데 중요한 역할을 합니다. 그러나 대부분의 국가 경쟁력은 기업이 만듭니다. 지금은 어느 나라에 가든 그 나라 국민이 한국 기업에서 만든 휴대전화를 쓰고, 한국 기업에서 만든 에어컨을 틀고, 한국 기업에서 만든 TV를 보고, 한국 기업에서 만든 자동차를 탑니다. 그러니 한국 사람을 무시할 수 없는 거예요.

셋째, 법인세입니다.

가계의 세금구조는 많이 번 사람이 많이 내는 체제죠. 법인세 역시 많이 버는 기업이 더 많은 세금을 내는 구조입니다. 잘 버는 기업은 기업으로서 이미 다양한 역할을 하고 있는데, 세금도 더 내야 하는 구조인 거죠. 규모 있는 기업이 많은 지역의 경제 여건을 보면 법인세의 역할을 쉽게 이해할 수 있어요.

경제 규모가 가장 큰 지역 중 울산, 포항 같은 곳에 가보세요. 도시의 인프라 수준이 아주 번듯합니다. 기업이 내는 세금이 지방정부의 재정을 탄탄하게 하고, 부자 도시를 만드는 겁니다. 그 기업에서 일하는 근로자들이 지역에서 소비를 하니 지역경제의 선순환이 이뤄집니다. 지역마다 '기업 하기 좋은 도시'니 '기업 하기 안성맞춤'이니 하는 캐치프레이즈를 내걸고 기업 유치에 목숨 거는 이유도 여기에 있습니다.

현재 우리나라에서는 몇몇 산업이 구조조정을 하면서 그 산업이 집중되어 있는 지역의 경제가 정말 말이 아닙니다. 기업이 경제에 얼마나 중요한지를 반증하는 겁니다. 기업이 없다면 지방정부나 중앙정부의 재정이 탄탄해질 수 없습니다.

넷째, 기업의 사회적 책임입니다.

CSR(Corporate Social Responsibility)이라고 하지요. 기업은 이윤을 극대화할 목적으로 만들어졌지만, 축적한 부를 사회와 공유하는 역할도 수행하고 있습니다.

혹시 야구 좋아하십니까? 기업이 야구단을 운영하면 이윤 차원에서 긍정적일까요, 부정적일까요? 일반적으로 부정적입니다. 기업에는 코스트센터(Cost Center)가 되죠. 하지만 기업은 야구팀, 배구팀, 축구팀 등 스포츠를 후원합니다. 이를 두고 메세나(Mecenat)라는 표현을 씁니다. 기업이

사회적 책임으로서 문화, 예술, 스포츠 등의 분야에 지원하는 걸 의미하죠. 야구는 인기 있는 종목이지만, 기업의 후원이 없이는 존재하기 어려운 비인기 종목도 있습니다. 인구도 적고 땅덩어리도 작은 우리나라가 세계 스포츠 대회에서 상당한 경쟁력을 발휘하는 건, 물론 선수들이 훌륭해서 이기도 하지만 그 배경에는 기업들의 후원이 있기 때문입니다. 경제적으로 규모 있는 나라들이 스포츠 이벤트에서 더 뛰어난 업적을 남기는 이유도 여기에 있습니다.

그 밖에 기업은 다양한 봉사활동도 합니다. 기업의 사회적 책임은 다양한 분야에서 다양한 활동으로 이루어지지요.

다섯째, 고용입니다.

기업의 역할은 너무도 많지만, 이코노미스트 입장에서는 고용을 빼놓을 수가 없습니다. 저는 강의할 때 학생들에게 이런 질문을 합니다.

"내일 당장 아버님이 직업을 잃었다고 생각해보세요. 학생의 입장은 어떻겠어요?"

만약 당신이 근로자라면 이렇게 물어보겠습니다.

"내일 당신이 직업을 잃게 된다면 어떨까요?"

아마 매우 막막할 겁니다.

기업은 고용의 주체입니다. 기업은 일자리를 만들고, 가계는 기업에 노동을 제공하고 임금을 받지요. 가계는 임금이라는 근로소득에 기반을 두고 삶을 영위합니다. 물론 자영업자는 스스로를 고용해서 사업소득을 자신에게 제공하기 때문에, 역시 해당 사업체가 삶을 영위하는 기본 토대가 되는 거지요. 소득이 없으면 소비할 수 없고, 가계는 행복하기 어렵습니다.

이렇게 '행복'에 기여하는 기업이 보다 나은, 보다 합리적인 의사결정을 한다면 기업이 제공하는 효용이 더 커지지 않을까요? 그래서 기업이 조금 더 합리적인 의사결정을 할 수 있는 지침을 마련하고, 그것에 대해 연구하는 학문이 바로 경영학입니다.

경영학이란?

기업이 조금 더 합리적인 의사결정을 할 수 있도록 하는 학문

경제학은 무엇일까요? 경제학은 모든 경제 주체가 보다 원활하게 공공재를 주고받고, 노동을 주고받고, 임금을 주고받고, 세금을 주고받는 구조를 만드는 지침이라고 할 수 있습니다. 즉, '경제가 잘 운용될 수 있도록 하는 학문'이라고 정리할 수 있습니다.

경제학이란?

경제 주체들이 보다 원활한 순환을 할 수 있도록 하는 학문

지금까지 논의된 정부의 의사결정을 담은 행정학, 가계의 의사결정을 담은 윤리학과 정치학, 기업의 의사결정을 담은 경영학, 그리고 전체의 운용을 담은 경제학까지를 사회과학(Social Science)이라고 부릅니다. 그

래서 경제학자도 일종의 '과학자'인 거죠.

사회과학을 벗어난 영역을 일반적으로 과학(Science)이라고 하지요. 이를 조금 더 정확하게 표현하면 자연과학(Natural Science)입니다. 자연과학에는 공학, 의학 등과 같은 응용과학과 수학, 물리 등과 같은 기초과학이 포함됩니다. 이처럼 학문의 체계는 크게 사회과학과 자연과학으로 구분되고, 수많은 사회과학 중 경제학이 있는 것입니다.

지금까지 우주에서 경제학을 내려다봤습니다. 현미경으로 나무를 보기 전에, 망원경으로 숲을 본 셈입니다.

저는 이렇게 커다란 관점에서 시작해 점점 좁혀 들어가는 접근법을 좋아합니다. 내가 지금 강남에 있다면, 서울이란 곳에 있고, 서울은 대한민국에 있고, 대한민국은 아시아에 있고, 아시아는 지구상에 있는데 지구는 태양계에 속해 있다…. 이렇게 멀찍이 우주적인 관점에서 내가 지금 어디 있는지를 정확히 알고 들어가야 한다는 생각을 많이 합니다.

나무를 바로 연구하기보다는 숲이 어떻게 생겼는지, 숲이 어디에 있는지를 먼저 본 뒤 그 나무를 파고들면 새로운 관점에서 현상을 이해할 수 있습니다. 우주에서 본 경제학이 필요한 이유가 이것입니다.

경제는 어떤 요소들로 구성되는가?

현미경으로 들여다본 '경제'라는 나무

•••

앞서 우리는 큰 범주에서 앞으로 무엇을 공부할지에 대해 알아봤습니다. 우주에서 경제를 봤으니, 이제 나무를 볼 차례입니다. 조금 더 본격적으로, 경제라는 나무를 현미경으로 들여다볼까요?

경제를 이해하기 위해 다음 공식을 이해하고, 가능하다면 암기까지 하면 좋겠습니다. 경제학 원론에서 가장 기본적인 공식이니까요.

경제를 들여다보기 위해 반드시 기억해야 하는 공식

$$GDP = C + I + G + netEx$$

반드시 이걸 알아야만 경제를 보는 눈이 생깁니다. 그리고 앞으로 제가 얘기할 복잡한 내용이 쉽게 이해될 겁니다.

경제란 무엇일까요?

경제란 GDP입니다.

GDP는 무엇일까요?

GDP는 총생산입니다.

따라서 다음과 같은 공식이 만들어집니다.

경제 = GDP

이를 앞의 공식과 연결하면 다음과 같이 됩니다.

경제 = GDP = C + I + G + netEx

- C: Consumption, 소비
- I: Investment, 투자
- G: Government expenditure, 정부지출
- netEx: net Export, 순수출(수출 - 수입)

이 공식을 어떤 수준으로 외워야 하느냐. 교통사고가 나서 쓰러져 있는데 구급대원이 와서 "이름이 뭐예요?" 하면, 반사적으로 "저는 김, 김광석입니다. 윽!" 하고 답한 다음에 기절할 겁니다. 이때 만약 구급대원이 "GDP가 뭐예요?" 하면, "C+I+G+netEx입니다. 윽!" 하는 수준이 되어야 합니다. 쓰러져가는 마당에도 저절로 답변이 나올 수준으로 암기해야 한다는 얘기입니다. 그럼 지금부터 5분간 눈을 감고 이 공식을 외운

뒤 이어서 읽기 바랍니다.

열심히 외웠듯이 경제는 GDP, GDP는 총생산입니다. 총생산에 대해 자동차를 예로 들어 이야기해보겠습니다.

우리나라가 자동차만 만든다고 해봅시다. 다른 건 아무것도 안 만들어요. 2018년에 우리나라가 자동차를 100대 만들었어요. 100대 중 60대를 소비합니다. 그리고 15대 정도를 투자해요.

여기서 '소비는 뭐고 투자는 뭐야?'라는 생각이 들 겁니다.

간단히 말해 '소비자가 자동차를 사면 소비, 기업이 자동차를 사면 투자'입니다. 즉, 투자는 또 다른 생산에 이용하기 위해 재화를 구입하는 것을 말합니다.

회사가 자동차를 사는 것은 자동차를 이용해서 또 다른 재화와 서비스를 생산해내기 위함입니다. 소비자가 노트북을 사면 그것이 최종 소비가 되는데, 기업이 사면 노트북을 이용해 금융 서비스든 교육 서비스든 다른 생산물을 만들어내기 위한 것이지요. 이처럼 무언가를 생산해내기 위해서 산 것이기 때문에 이를 투자라고 합니다. 소비와 투자는 그런 면에서 조금 다릅니다.

그렇다면 소비와 투자를 더하면 무엇이 될까요?

바로, '내수'입니다.

그러므로 내수 부진이라는 말은 소비자가 소비를 하지 않고 기업이 투자를 하지 않는 상황을 가리킵니다.

여기서 일부는 정부가 지출합니다. 공공재를 생산해내기 위해 정부도 지출을 하는 거죠. 정부지출은 전체 GDP에서 큰 비중을 차지하지는 않지만, 편의상 자동차 5대로 하겠습니다. 우리나라가 생산하는 자동차 100대 중 5대가 정부지출로 쓰인다는 겁니다.

그럼 남은 순수출은 20대 정도가 됩니다. 순수출이 20대가 된다는 것은 예컨대 우리나라가 35대의 자동차를 수출하고, 15대의 자동차를 수입했다는 뜻입니다. 지금까지 수치를 모두 더하면 다음 그림처럼 그 합이 100이 되지요?

자동차로 보는 총생산

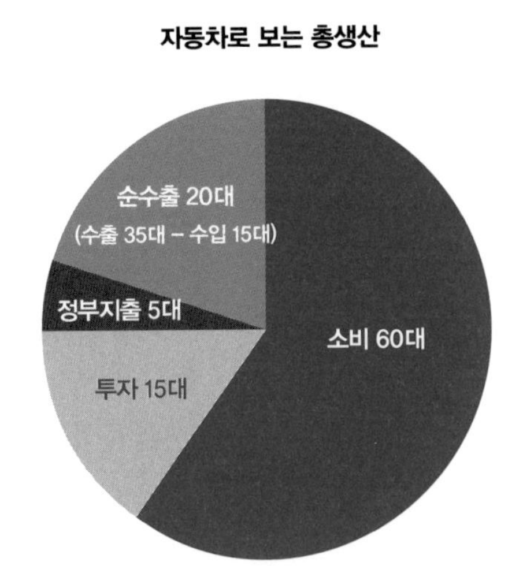

경제구조를 간단히 살펴보면 이상과 같습니다. 따라서 경제가 좋지 않다는 이야기는 소비가 부진하거나 투자가 위축되거나 정부지출이 더디거나 수출이 잘 안 된다는 것을 의미합니다.

경제보다 더 중요한 것은 '경제성장률'

• • •

하지만 경제보다 중요한 것은 경제성장률입니다. 경제성장률이란 무엇일까요?

경제성장률이란 GDP 증가율을 말합니다. GDP 규모가 전년에 비해서 얼마나 증가했는지, 즉 우리나라의 총생산 규모가 얼마나 증가했는지를 알려주는 수치죠.

가령 2018년에는 자동차를 100대 만들었는데, 2019년에는 105대를 만들었다고 합시다. 그럼 2019년 경제성장률은 5퍼센트가 됩니다.

경제성장률이 하락하면 '경제가 어렵다', '리세션(recession, 경기 후퇴)이다' 등의 표현을 많이 씁니다. 대신 경제성장률이 상승하면 '경제가 성장한다'라고 표현합니다. 그러니까 경제가 좋다, 나쁘다를 이야기하는 것은 경제성장률에 달려 있는 것입니다. 총생산이 작년보다 얼마나 증가했는지를 보는 것, 그것이 곧 경제를 보는 법인 셈이죠. 이렇게 정리할 수 있습니다.

GDP = 경제

GDP 증가율 = 경제성장률

경제성장률은 소비(C)의 증가율, 투자(I)의 증가율, 순수출(netEx)의 증가율을 말합니다. 즉, GDP를 구성하는 항목들의 평균 증가율이 곧 경제

성장률이라고 볼 수 있습니다. 더 정확히 말하면 가중평균이라고 해야 합니다. 소비의 비중이 훨씬 높기 때문에 단순평균보다는 소비에 가중치를 부여해 평균 증가율을 계산해야 합니다.

'2분기의 경제성장률이 어떻다, 2분기의 소비 증가율이 어떻다'라고 이야기할 때는 작년 2분기의 경제 규모 대비, 소비 규모 대비 얼마나 증가했는지를 말하는 것입니다. 그래서 경제를 이야기할 때는 '전년 동기 대비'라는 표현을 많이 사용합니다. 예를 들어 '10월 경제성장률이 어떻다'라는 말 역시 작년 10월에 비해 경제 규모가 얼마나 커졌는지를 이야기하는 것입니다. 이런 경우에는 '전년 동월 대비'라는 표현을 씁니다. 이런 표현들에 익숙해지면 경제 기사가 쉽게 읽힐 겁니다.

선진국은 GDP에서 소비가 차지하는 비중이 절대적으로 높습니다. 미국 같은 나라는 소비가 차지하는 비중이 약 70퍼센트입니다. 일본은 약 65퍼센트이고, 중국은 약 50퍼센트에서 점점 커지고 있습니다. 미국은 경제의 회복 여부를 판단할 때 소비를 가장 중요하게 봅니다. 비중이 높기 때문이죠. 그리고 소비에 영향을 주는 다양한 변수를 살펴봅니다.

소비는 어떤 상황에서 늘어날까요?

가장 중요한 변수는 소득입니다. 소득이 증가하면 소비가 늘어나죠. 그럼 어떨 때 소득이 증가할까요? 고용이 증가할 때입니다. 10명이 있는데, 그중 5명만 일을 하다가 3명이 추가로 일자리를 구했다고 합시다. 그럼 10명의 평균 소득이 늘어나겠죠? 고용이 늘어나면 소득이 늘어난다는 게 이런 의미입니다.

고용은 어떨 때 늘어날까요?

투자가 늘어날 때입니다. 제과점을 운영하는 사람이 옆 가게에 커피숍을 내서 확장한다고 합시다. 그것이 투자입니다. 커피숍을 내면 거기서 일할 직원이 필요해져서 사람을 구합니다. 그게 고용입니다.

그 밖에 전자산업 기업이 로봇산업이나 우주산업으로 진출하는 등의 행보도 투자입니다. 이처럼 기존 사업을 확대하거나 새로운 분야로 사업 영역을 넓히는 것이 투자입니다. 그러면 자연스레 일자리가 생기고 고용이 늘어납니다. 소득수준이 올라가면서 자연스럽게 소비가 늘고, 소비가 회복되면 기업은 추가로 더 투자하고자 합니다. 이를 '경제의 선순환 구조'라고 합니다.

경제의 선순환 구조

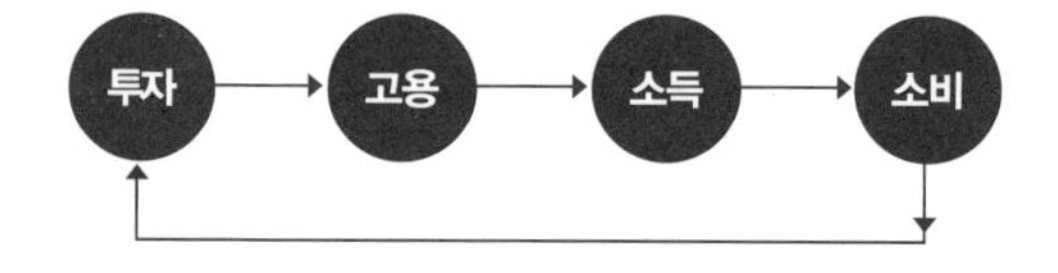

수출에는 다양한 변수가 영향을 미칩니다. 대표적인 예로 환율과 금리가 있죠. 경제성장률에 영향을 미치는 변수로는 소득, 고용, 환율, 금리, 물가 등이 있습니다. 그래서 경제 기사를 읽다 보면 이 단어들을 꼭 만나게 됩니다.

경제, 교양을 넘어
생존 지식이다

경제를 알면
세상이 보인다

•••

모든 사람은 각자의 우물 속에서 살아갑니다. 세상이 넓다고 하지만, 각자가 보는 세상은 매우 제한적이라고 할 수 있습니다. 세계경제의 흐름은 나의 삶과 전혀 관련이 없어 보이고, 국가경제의 흐름도 나의 가계경제와는 다르게 움직이는 것 같죠. 왜냐하면 같은 시점에 다른 여러 나라의 상황을 체감할 수 없고, 나는 한국이라는 땅덩어리에서도 일부만을 보고 있기 때문이죠.

인간은 앎에 대한 욕구가 대단합니다. '지적 호기심'이라고도 표현하죠. 배불리 먹고 싶은 욕구나 안정적인 삶을 살고자 하는 욕구 외에 모르는 것을 알고자 하는 욕구도 있어요. 물론 식욕이 굉장한 사람도 있고 아주 적은 사람도 있듯이, 지적 호기심의 수준 역시 사람마다 다를 것입니다.

경제를 읽는다는 것은 일반적으로 사회의 '평균'적인 현상을 이해하는 것입니다. 저는 '경제 읽어주는 남자'로 활동을 시작해 다양한 채널을 통해 대중과 소통하고 있는데요, 채널마다 악성 댓글이 달리곤 합니다.

"그래프만 보니까 이러이러한 일은 모르지", "통계가 그런 거지 나는 전혀 그렇지 않은데?", "내가 보기엔 전혀 그렇지 않은데, 무슨 소리야"라는 종류의 댓글이 많습니다. 그걸 볼 때마다 '우물 속의 외침'처럼 느껴집니다. 자신이 경험한 우물 안에서의 환경과 상황에 빗대어서는 전체를 이해할 수 없죠. 예를 들어 중소기업의 일자리가 대기업에 비해 취약한 상황임을 설명하는 내용에 대해, "나는 중소기업에 10년째 다니고 있는데, 웬만한 대기업보다 근로 조건이 좋다"라고 이야기하는 사람이 꼭 있습니다.

물론 평균의 오류를 지적하는 시선도 많습니다. '동양인은 서양인보다 키가 작다'라고 하면, 서장훈 씨나 최홍만 씨처럼 웬만한 서양인보다 큰 사람이 있다는 사실을 간과하게 됩니다. 평균으로 모든 것을 설명해낼 수는 없으니까요. 하지만 '동양인은 서양인보다 키가 크다'라고 이야기하면 설득력이 더 떨어지죠.

평균적인 현상은 수천 개 우물의 모습을 '나름대로' 고루 반영한 거라고 할 수 있습니다. 하나의 우물을 깊게 들여다보지는 못하지만 수많은 우물이 어떻게 생겼고, 서로 어떤 관계를 맺고 있으며, 어떤 우물이 위기에 처해 있고, 어떤 우물이 전도유망한지를 하늘에서 내려다보듯 할 수 있는 방법입니다.

각자의 우물 속에서 살지만, 다른 우물에 대해 알고 싶을 수도 있습니다. 넓은 세상을 보고, 세상 돌아가는 현상을 이해하는 데서 의미를 찾을 수도 있습니다. 또한 세상의 현상을 이해하고, 그런 이야기를 주고받는

나 자신이 멋져 보이기도 할 겁니다. 그 넓은 세상을 보여주는 망원경이 바로 경제입니다.

앞에서 살펴본 것처럼 경제는 가계, 기업, 정부 간의 '소통'을 의미합니다. 따라서 수많은 가계 중 하나인 나는, 수많은 기업 중 하나인 나는, 경제를 이해함으로써 수많은 가계와 수많은 기업이 정부와 어떻게 소통하는지를 알 수 있습니다.

경제를 알면 미래가 보인다

•••

경제의 꽃은 전망입니다. 어쩌면 모든 학문이 마찬가지일지도 모릅니다. 의학에서는 인체의 여러 가지 특징인 체온, 혈압, 심장박동 수, 세포 손상 등을 고루 살펴 현재 어떤 질병이 있고, 앞으로 이 병이 어떻게 전개될 것인지를 전망합니다. 인체의 현재 상태를 진단하고, 미래의 상태를 전망해서 적절한 처방을 내리는 거죠.

사회학에서는 사회의 여러 가지 특징인 평화, 갈등, 정치적 사건, 출산, 사고, 범죄 등을 고루 살펴 사회에 어떤 문제가 있는지, 앞으로 이 문제가 어떻게 전개될 것인지를 전망합니다. 역시 현재 상태를 진단하고, 미래를 전망해서 적합한 해결책을 제시합니다.

경제도 마찬가지입니다. 경제의 여러 가지 특징인 고용, 소비, 환율, 물가, 금리, 수출, 부동산 등을 고루 살펴 현재 상황이 어떤지, 앞으로 어떻게 전개될 것인지를 전망합니다. 경제의 현재 상태를 진단하고 미래 상태를 전망해서 가계, 기업, 정부가 어떻게 대응해야 할지 나름의 시사점을 마련하는 것입니다.

제가 참 의미심장하게 여기는 표현이 있습니다. '청년은 미래를 말하고, 중년은 현재를 말하고, 노인은 왕년을 말한다'인데요. 당신은 스스로 '젊다', '청춘이다'라고 생각하나요? 옷차림이 젊은 것, 얼굴이 어려 보이는 것, 몸매가 탄탄한 것도 청춘을 유지하는 데 중요하지요. 하지만 과거에 집착하기보다 계속 미래를 그리고, 미래를 준비하는 모습이 진정한 젊음이 아닌가 생각합니다. 미래를 그리고, 미래를 걱정하지 않는다면 이미 청년이 아니라고 해도 과언이 아닐 것입니다. 세계와 국내 경제가 어떻게 흘러가고, 어떤 경제 트렌드가 나타나고 있으며, 산업은 어떻게 흘러갈 것인지를 알기 위해 준비를 해야 합니다.

경제는 미래를 과학적으로 제시해주죠. 그리고 정책은 미래를 보여줍니다. 정책은 국가의 비전을 제시하고, 예산을 어떻게 활용하고 어떤 산업을 육성하고 어떻게 분배할 것인지 등을 보여주는 계획안이라 할 수 있습니다. 예를 들어, 기획재정부가 발표한 2018년 예산안을 봅시다. 이를 보면 정부가 예산 규모를 어느 정도로 책정하고, 어떤 분야에 집중적으로 예산을 집행하고자 하는지 알 수 있어요.

다음 페이지에 표를 하나 실었는데요, 이 예산 계획안은 2017년 8월에 발표된 것입니다. 2018년뿐만 아니라 5년간의 예산 규모가 나오고, 어느 분야를 중심으로 예산을 집행할 것인지가 그려집니다. 이 자료는 기획재정부 홈페이지에 있습니다. 모두 우리가 낸 세금으로 운영되고 있는 것이니, 자주 들어가서 확인해보는 것이 좋겠습니다. 이 예산안을 통해 국

2017~2021년 분야별 재원배분 계획

(단위: 조 원, %)

구분	2017	2018	2019	2020	2021	2017~2021 연평균
총지출	400.5 (3.7)	429.0 (7.1)	453.3 (5.7)	476.7 (5.2)	500.9 (5.1)	5.8
1 | 보건 · 복지 · 고용	129.5 (4.9)	146.2 (12.9)	159.4 (9.0)	172.7 (8.3)	188.4 (9.1)	9.8
2 | 교육	57.4 (7.9)	64.1 (11.7)	68.1 (6.2)	72.7 (6.8)	75.3 (3.6)	7.0
3 | 문화 · 체육 · 관광	6.9 (4.0)	6.3 (△8.2)	6.4 (1.6)	6.5 (1.6)	6.6 (1.5)	△1.0
4 | R&D	19.5 (1.9)	19.6 (0.9)	19.7 (0.5)	19.8 (0.5)	20.0 (1.0)	0.7
5 | 산업·중소기업·에너지	16.0 (△1.5)	15.9 (△0.7)	15.7 (△1.3)	15.4 (△1.9)	15.1 (△1.9)	△1.5
6 | SOC	22.1 (△6.6)	17.7 (△20.0)	17.0 (△4.0)	16.5 (△2.9)	16.2 (△1.8)	△7.5
7 | 농림·수산·식품	19.6 (1.2)	19.6 (0.1)	19.5 (△0.5)	19.4 (△0.5)	19.2 (△1.0)	△0.5
8 | 환경	6.9 (0.8)	6.8 (△2.0)	6.7 (△1.5)	6.6 (△1.5)	6.5 (△1.5)	△1.6
9 | 국방	40.3 (4.0)	43.1 (6.9)	45.3 (5.1)	47.7 (5.3)	50.4 (5.7)	5.8
10 | 외교 · 통일	4.6 (△2.4)	4.8 (5.2)	4.9 (2.1)	5.0 (2.0)	5.0 (0.0)	2.3
11 | 공공질서 · 안전	18.1 (3.7)	18.9 (4.2)	19.0 (0.6)	19.2 (1.1)	19.5 (1.6)	1.9
12 | 일반 · 지방행정	63.3 (6.4)	69.6 (10.0)	74.2 (6.6)	77.9 (5.0)	81.3 (4.4)	6.5

※ ( ) 안은 전년 대비 증감률임

자료: 기획재정부

가 운영의 굵직한 방향성을 읽을 수 있습니다.

나아가, 다양한 산업 정책을 통해 세부적인 산업들의 미래도 살펴볼 수 있어요. 주로 산업통상자원부, 과학기술정보통신부, 국토교통부, 금융위원회 등의 정부부처 홈페이지에서 다양한 산업 정책에 관한 정보를 파악할 수 있습니다. 예를 들어 2018년 5월에 발표한 금융위원회의 '금융업

금융업 진입 규제 개편방안

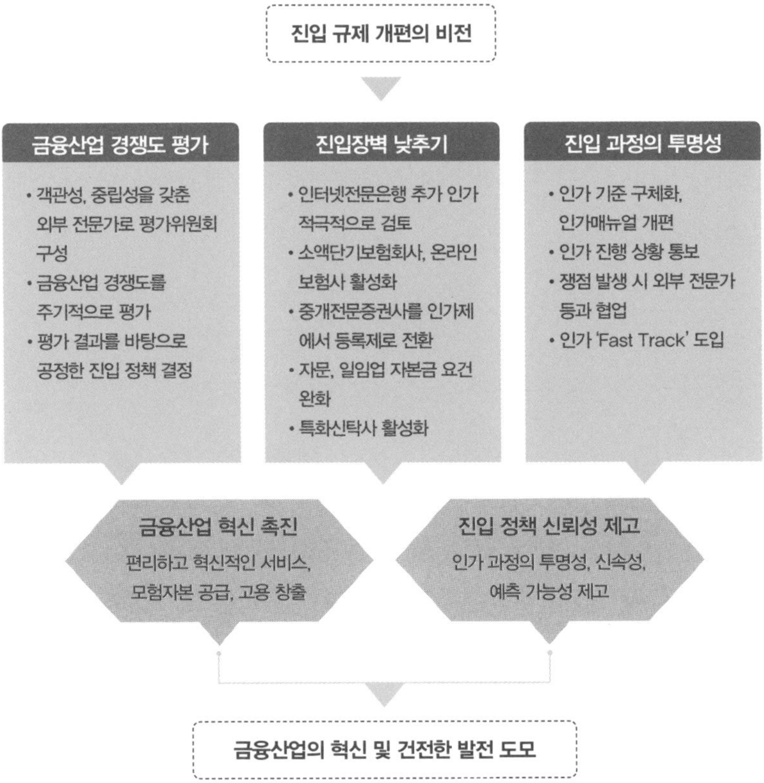

진입 규제 개편의 비전

금융산업 경쟁도 평가
- 객관성, 중립성을 갖춘 외부 전문가로 평가위원회 구성
- 금융산업 경쟁도를 주기적으로 평가
- 평가 결과를 바탕으로 공정한 진입 정책 결정

진입장벽 낮추기
- 인터넷전문은행 추가 인가 적극적으로 검토
- 소액단기보험회사, 온라인 보험사 활성화
- 중개전문증권사를 인가제에서 등록제로 전환
- 자문, 일임업 자본금 요건 완화
- 특화신탁사 활성화

진입 과정의 투명성
- 인가 기준 구체화, 인가매뉴얼 개편
- 인가 진행 상황 통보
- 쟁점 발생 시 외부 전문가 등과 협업
- 인가 'Fast Track' 도입

금융산업 혁신 촉진
편리하고 혁신적인 서비스, 모험자본 공급, 고용 창출

진입 정책 신뢰성 제고
인가 과정의 투명성, 신속성, 예측 가능성 제고

금융산업의 혁신 및 건전한 발전 도모

자료: 금융위원회

진입 규제 개편방안'을 보면, 인터넷전문은행 인가나 금융산업 진입 규제가 완화될 방침임을 알 수 있습니다.

경제를 알면 투자가 보인다

•••

투자에 관심 없는 사람은 거의 없을 것입니다. 공석에서든 사석에서든 저는 "어디다 투자하면 될까요?"라는 질문을 자주 받습니다. 사실 '어디에 투자하느냐'보다 더 중요한 것은 '언제 투자하느냐'입니다. 경제는 언제 투자할지를 알려주죠. 투자의 적정한 시점을 이해하는 것은 매우 중요합니다. 왜냐하면 적정한 투자 시점에는 무엇에 투자해도 다 되기 때문이에요.

경제와 투자의 관계

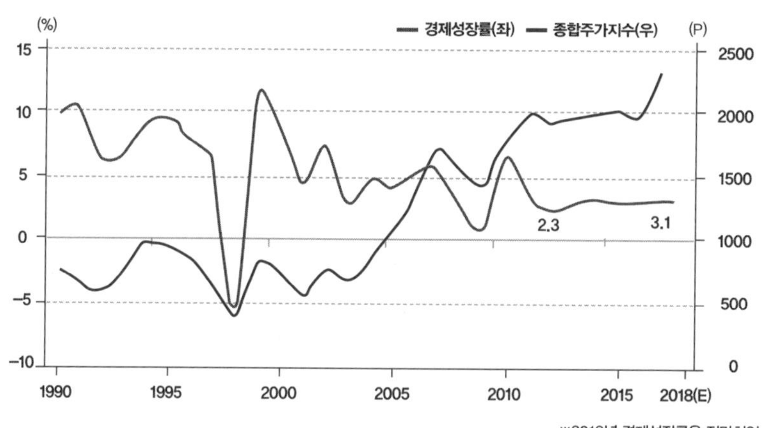

※2018년 경제성장률은 전망치임
자료: 한국은행, 경제통계시스템

제시한 그래프에서도 확인되듯이, 경제는 일반적으로 주식 가격과 동행합니다. 이 그래프 보는 법을 먼저 짚어볼까요? 상단에 보면 2개의 단서 조항이 있습니다. '회색 선 경제성장률(좌)'의 의미는 회색 선을 보고 왼쪽(좌) 축의 수치를 읽으라는 뜻입니다. 그렇다면 '파란색 선 종합주가지수(우)'는 파란색 선을 보고 오른쪽(우) 축의 수치를 읽으라는 얘기겠지요?

경제성장률은 우리나라가 IMF 외환위기를 겪었던 1998년을 제외하고는 대부분 0~10퍼센트 사이에서 움직였습니다. 한편 종합주가지수는 1990년대 약 500포인트 수준에서 우상향하는 모습을 보이며 상승해왔고, 2018년에는 2500포인트를 오르내리고 있습니다. 둘을 요약하자면 경제성장률이라는 지표는 약 3퍼센트 수준을 향해 수렴하고, 종합주가지수는 특정 값으로 수렴하지 않고 우상향하는 경향이 있습니다.

이 그래프는 경제와 투자의 관계를 보여주는 가장 대표적인 예입니다. 경제성장률과 종합주가지수의 주요한 경향성을 제외하고 보면, 두 개의 선이 거의 비슷하게 움직인다는 것을 확인할 수 있습니다. 경제성장률이 급락할 때 종합주가지수도 급락하고, 경제가 회복되는 구간에서는 주가도 상승하는 경향이 있지요. 결국 경제 동향을 이해하고 경제가 회복될지 어떨지를 먼저 판단하면, 주식에 투자해야 할지 말아야 할지를 판단할 수 있다는 얘기입니다.

또한 경제를 이해하면 '언제 투자하느냐'뿐 아니라 '어디에 투자하느냐'도 알게 됩니다. 경제는 산업을 모두 더한 것이고, 산업은 기업을 모두 더한 것이기 때문입니다.

경제, 산업, 기업의 관계

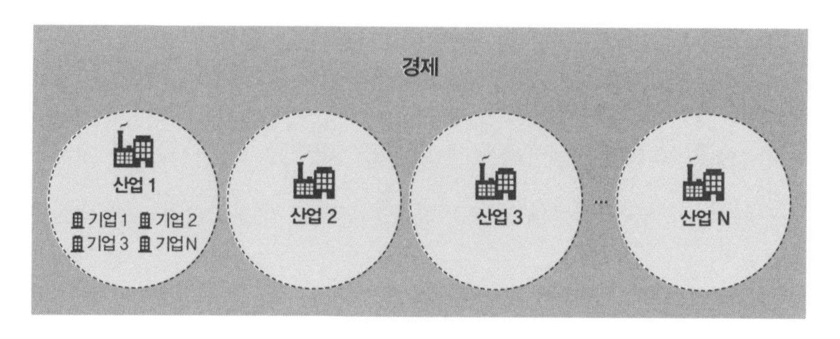

즉, 한 나라의 경제성장률은 그 나라 모든 산업의 평균적인 성장률이죠. 어떤 산업은 성장률이 경제성장률을 웃돌고, 어떤 산업은 밑돌겠지요. 그럼 당연히 경제성장률을 웃도는 산업에 관심을 두면 되는 것입니다. 즉, 성장하는 산업에 관심을 두어야 한다는 뜻이죠. 성장하는 산업 몇 군데를 고른 다음에는 그 산업의 성장을 견인하는 기업을 고르면 됩니다.

경알못은 흔히 '어느 기업에 투자하면 될까요?'라고 묻습니다. 그러나 큰 그림, 경제 돌아가는 것부터 알면 이 질문에 대한 답은 간단해집니다. 경제를 알면 어느 산업인지, 어떤 기업이 유망한지를 이해하게 되기 때문입니다. 경제가 어떻게 돌아가는지를 모른다면, 투자에는 나서지 않는 것이 현명합니다. 외국인 투자자나 기관 투자자는 대부분 성공하고, 개인 투자자는 대부분 실패하는 이유도 여기에 있지 않을까요? 투자의 성패는 결국 경제를 이해하고 있느냐 아니냐에서 갈리니까요.

경제를 알면 부동산이 보인다

• • •

우리는 대부분 부동산에 지대한 관심을 가지고 있습니다. 부동산이 사실상 우리의 전 재산이기 때문입니다. 내 집을 가지고 있는 사람들은 대부분 그 집이 전 재산일 것이고, 전세로 사는 사람은 전세보증금이 전 재산일 것입니다. 아니, 전 재산 이상인 경우도 많죠. 제 돈 내고 집 사는 사람은 거의 없으니까요. 보통은 부채에 의존해 집을 사고, 평생 빚을 갚습니다. 부동산에 대한 관심을 끌래야 끌 수가 없는 환경이죠.

부동산은 경제의 일부입니다. 경제 동향을 이해할 때, 내 집 마련이나 부동산 투자의 시점을 합리적으로 결정할 수 있어요. 금리 동향, 인구 증감, 수요 변동, 건설투자 추이, 경제와 부동산 정책 등 부동산 가격에 영향을 미치는 다양한 변수가 모두 경제입니다.

하지만 부동산 전문가라고 하는 많은 사람이 경제적인 여건을 무시한 채 '지역의 호재'만을 평가합니다. 그것도 중요한 변수이긴 하지만, 그 밖에 고려해야 하는 수많은 변수를 과학적으로 살펴볼 필요가 있습니다. 결국 부동산 투자도 경제를 이해했을 때 더욱 합리적으로 할 수 있다는 거죠.

경제를 알면 금융이 보인다

• • •

우리는 대부분 금융생활을 합니다. 저축을 하고, 대출을 받고, 카드를 사용하고, 보험에 가입합니다. 증권 거래를 하고, 펀드에 가입하기도 합니다. 연금이나 적금도 들고요. 계좌이체, 해외 송금, 환전 등 정말 다양한 금융거래도 하고 있습니다. 최근에는 P2P 대출, 크라우드 펀딩, 인터넷 전문은행 등 새로운 금융 영역들이 등장했지요. 현대인의 생활에서 금융과 동떨어져 굴러갈 수 있는 것은 사실상 없다고 봐도 무방합니다. 모두가 금융 소비자인 거죠.

합리적인 금융생활을 하기 위해서는 경제를 이해해야 합니다. 가지고 있는 돈을 어디에 두는 것이 좋을까요? 저축을 할까요? 아니면, 부동산으로 보유할까요? 대출을 받을 때는 어느 정도여야 적절할까요? 변동금리로 받을까요, 아니면 고정금리로 받을까요? 안전자산을 보유하는 것이 좋을까요, 위험자산을 보유하는 것이 좋을까요? 아니면 달러를 사서 보유할까요?

모든 금융 소비자의 머릿속에는 금융생활에 관한 수많은 궁금증이 머물고 있습니다. 그 궁금증은 경제와 밀접한 관련이 있기에 경제를 이해하면 합리적인 금융생활을 하게 됩니다. 아주 단순한 예로, 올해 말 미국 여행을 계획 중이라고 해봅시다. 환율이 어떻게 전망되는지를 이해한다면 미리 환전을 해둘지 떠나기 전에 할지 등 자신에게 가장 유리한 환전 시점을 판단할 수 있습니다. 수출 기업이라면 더더욱 환율에 대한 판단이 중요할 거고요.

또 다른 예를 볼까요? 고령화 속도가 빠른 우리나라에서는 최근 역모기지에 관한 관심이 뜨거워졌지요. 이는 은퇴한 고령자가 유일하게 보유하고 있는 자산인 '내 집'을 활용해 풍족하게 사는 방법입니다. 고령자 자신 또는 부양가족이 경제 동향과 다양한 경제정책을 이해할 때, 더 합리적인 금융 의사결정을 할 수 있을 것입니다. 내 집 마련을 할 때도 어느 수준의 부채에 의존할지, 금리를 변동으로 할지 고정으로 할지 등을 보다 합리적으로 판단할 수 있습니다.

우리 모두는 금융생활을 하고 있고, 각종 변수를 어떻게 판단하느냐에 따라 다른 결과를 얻게 됩니다. 현명한 금융생활을 위해 경제를 이해하는 것은 매우 중요합니다.

PART 2

경제 보는 눈을 키워주는 핵심 과외 13강

•

제1강 금리 | 제2강 무역 | 제3강 환율 | 제4강 4차 산업혁명
제5강 플랫포마이제이션 | 제6강 부동산 | 제7강 남북관계
제8강 국제유가 | 제9강 가계부채 | 제10강 추경 | 제11강 실업률
제12강 고령화 | 제13강 산업 구조조정

:: 제 1 강 ::

금리

금리가 올라가면 부동산 가격이 떨어진다?

• • •

기준금리 인상으로 참 시끌시끌합니다. 그게 도대체 무엇이기에 인상, 인하, 동결과 같은 결정이 나올 때마다 신문에 대문짝만하게 보도되는 걸까요? 뉴스에서는 그 배경과 향방에 관해 몇 번이고 후속 보도를 하며 자세히 다루고 말이죠. 우리나라의 기준금리 인상뿐인가요, 머나먼 미국에서 기준금리를 인상한다는 소식이 들려도 떠들썩해집니다. 왜 기준금리의 인상·인하·동결을 결정하면 주식이 급등락하고, 장세가 요란하게 움직이고, 세상이 긴박하게 대응할까요?

우선, 단순하게 생각해봅시다.

금리가 올라가면 돈을 많이 들고 있는 사람은 부자가 됩니다. 그런데 부동산을 많이 들고 있는 사람은 가난해져요. 왜냐하면 부동산 가격이 떨어지기 때문입니다. 이처럼 금리는 개인의 소득, 개인의 가난과 부를 결정하기 때문에 모두에게 매우 중요합니다. 기업 입장에서는 말할 것도 없이 중요합니다. 주가의 급등락을 금리가 결정할 수도 있기 때문입니다.

금리란 무엇일까요?

• • •

기준금리를 이야기하기 전에 금리부터 짚고 넘어가겠습니다. 금리란 무엇일까요?

금리 = 돈의 가치

이렇게 기억하세요. 그러니까 금리가 올라간다는 얘기는 돈의 가치가 높아진다는 뜻이에요. 금리가 떨어진다는 것은 돈의 가치가 떨어진단 뜻이겠죠.

경제에서 가장 핵심적인 단어 두 가지를 꼽으라면 아마도 금리와 물가일 것입니다. 그럼 물가는 무엇일까요?

물가 = 물건의 가치

저는 지금 생수 한 병을 들고 있습니다. 작년에는 이 생수를 1,000원 주고 샀습니다. 그런데 올해 사려고 가보니 2,000원을 달라고 합니다. 작년에는 1,000원이었는데 2,000원이 된 거죠. 즉 이 물건의 가치가 2배로 커진 겁니다.

그럼 반대로 생각해봅시다. 이 물건을 구매하는 데 사용한 내 '돈'의 가치는 어떻게 됐습니까? 작년에는 1,000원짜리 1장만 주고도 샀는데, 올해는 2장을 줘야 합니다. 결국 내 돈의 가치가 떨어진 겁니다. 돈의 힘이 줄어든 거죠. 물건의 가격이 오른다는 것은 돈의 가치가 떨어진다는 것과 같은 말입니다.

이를 다음과 같이 정리할 수 있습니다.

금리와 물가는 반비례한다.

물건의 가치가 물가이고, 돈의 가치가 금리이니까 물가와 금리는 반비례하는 것입니다. 이를 간단히 정리해보면 다음과 같은 모양이 됩니다.

금리와 물가

금리 = 돈의 가치

↕

물가 = 물건의 가치

금리와 투자의 관계

—

앞서 금리가 올라가면, 반대로 물건의 가치는 떨어진다고 했습니다. 여기서 물건이란 우리가 평소에 생각하는 것들뿐만 아니라 부동산, 주식, 그 밖의 내구재를 모두 포함합니다. 부동산과 주식을 물건으로 분류하는 것이 살짝 어색하죠? 하지만 경제학에서는 이것들을 모두 물건이라고 칭합니다.

여기에 내구재라는 어려운 말까지 끼어들었는데요. 우리가 구매하는 상품(소비재)은 사용 기간에 따라 내구재, 준내구재, 비내구재로 구분합니다. 먼저, 비내구재는 사서 바로 없어지는 소비재를 말합니다. 대표적으로 식료품이 비내구재이지요. 반면 한번 사면 1년 이상 사용하는 소비재를 준내구재라고 합니다. 의류 등이 있지요. 내구재는 보통 1년 이상 쓰면서 가격도 고가인 것들을 의미합니다. 휴대전화라든가 자동차, 가전제품, 가구 등을 예로 들 수 있습니다.

상품의 분류

구분	의미	예시
비내구재	바로 소비하는 것	식료품
준내구재	1년 이상 사용하는 것	의류
내구재	1년 이상 사용하며 고가인 것	가전제품, 자동차, 가구

왜 금리가 상승하면 물건의 가치가 떨어지는 걸까요?

첫 번째, 앞서 봤듯 물건과 돈의 가치가 반비례하기 때문입니다.

두 번째, 금리가 오른다는 것은 곧 저축금리가 올라간다는 것을 뜻하기 때문입니다. 굳이 주식 투자를 할 필요가 없어지는 거죠. 저축금리가 5퍼센트라면, 주식 등에 투자해 5퍼센트가 넘는 수익을 거두지 못할 바에야 은행에 투자하는 게 낫겠죠? 저축 역시 투자니까요. 결국 금리가 오르면, 부동산이나 주식에 투자하기보다 저축을 한다는 투자 의사결정을 하게 됩니다. 주식으로, 부동산으로 몰렸던 돈이 은행으로 몰립니다. 그러니까 당연히 물건의 가치가 떨어집니다.

세 번째는 또 다른 측면입니다. 우리는 보통 '내 돈'만 갖고 투자하지 않습니다. 대출에 의존해서 투자를 하죠. 금리가 올라가면 대출금리도 올라갑니다. 기업이나 가계 입장에서 돈을 빌리는 비용이 더 비싸지는 겁니다. 1억 원을 빌릴 때 월 이자가 30만 원이었는데, 이제 60만 원을 내야 한다고 합시다. 그럼 돈을 빌릴 때 부담이 되겠죠? 대출에 의존해 집을 사고 싶지 않아집니다. 그럼 결국 수요가 부족해지고 부동산 가치가 떨어집니다.

주식도 마찬가지입니다. 주식회사 입장에서는 기업 경영을 위해 필요한 자본이 있는데요. 자본은 자기자본과 타인자본으로 구성됩니다. 자기자본은 주식, 타인자본은 쉽게 말해 '빌린 돈'입니다. 그런데 돈을 빌리는 비용이 비싸지면 기업들이 굳이 돈을 빌려가면서까지 과감한 투자를 하려 하지 않습니다. 같은 규모의 돈을 빌리더라도 더 많은 대출이자를 내야 하기 때문이죠. 이런 상황이면 당연히 주식 가치도 떨어집니다.

금리가 올라가면 가계 역시 적극적으로 소비를 하지 않습니다. 내구재의 가치가 떨어지기 때문입니다. 금리가 낮으면 과감히 돈을 빌려 자동차 등과 같은 내구재를 살 수 있겠지요. 그런 원리에서 금리가 떨어지면 소비가 회복될 수 있습니다. 반대로 금리가 높아지면 소비도 위축되겠지요?

'기준금리'는 무엇일까요?

금리에는 여러 종류가 있는데, 그중 두 가지를 꼭 기억하기 바랍니다. 바로, 기준금리와 시장금리입니다.

기준금리는 중앙은행이 결정하는 금리를 가리킵니다. 이 금리를 기초로 시장이 반영한 금리가 시장금리입니다.

금리의 종류

1 | 기준금리	중앙은행이 결정하는 금리
2 | 시장금리	기준금리를 기반으로 한 은행 금리

얼마 전에 미용실에 갔는데 다음과 같은 문구가 붙어 있었어요.

'물가 인상으로 인해 가격이 상승했습니다.'

어딘가 이상하다는 생각이 들지 않나요? 고개를 갸우뚱하게 하는 지점이 어디일까요? 바로, '인상'과 '상승'이라는 단어의 위치입니다. 물가는 인상되지 않아요. 물가는 '상승'합니다. 가격은 상승한 것이 아니라 미용실 사장님이 '인상'한 겁니다. 인상은 행위의 주체가 있고, 상승은 시장이 그렇게 움직인 겁니다. 즉, '인상'이라는 표현은 능동적이고, '상승'이라는 표현은 수동적입니다. 그 문구를 정확히 다시 써보면 이렇습니다.

'물가 상승으로 인해 가격을 인상했습니다.'

이 기준에 따라 기준금리는 인상되고, 시장금리는 상승하는 것입니다. 기준금리의 인상은 중앙은행에서 결정합니다. 인상만이 아니라 인하 또는 동결을 결정하기도 하죠. 그리고 기준금리의 움직임에 의해 시장금리가 자연스럽게 움직입니다. '기준금리+α'를 적용해 시장금리가 결정되는 겁니다.

경제를 이해하려면 경제정책을 보라

• • •

침체된 경제를 부양하기 위해 정부가 할 수 있는 정책들이 있습니다. 경제정책 또는 경기부양책이라고 하는데, 크게 두 가지로 구분됩니다. '통화정책'과 '재정정책'입니다.

재정정책부터 간단히 살펴보겠습니다. 재정정책에는 크게 조세정책과 재정지출정책이 있습니다. 조세정책은 '세금을 어떻게 걷을 것인가'에 초점을 둡니다. 가령 법인세를 인하해 기업들이 제조시설을 우리나라로 불러오도록 할 수 있습니다. 외국 기업들도 법인세가 저렴한 나라에서 기업을 경영하고 싶을 테니, 한국으로 이전해 올 수 있겠지요? 개인의 소비

경기부양책의 종류

경기부양책	세부 정책
통화정책	기준금리
	양적완화
	지급준비율
재정정책	조세정책
	재정지출정책

세를 낮추면, 소비자 입장에서 물건을 살 때 돈이 적게 듭니다. 그렇게 소비를 부양할 수 있습니다. 이런 정책들이 조세정책에 포함됩니다.

재정지출정책은 '거둔 세금을 어디에 쓸 것인가'에 초점을 둡니다. 예산을 연구개발(R&D) 분야에 집중적으로 쓸 수도 있고, 복지지출에 더 집중할 수도 있습니다. 어떤 산업을 신성장동력 산업으로 선정하고, 그 산업의 발전을 촉진하는 방향으로 지출할 수도 있습니다. 이렇게 재정정책은 경제에 영향을 줍니다. 여기까지만 간단하게 살펴보고 통화정책을 중점적으로 알아보겠습니다.

통화정책이 그렇게 중요한가요?

—

통화정책에는 크게 기준금리와 양적완화 그리고 지급준비율 조정이 있습니다.

첫째, 양적완화는 돈을 시중에 푸는 것을 말합니다. 통화량을 늘린다고 하지요. 그러면 당연히 돈의 가치가 떨어집니다. 돈을 시중에 많이 풀어 공급량이 많아지므로 가치가 떨어지는 거죠. 수요와 공급의 법칙으로 생각해보면 간단합니다. 풀린 돈은 어딘가에 쓰이겠지요? 기업들이 투자를 하거나 가계가 소비를 할 테니까요. 그래서 돈을 시중에 풀면 경기부양 효과가 나타나는 겁니다.

둘째, 지급준비율을 살펴보겠습니다. 은행은 사람들로부터 저축을 받아 그중 일부를 필요로 하는 사람에게 빌려주는 방식으로 수익을 냅니다. 저축을 받을 때는 2퍼센트 저축금리를 주고, 돈을 빌려달라는 사람한테는 4퍼센트 대출금리를 받는 거죠. 대출금리와 저축금리의 차이가 곧 은행의 수익률이 됩니다.

그런데 만약 은행에 100만 원의 저축액이 있다고 할 때, 이 100만 원을 다 빌려줘도 될까요?

100만 원을 다 빌려줬더니, 돈을 맡긴 사람이 갑자기 와서는 100만 원을 찾아가겠다고 합니다. 은행은 돌려줄 돈이 없어 발을 동동 구르게 되지요. 그래서 이런 위험한 상황이 발생하지 않도록 지급준비율이라는 제도를 마련해놓은 것입니다. 예컨대 "100만 원 저축이 들어오면 그중 60만 원 이상은 빌려주지 마"라고 정해놓은 것이 바로 지급준비율이에요. IMF 외환위기 때처럼 경제위기 시에는 뱅크런(bank run)이 벌어질 수 있기 때문입니다.

이를 은행 입장에서 살펴볼까요? 100만 원 중 60만 원을 빌려줄 수 있는 경영 환경과 50만 원을 빌려줄 수 있는 환경이 있다면 은행으로서는 수익률이 달라지겠지요? 돈을 더 많이 빌려줘야 더 많은 대출이자를 받을 수 있으니까요. 지급준비율이 낮아져 은행이 더 많이 빌려줄 수 있도록 하면, 시중에 돈을 더 푸는 효과가 나타납니다. 즉, 통화량을 늘리는 양적완화와 비슷한 효과가 나타나는 거죠.

이제 마지막으로, 주인공인 기준금리 정책을 보겠습니다.

2008년에 글로벌 금융위기가 있었습니다. 글로벌 금융위기 이후 미국은 침체된 경기에서 벗어나기 위해서 열심히 금리를 떨어뜨렸어요. 물론 우리나라도 마찬가지입니다. 앞서 설명했듯이, 금리를 인하하면 여러 가지 경로로 투자가 늘거든요. 돈을 빌리는 비용이 싸지니까 기업들이 돈을 적극적으로 빌려서 열심히 투자합니다. 투자에 대해서는 PART 1에서 설명했었죠? 가계가 노트북을 사면 소비지만, 기업이 노트북을 사면 투자라고요. 기업의 투자는 공장을 증설하거나 사업 영역을 확대하는 방식으로 이뤄집니다.

금리를 인하하면 기업들이 적극적으로 투자하게 됩니다. 공장 설비를 더 늘리고, 새로운 산업에 적극적으로 진출하죠. 한편, 가계도 투자를 늘립니다. 주식이나 부동산에 투자합니다. 은행의 이자가 너무 적으니, 저축보다는 오히려 돈을 적극적으로 빌려 투자할 다른 대상을 찾는 것입니다. 이렇게 가계와 기업의 투자가 늘어납니다.

투자가 늘면 고용이 늘어납니다. 고용은 왜 늘어날까요? 기업이 공장 설비를 늘렸다면, 그걸 가동할 사람을 뽑아야겠죠? 기업이 노트북을 하나 샀다면 노트북을 쓸 사람을 뽑아야 하고, 빵집을 하다가 카페를 새로

냈다면 카페를 운영할 사람을 충원해야 하죠.

고용이 늘면 또 무엇이 늘어날까요? 우리나라 국민 중에 절반이 일자리를 갖고 있고, 나머지 절반은 일자리가 없다고 가정해봅시다. 그런데 투자가 늘어서 나머지 절반도 일자리를 갖게 됐습니다. 그러면 자연히 우리나라의 소득수준이 개선됩니다. 그러니까 고용이 늘면 소득이 느는 겁니다.

소득이 늘어나면 어떨까요? 돈을 더 벌면, 더 소비하고 싶어지지요. 소비가 늘면? 당연히 기업들은 더 투자하고 싶어집니다. 금리를 인하하면 이렇게 경제가 부양되는 겁니다.

금리 인하와 경제 부양의 관계

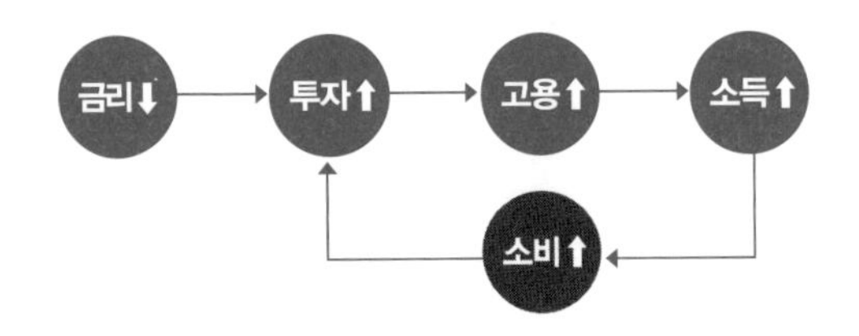

2008년 글로벌 금융위기 이후 엄청난 경제적 충격을 경험한 미국과 우리나라가 기준금리를 지속적으로 떨어뜨려온 이유가 바로 이것입니다. 경기를 부양하기 위해서죠. 통화량을 늘리는 것도 비슷한 원리입니다. 그 결과 경제가 상당한 수준으로 부양됐고, 경기 회복 속도가 안정적으로 나타나고 있는 겁니다.

경기가 회복됐으니, 이제 뭘 하면 될까요? 떨어뜨렸던 기준금리를 다시 끌어 올려야 합니다. 금리를 인상한다고 하지만, 너무 떨어졌던 금리를 끌어 올리는 것이니 '정상화'라는 표현을 씁니다. 그래서 경제 기사를 보면 정상화라는 단어가 자주 나옵니다.

기준금리는 누가 결정하고 어떻게 결정되나요?

• • •

먼저 '연방준비제도'에 대해서 알아보겠습니다.

연방준비제도(연준)는 'Federal Reserve System'의 준말로 Fed라고 합니다. 다른 말로는 '연방준비시스템'이라고도 합니다. 연방준비제도를 구성하는 중요한 조직 중 하나로 연방공개시장위원회(Federal Open Market Committee), 즉 FOMC가 있습니다. 우리나라로 치면 한국은행이 있고, 한국은행에 금융통화위원회(금통위)가 있는 것과 같습니다. 기준금리를 인상할지 인하할지 동결할지를 결정하는 기구죠.

연방준비제도가 하는 일은 첫째가 통화정책입니다. 기준금리의 인상, 인하, 동결을 결정하는 것입니다. 또한 통화량을 늘릴지 말지를 결정하고, 은행의 지급준비율을 늘릴지 말지를 결정합니다.

여기 의장이 바로 제롬 파월(Jerome Powell)입니다. 문재인이 한국의 대통령이고 트럼프가 미국의 대통령이라면, 제롬 파월은 세계의 경제 대통령입니다. 2018년, 재닛 옐런(Janet Louise Yellen) 전 의장에서 제롬 파월로 교체되면서 세계적으로 큰 이슈가 됐죠. 새 의장이 어떤 성향이고, 어떤 통화정책 의지를 가지고 있는지가 세계경제를 좌우하기 때문입니다.

기준금리를 결정하는 근거는 무엇일까요?

알다시피 기업의 목적은 이윤추구입니다. 다른 표현으로 '주주의 이익을 극대화하는 것'이라고 할 수 있습니다. 그렇다면 대학교의 목적은 무엇일까요? 역시 이윤추구일까요? 인재양성이라고 볼 수 있지 않을까요? 물론 요즘 들어서는 학교가 이윤추구를 하는 것 같아서 좀 아쉽긴 하죠.

그럼 한국은행의 목적은 뭘까요? 한국은행 하면 지폐가 생각나니 화폐 발행만이 목적이려나요? 놀랍게도 한국은행의 목적은 '물가 안정과 성장'입니다. 제 주장이 아니라 한국은행의 주장입니다. 홈페이지에 다음과 같이 나와 있어요.

'한국은행은 물가안정목표를 정하여 국민에게 공표하고 이를 달성하기 위하여 최선을 다하고 있습니다.'

이게 통화정책의 역할이고, 한국은행의 목적이에요. 한국은행이 가장 중요하게 생각하는 것이 다음의 두 가지입니다.

첫 번째, 물가. 한국은행은 물가에 초점을 맞추고 있어요. 앞서 '물가와 금리는 반비례한다'라고 정리했죠? 그러니까 금리를 조정하면 물가를 조정할 수 있다는 거지요. 한국은행은 기준금리를 조정해서 적정 물가를 유지하고자 합니다.

두 번째, 경제성장률. 물론 한국은행에서 기준금리를 결정할 때 보는 지표는 수백 가지입니다. 하지만 가장 중요하게 판단하는 두 가지 지표가 물가와 경제성장률이고, 여기에 한 가지가 더 있습니다. 바로 실업률입니다.

왜 실업률이냐고요? 경제 성장과 경제 회복 여부를 주로 실업률을 바탕으로 판단하기 때문입니다. 실제 실물경제의 회복 여부를 실업률로 판단하는 거예요.

물가 안정을 유지한다고 했는데, 어떤 수준이 물가 안정일까요?

기준금리를 결정하는 기준

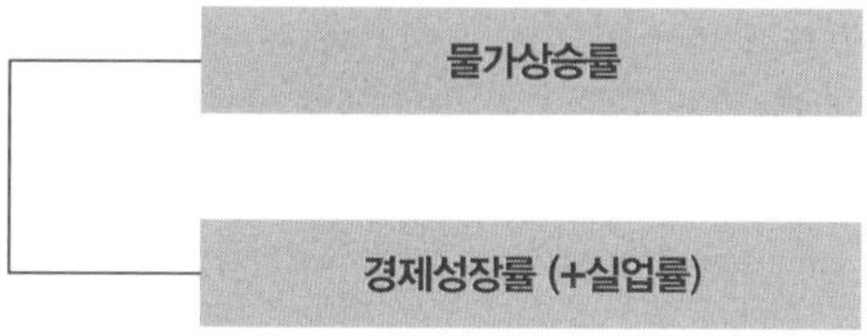

물가상승률
경제성장률 (+실업률)

물가 안정이란 표현을 좀더 있어 보이게 표현하면 '적정 물가를 유지하는 것'이라고 할 수 있어요. 물가가 너무 낮아도, 너무 높아도 나쁘기 때문입니다.

한국은행은 현재 경제 상태에서 한국의 적정 물가를 2퍼센트 정도로 보고 있습니다. 100가지 지표 중 다른 지표를 하나도 고려하지 않고 오직 물가만 보고 기준금리를 결정한다면 이렇게 됩니다. 물가상승률이 2퍼센트 이하면 금리를 인하해서 물가를 2퍼센트 수준으로 올리려고 노력하고, 물가상승률이 2퍼센트 이상이면 금리를 인상해서 2퍼센트에 가깝게 내리려고 한다는 거죠.

물가 안정 = 적정 물가 유지

경제성장률도 고려해야 할 텐데요. 사실 경제성장률에 적정 수준이 어디 있습니까? 높으면 높을수록 좋죠.

하지만 경제성장률이 3퍼센트를 넘는다면 기준금리를 인상할 여지가 있고, 2퍼센트 수준을 밑돈다면 기준금리를 인하합니다. 즉, 경기 침체가 지속될 때는 기준금리를 인하해서 경기를 부양하고, 경기 회복 속도가 안정적으로 유지될 때는 기준금리를 인상(정상화)해서 경제 시스템을 안정화하는 것입니다.

ECONOMIC ISSUE

기준금리 인상과 기업의 대응

•••

토끼와 거북이가 경주를 한다. 사람들은 대부분 당연히 토끼가 이길 거라 생각한다. 토끼 자신도 그렇게 생각했기 때문에 경기 도중 잠을 잤다. 너무도 유명한 우화이지만, 이 이야기는 토끼와 거북이가 땅에서 경주하는 것을 전제로 한 것이다. 만일 이 경주를 바다에서 한다고 해보자. 어떤 결과가 나오겠는가?

한국 경제와 세계경제도 새로운 국면에 처했다. 확장의 시대가 가고, 긴축의 시대로 돌입했다. 땅에서 싸울 때와 바다에서 싸울 때가 다르듯, 확장적 통화정책 기조와 긴축적 통화정책 기조하에서 기업은 다른 대응을 해야 한다. 2008년 글로벌 금융위기 이후, 미국을 포함한 세계경제는 통화량을 늘리고 기준금리를 인하하는 등 확장적 경제정책들을 단행해왔다. 경기를 부양하기 위해서였다.

이후 경제는 상당한 수준으로 부양됐다. 특히 미국 경제가 상당한 수준으로 회복되면서 2015년 12월부터 기준금리를 인상하기 시작했다. 이어 2016년 12월에 한 차례, 2017년에는 세 차례에 걸쳐 기준금리를 인상했다. 2018년과 2019년에도 연 세 차례 이상 기준금리를 인상할 것으로 전망된다.

세계의 새로운 경제 대통령 파월의 등장

•••

2018년 2월 취임한 제16대 연방준비제도 의장 제롬 파월은 시장에 상당한 물음표를 던졌다. 2017년 하반기, 미 트럼프 대통령은 새로운 연준 의장으로 제롬 파월을 지명했다. 당시 시장은 제롬 파월이 '비둘기파(완화적 통화정책 선호)' 성향이기에 연준의 기준금리 인상 속도가 다소 줄어들 것으로 판단했다.

그러나 취임 이후 기존 연준의 통화정책 기조를 유지할 거라는 의사를 밝히면서 '안도'했던 시장은 다시 '혼란'을 경험하고 있다. 그 혼란은 세계경제에도 영향을 주는 모양새다. 미국 뉴욕 증시인 다우지수와 유럽 주요국 증시가 폭락했고, 국내 증시도 크게 하락했다.

미국 경제는 견고한 성장 기조를 보이고 있다. 미국의 실업률은 글로벌 금융위기 직후인 2009년 약 10.1퍼센트에 달했으나, 2018년 들어 4.1퍼센트까지 하락했다. 미국의 실업률은 자연실업률에 근접했다. 자연실업률은 경제활동인구가 이직과 구직을 시도하는 과정에서 자연스레 발생하는 실업 수준을 의미한다.

즉, 완전 고용 수준에 달했다고 평가할 수 있다. 미국의 경제성장률은 2016년 1.5퍼센트를 기록한 이후 2017년 2.3퍼센트로 상승했으며, 2018년에는 2.5퍼센트로 상승할 거라고 국제통화기금(IMF)은 전망했다. 경제의 탄탄한 회복세가 지속됨에 따라 미국은 기준금리를 점진적으로 인상하고자 하는 기조가 지속될 것으로 전망된다.

미국뿐만 아니라 유럽과 일본을 비롯한 세계 주요국 역시 기준금리를 인상하는 등 통화정책을 긴축 기조로 전환하고 있다. 미국의 금리가 상승하기 시작하면, 미국 외 주요국들과의 금리 차가 좁혀지거나 역전 현상이 나타나 외국으로 몰렸던 투자자금이 미국 내로 회수될 수 있다. 외국인 투자자금 유출을 우려하는 국가들은 미국의 기준금리 인상 속도를 예의주시하면서 함께 인상해나가는 중이다.

미국 경제성장률과 실업률 추이

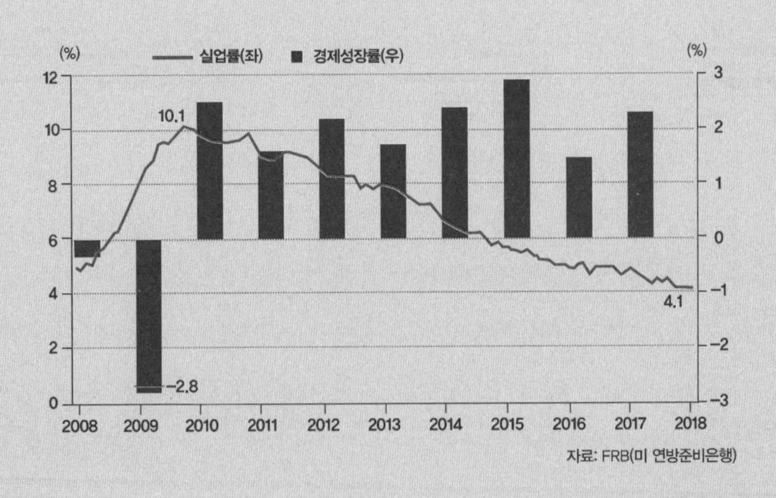

자료: FRB(미 연방준비은행)

한국도 저금리 기조를 유지하다가 2017년 11월 30일 1.25퍼센트에서 1.5퍼센트로 인상한 바 있다.

기준금리 인상은 한국 경제에 어떤 영향을 미치는가?

•••

미국발 긴축의 시대 속에 한국은 상당한 통화정책 딜레마에 빠질 것으로 보인다. 미국은 탄탄한 성장 국면에 진입했기 때문에 기준금리 인상 여건이 마련됐지만, 한국 경제는 저성장 국면에서 이제 막 벗어나고 있는 수준이어서 여전히 경기부양에 초점을 두어야 하기 때문이다. 즉, 미국이 기준금리를 인상하는 속도만큼 기준금리를 인상하기 어려운 여건이므로 상당한 부담이 될 수 있다.

미국 달러화와 한국 원화 가치의 격차가 벌어지면서 한국으로 투자됐던 외국인 자금의 유출이 우려되고 있다. 그런데 기준금리를 인상하면 기업의 투자가 위축되고, 이에 따라 신규 고용 창출이 부진해진다. 이는 다시 소비 위축으로 연결되어 기업의 투자를 더욱 위축시킬 수 있다. 자금 유출 우려가 상당하다면 한국에도 기준금리 인상이 당위성을 갖지만, 기준금리 인상 시 더 위축될 경제가 문제다. 말하자면 이러지도 저러지도 못하는 난관에 직면해 있는 것이다.

기준금리를 인상할 경우 가계부채 문제가 촉발될 우려도 있다. 2018년 기준 가계부채 규모는 약 1,500조 원에 달한다. 시중금리가 상승하면, 신규 대출 수요가 상대적으로 줄어들 수 있기 때문에 가계부채의 증가 속도가 주춤해질 수 있다. 기존 대출자들도 채무를 변제할 부담이 커진다. 특히 변동금리 대출자의 이자 상환 부담이 가중되고, 이에 따라 연체율이 상승해 금융부실로 연결될 수 있다. 더욱이 금리 상승에 따라 부동산 매매가격이 조정되는 지역에서는 이자 상환 부담이 가중되고 자산 가치는 하락해 가계부실로까지 연결될 수 있다.

긴축의 시대에 직면한 한국 경제가 가장 우려해야 하는 점은 단연 신흥국 수출이다. 미국의 점진적인 기준금리 인상에 따라 달러화 가치가 상승하고 신흥국들에 투자됐던 자금이 미국으로 회수되고 있다.

특히 신흥국 중에서도 달러화 표시 부채에 많이 의존하고 있는 국가들은 채무상환능력이 현저히 떨어져 외환위기가 발생할 위험이 있다. 최근 국제 투자은행 모건스탠리는 총부채 중 달러화 표시 부채 비

한국과 미국의 기준금리 추이 및 전망

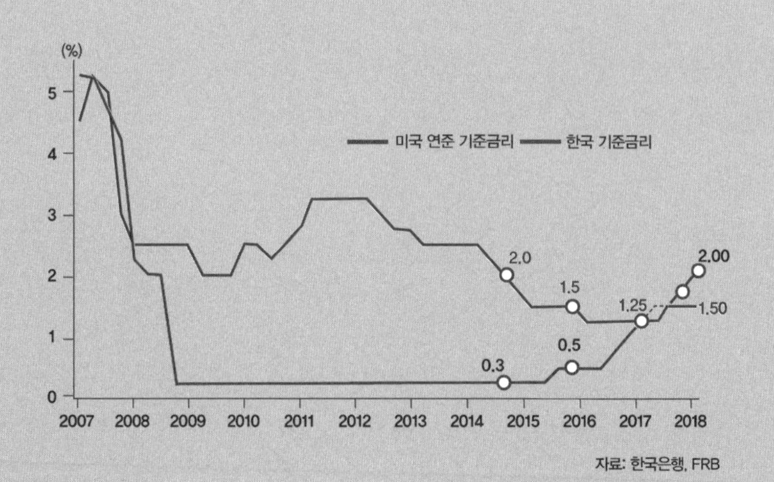

자료: 한국은행, FRB

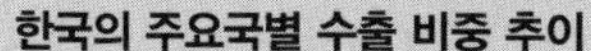

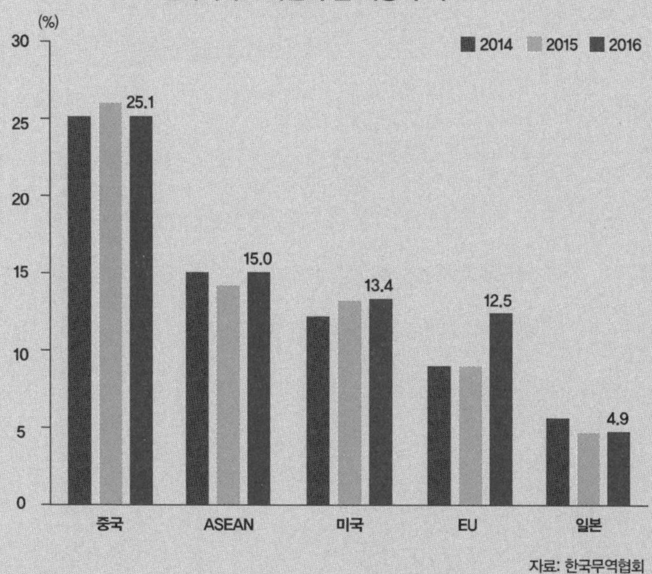

중이 30퍼센트를 웃도는 몇몇 신흥국을 취약(fragile)국으로 분류하기도 했다.

한국의 전체 수출에서 중국과 ASEAN(태국, 인도네시아, 필리핀, 말레이시아, 싱가포르 등 10개국으로 구성된 동남아시아국가연합)으로의 수출은 각각 25.1퍼센트, 15.0퍼센트에 달한다. 아시아 신흥국에만 대략 40퍼센트 이상을 의존하고 있는 것이다. 이런 신흥국들이 외환위기에 처할 경우 한국의 수출도 위기를 맞을 수 있다.

기준금리 인상에 따른 기업의 대응 전략

•••

긴축의 시대에 직면한 기업들은 상당한 불확실성하에 놓이게 됐다. 먼저, 세계 거시경제 지표의 변동성이 상당할 것이다. 주가 및 환율 등의 급격한 변동은 기업들의 경영 환경을 혼란스럽게 한다. 따라서 기업들은 세계 주요 지표의 흐름에 관한 모니터링 기능을 강화해야 한다. 경제지표들에 변동을 가져오는 요인으로는 무엇이 있으며, 예상 가능한 시나리오는 어떤것 인지를 확인해야 한다.

둘째, 중국과 아시아 신흥국 등 몇몇 대상국에 편중되어 있는 수출 구조에서 탈피하고자 하는 노력이 요구된다. 외환위기 가능성이 큰 수출 대상국은 어디인지를 조사하고, 안정적으로 수출을 이어갈 수 있는 거래 국가를 확대해가야 한다.

셋째, 미국 경기가 탄탄히 회복되는 만큼 미국을 겨냥한 고부가가치의 소비재 수출 전략을 마련해야 한다. 미국 내 다양한 거래처를 확보하는 것도 중요하지만, 미국 시장에서 세계적 브랜드와 경쟁하여 우위를 차지할 수 있도록 미국 소비자 맞춤형 제품화에 집중해야 한다.

마지막으로, 금리가 인상되는 기조하에서 재무 전략에도 변화가 필요하다. 저금리 시대에 채권에 대한 의존도를 높게 유지하며 경영했다면, 긴축의 시대에는 자기자본비율을 높이고 유망한 투자 대상에 선택적 투자를 해야 한다.

:: 제 2 강 ::

무역

무역의 생 기초

최근 뉴스에서는 '무역전쟁', '보호무역주의'라는 표현이 자주 오르내리고 있습니다. 저는 2017년 말 '2018년 경제 전망'을 주제로 한 강연에서 이 단어들이 2018년 내내 중요한 이슈가 될 거라고 이야기한 바 있습니다. 2018년만이 아니라 2019년까지도 세계경제의 중심 화두가 될 것으로 보입니다.

그럼 무역이란 무엇인지, 트럼프는 어떤 정책 기조를 가지고 있는지, 보호무역주의란 뭔지, 보호무역주의는 왜 확산되는지, 그것이 우리 경제에 어떤 영향을 주는지 등 무역 전반에 걸쳐 이야기를 시작해보겠습니다.

무역은 왜 할까요? 그리고 왜 중요할까요?

정말 말 그대로 무역의 생 기초부터 왜 중요한지까지 이야기하고자 합니다. 무역을 왜 하는지에 대한 설명으로는 이론상 크게 두 가지가 있습니다.

비교우위론

데이비드 리카도(1772~1823)가 정립한

기회비용에 근거하여 국제 무역을 설명하는 이론

절대우위론

애덤 스미스(1813~1893)가 정립한

생산비 특화 교역 이론

여기 광석이와 진기가 있습니다. 이들이 살아가기 위해 사과도 따야 하고 물고기도 잡아야 한다고 해보죠. 그래야 삶을 살아갈 수 있다고 가정하는 겁니다. 24시간 동안 광석이는 사과 10개를 따요. 대신 물고기를 잡으면 5마리를 잡아요. 이것이 광석이의 생산 능력입니다.

반대로 진기는 사과를 잘 못 따요. 24시간 내내 사과를 따면 5개를 따요. 그런데 물고기를 잘 잡아요. 24시간 동안 물고기 10마리를 잡습니다. 이것이 진기의 생산 능력입니다.

무역이 없는, 즉 자급자족 시스템에서 2일이라는 시간이 주어진다면 이들은 각자 하루는 사과를 따고 하루는 물고기를 잡을 것입니다. 둘 다 있어야 살 수 있으니까요. 이틀 동안 광석이는 사과 10개와 물고기 5마리, 그리고 진기는 사과 5개와 물고기 10마리를 갖게 됩니다. 이 둘이 사는 나라의 총생산은 30이에요.

광석이와 진기의 생산량

무역이 이뤄지지 않을 경우

총 생산량 = 30(광석이의 생산량 15 + 진기의 생산량 15)

구분	광석	진기
사과	10	5
물고기	5	10

그런데 바꿔볼게요. 광석이는 사과를 잘 따니까 사과만 따요. 진기는 물고기를 잘 잡으니까 물고기만 잡아요. 그러면 이틀 동안 광석이가 사과 20개를 따고, 진기가 물고기 20마리를 잡게 됩니다. 그러면 이 둘이 사는 나라의 총생산은 40이 됩니다.

광석이와 진기의 특화 생산량

한 상품을 특화해서 생산할 경우

총 생산량 = 40(광석이의 생산량 20 + 진기의 생산량 20)

구분	광석	진기
사과	20	← 특화
물고기	특화 →	20

사과 따고 물고기 잡는 일 두 가지를 다 하는 게 아니라 각자 자신이 잘

하는 일에만 집중하면 이런 결과가 나와요. 일을 마친 후에는 나눠 가져가요. 그러면 둘 다 더 잘살겠죠?

한 상품으로 특화할 경우

개인의 배분량이 '15'에서 '20'으로 증가한다.

자급자족 경제에서처럼 모든 가계가 각자 잘하는 일에 집중하고, 잘 나눠 가진다면 어떻게 될까요? 그러면 모두 더 잘살겠죠? 이를 조금 유식한 표현으로 '분업'이라고 합니다. '전문화'라고도 할 수 있죠. 분업과 전문화가 국제적으로 이루어질 때, 그것이 바로 무역입니다.

무역은 그래서 우리에게 많은 효용을 준다고 할 수 있습니다. 이처럼 국가 간에 무역을 하면 '서로 이득이 발생한다'라는 설명이 바로 애덤 스미스의 절대우위론입니다.

사람들이 생산하는 재화의 종류는 저마다 다를 것입니다. 자신이 경쟁력 있고 효율적으로 생산할 수 있는 재화를 생산하는 일에만 집중하는 겁니다. 그래서 직업이 생겨나죠. 논농사, 밭농사, 돼지 사육, 고등어 낚시 등 삶에 필요한 재화를 각 가계가 모두 생산하는 것이 아니라 '나는 내가 잘하는 일에만 집중'하고, '잘 갖추어진 교환 시스템에 의존해서 교환'하면 되는 거죠. 이 교환 시스템이 국제적으로 사용되는 것, 즉 국제적인 분업이 이뤄지는 것을 무역이라고 할 수 있습니다.

무역이란?

국가 간의 분업 체계

분업은 매우 중요하며 앞으로는 더더더 분업화된 세상에서 살아갈 것입니다. 실제로 직업의 개수가 계속 늘어나고 있다는 것을 당신도 체감할 것입니다. '와, 이런 일을 하는 사람도 있네?' 하는 생각이 종종 들지 않았나요?

오늘 아침 라디오를 들으면서 출근했는데요. '박코치'라는 유명한 사람이 있더군요. 연애 컨설턴트라고 합니다. 처음 인연을 연결할 때, 연애에 서툰 사람의 경우는 대신 문자를 보내주기도 한답니다. 그렇게 해서 연애 성공 가능성을 올려주는 거죠. 연애마저도 일정 부분 분업에 의존하는 것입니다.

저도 그렇습니다. '경제 읽어주는 남자'로서의 일에만 집중하기 위해 집안일을 잘 안 합니다. 일주일에 두 번 오셔서 가사를 맡아주시는 분과 분업을 하고 있는 거죠. 저는 제 일에만 집중하고 나머지는 그 분야 전문가에게 맡기는 식으로 최대한 분업할 때, 더 효율적이라는 생각입니다.

실제 우리는 그렇게 살아가고 있습니다. 수많은 종류의 일을 쪼개고 쪼개서 세분화하여 그 일부의 일만 하고, 나머지는 아웃소싱하는 체제입니다. 결국 더 전문화된 사람일수록 딱 한 가지 일만 합니다. 고도로 전문화된 사람은 운전도, 스케줄관리도, 가사도 다른 사람이 하죠. 전문화된 세상에서는 한 가지 일을 택하되 그 일을 최고로 잘해야 해요. 그래야 나머지 일을 안 할 수 있어요.

앞에서 무역의 효용을 설명했습니다. 그처럼 다소 복잡한 설명을 빼고도 사실 더 중요한 효용이 있습니다. 1085년 고려 시대에 우리와 교역을 원하던 일본 사신을 통해 귤이 우리 땅에 들어왔습니다. 그때 귤 맛을 처음 본 거죠. 다시 말하면 우리나라에 없는 것들을 들여올 수 있다는 것이 무역의 엄청난 효용이라고 볼 수 있습니다.

무역을 통한 이익

우리나라에 없는 것을 얻을 수 있다.

다른 예를 들어보겠습니다. 한식 하면 떠오르는 음식이 무엇인가요? 아마도 김치를 제일 먼저 떠올릴 것입니다. 이 음식에는 고춧가루가 들어가는데요, 고추의 원산지는 중남미 지역입니다. 이 지역에서 수입이 되었기 때문에 우리가 고추장을 먹고 김치를 먹는 겁니다. 이런 역사적인 배경을 봐도, 무역이 없었다면 우리 삶의 질이 지금만큼 높아지지 못했으리라는 생각이 들죠?

오늘날의 경제로 보자면 원유 수입이 없는 셈입니다.

한국은 석유를 수입하는 나라일까요, 수출하는 나라일까요? 우리나라는 석유를 수출하는 나라입니다. 원유를 수입해서 정제하여 석유 제품을 수출하죠. 원유 수입이 없다면 직접적으로는 이런 산업도 없을뿐더러, 자동차를 몰 수도 없는 나라가 되겠지요. 자동차산업 강국이 되기도 어렵습니다. 원유 수입이 중단됐을 때 어떤 일이 일어날지 상상이 되지 않나요?

결국 없는 것들을 있게 만드는 것이 무역입니다.

무역이 주는 효용은 그 밖에도 어마어마합니다. 세계 각국이 더욱 자유롭고 원활하게 교역하면 더 많은 효용이 있겠지요? 그래서 자유무역이 매우 중요합니다.

말로만 듣던 FTA,
정체가 뭘까요?

•••

무역 하면 꼭 정리해야 하는 단어가 바로 FTA입니다. FTA란 뭘까요? FTA 협정이 이루어진다고 하면, 특히 농가에서 반대 시위를 많이 벌입니다. FTA가 무엇이기에 이렇게 찬반 갈등이 클까요?

FTA는 'Free Trade Area(자유무역지대)'라고 풀어쓸 수 있습니다. 자유무역(Free Trade)을 하겠다는 약속 또는 협정(Agreement)이라는 뜻으로 'Free Trade Agreement'라고도 합니다. 또 'Free Trade Association'이라는 표현이 쓰이기도 합니다. 어쨌든 다 FTA입니다. 일반적으로는 FTA를 자유무역협정(Free Trade Agreement)으로 칭합니다.

FTA = Free Trade Agreement

한국과 일본, 미국을 놓고 이렇게 가정해보겠습니다. 한국과 일본이 미국에 자동차를 수출해요. 자동차는 가격이 모두 100원입니다. 그런데 미국에 수출될 때는 관세가 붙습니다. 쉽게 계산하기 위해서 관세가 10퍼센트라고 해볼게요. 그러면 미국에 수출할 때 한국 자동차든 일본 자동차든 모두 110원이 되는 거죠.

FTA 이전 상황

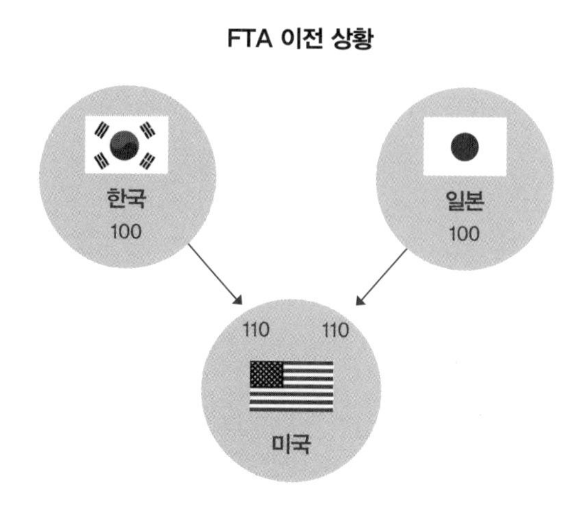

한국과 일본의 자동차 수출 가격

→ 자동차 100 + 관세 10 = 110

만약 미국이 일본하고 FTA를 체결한다고 해봅시다. FTA는 '우리끼리는 서로 수출입할 때 관세 없이 하자'라는 약속입니다. 무관세로 수입·수출하자는 얘기는 곧 자국 내에서와 같이 거래하자는 뜻입니다. 그게 바로 FTA예요.

관세를 없애면 수출입이 더 늘겠죠? 제품이 관세 등 아무런 장벽 없이 국경을 넘어가는 것을 자유무역주의라고 볼 수 있습니다. 자유무역지대를 형성하는 겁니다. FTA를 체결하면 두 나라 간에는 관세가 없어지기 때문에 110원이 아니라 100원이 되는 겁니다.

우리나라는 FTA를 체결하지 않고 일본만 체결했다고 해봅시다. 일본은 100원에 수출하는데 같은 제품을 우리나라는 110원에 수출하므로 수출 경쟁력이 떨어집니다. 더 정확히 얘기하면 '수출의 가격 경쟁력'이 떨어지는 거죠.

미-일 FTA 체결 이후

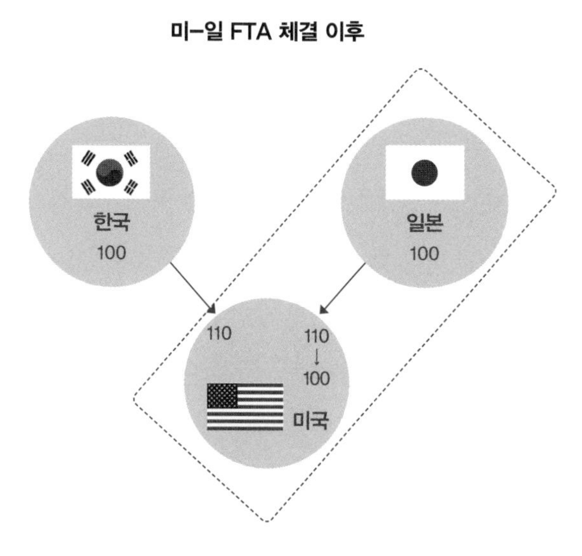

한국 자동차 가격: 110원, 일본 자동차 가격: 100원

→ 한국 자동차 가격 경쟁력 하락

전 세계적으로 FTA가 엄청나게 확산되고 있습니다. 이는 자유무역주의가 확산된다는 말과 같습니다. 수많은 나라가 서로 FTA를 체결하는데 우리나라만 체결하지 않는다면 어떻게 될까요? 우리나라의 수출 길이 막히는 겁니다. 결론적으로 무역은 좋은 것이고, 자유무역은 우리나라에 중요한 것입니다.

FTA 체결과
자국의 취약 산업 보호

—

미국에서 생산되는 캘리포니아 쌀, 정말 고소하고 맛있습니다. 품질 정말 좋습니다. 더 과학적인 영농과 더 좋은 기후 환경에서 더 좋은 품질의 제품이 생산되기 때문입니다.

심지어 더 싸기까지 합니다. 왜? 대량생산을 하잖아요. 비행기로 비료 주고 하니 우리나라처럼 인건비 들여서 비료 주는 것과는 비교가 안 되겠죠. 과학적인 영농을 하니까 쌀 수밖에 없습니다. 더 저렴하고 더 맛있는 쌀이 수입되면 우리나라 쌀 산업과 쌀 농가는 엄청나게 힘들어지겠지요?

그래서 FTA를 체결할 때는 여러 산업에서 이슈화됩니다. 특히 우리나라에서 상대적으로 경쟁력이 없는 산업들은 더욱 그러합니다. 그나마 외국에서 들여오는 제품에 관세를 붙여서 그 산업이 버틸 수 있었는데, 관세를 없애니까 제품의 가격 경쟁력에서 밀리는 것입니다. 대표적인 예가 한우 산업이며, 몇몇 산업을 중심으로 갈등이 크게 빚어집니다.

FTA를 체결할 때 '우리나라 쌀 산업은 좀 보호해주세요', '우리나라 한우 산업은 좀 보호해주세요'라고 단서 조항을 넣을 수 있을 것입니다. 'FTA를 체결하되 그것만큼은 안 됩니다' 하고 조약하는 거죠. 그래서 자유무역주의와 함께 보호무역주의가 확산되는 것입니다.

FTA 체결 효과

제품 교역 측면에서 하나의 교역권으로 엮임

→ 경쟁력 있는 제품이 수입돼 자국 산업이 약화됨

→ 단서 조항 등 특약 체결 필요

그렇다면 정부는 어떻게 해야 할까요? FTA를 확대해야 할까요, 거부해야 할까요?

님비(NIMBY, Not In My Back Yard) 현상이라는 표현을 들어본 적이 있을 것입니다. 예를 들어 쓰레기 처리장을 신설해야 한다고 해봅시다. 쓰레기 처리장이 필요하다는 말에 동의하지 않을 사람이 있을까요? 없겠지요. 그러나 다들 "우리 집 앞에는 안 돼"라고 합니다. 저도 마찬가지겠지요.

이때 우리의 고민은 쓰레기 처리장을 설치할 거냐 말 거냐가 아닙니다. 우리 생활에 필요한 거니까요. 쓰레기 처리장을 도입하면 우리 사회 전체의 효용이 올라갑니다. 이때 전체적으로 늘어난 효용을 쓰레기 처리장이 설치된 지역의 주민들에게 어떻게 분배할지를 고민해야 합니다. 다시 말해 전체적으로 늘어난 효용을, 효용이 줄어든 집단에 어떻게 효율적으로 분배할 수 있을까를 고민해야 한다는 뜻입니다.

FTA는 필요한 겁니다. 다만 우리가 갖게 된 전체적인 효용을 상대적으로 효용을 못 본, 또는 마이너스 효용을 본 집단에게 어떻게 옮겨줄 수 있을까를 고민해야 합니다. FTA를 통해 우리가 갖게 된 경제적인 효용에는 무엇이 있을까요? 주로 자동차, 철강, 전자제품 등을 팔아서 큰 효용이 발생하겠지요? 반면, FTA가 체결됨에 따라 충격 또는 위협을 받을 업종들이 있을 것입니다. 전체적으로 얻은 효용의 일부를 그 업종들에 공정하게 배분해주는 시스템을 만드는 것, 그것에 집중해야 합니다. 'FTA가 필요하다, 아니다'에 집중하면 안 됩니다. FTA가 안 되면 국가 자체가 위협을 받기 때문입니다.

FTA 없이는 특정 산업이 위협받는 수준이 아니라 국가 전체의 효용이 줄어들며, 결국 경쟁력이 없는 우리 산업도 간접적으로 악영향을 받기 때문에 FTA는 필요하다고 보는 겁니다. 쓰레기 처리장은 필요합니다. 그러므로 쓰레기 처리장이 설치된 지역 주민에게 잃게 된 효용만큼을 충분히, 또는 그 이상으로 보존해주는 시스템을 만들어야 하지 않을까요?

FTA는 국가 간에 가장 낮은 수준의 경제협력이다

경제통합(Economic Integration)이라는 것이 있습니다. 두 나라가 경제적으로 통합한다는 뜻이지요. 사전적으로는 '국가 간에 생산요소가 자유롭게 이동하도록 경제 관계를 통일하는 것'을 말합니다.

경제통합은 단계별로 네 가지 유형이 있습니다.

그중 가장 기초적인 단계를 FTA라고 합니다. 역내 관세 철폐, 즉 FTA를 체결한 나라끼리는 '그 지역 내에서는 관세 없이 교역하자'라고 약속하는 겁니다. 한미 FTA, 북미자유무역협정(NAFTA, North American FTA) 등 다양한 사례가 있습니다.

두 번째 단계에서는 역내 관세 철폐는 물론이거니와 '역외 공동 관세'를 부과합니다. 서로 간에도 무관세이지만, 각자 교역하고 있는 수많은 다른 나라에 대해서도 같은 조건의 관세를 부과하는 것입니다. 이렇게 역외 공동 관세를 부과하면 관세동맹(Customs Union)이 됩니다.

메르코수르(MERCOSUR)는 브라질, 아르헨티나, 우루과이, 파라과이 등 4개국이 남미 국가 간 무역 장벽을 없애기 위해 1991년 창설한 경제통합체입니다. 2012년 베네수엘라가 정식 가입해 정회원국이 5개국으로 늘었습니다.

세 번째 단계에서는 관세동맹의 조건에 역내 생산요소의 자유로운 이동을 보장하는 조건을 더해 공동시장(Common Market)을 형성합니다. 공동시장은 역내에서는 당연히 관세를 철폐하고, 대외국에 대해서 공동 관세를 부여하는 것도 당연시하며, 나아가 양국 간에 생산요소가 자유롭게 이동하도록 하는 것입니다. 서로 간의 인력이 자유롭게 이동하는 것, 차별을 두지 않는 것 등입니다. 대표적인 예가 EEC(유럽경제공동체)입니다.

정확한 표현은 아니지만, 가까운 예로 호주와 뉴질랜드도 들 수 있습니

단계별 경제통합

STEP 1	STEP 2	STEP 3	STEP 4
회원국 간 관세 철폐 중심 (예: NAFTA)	역외국에 대해 공동 관세율 적용 (예: MERCOSUR)	회원국 간 생산요소의 자유로운 이동 가능 (예: EEC)	단일통화, 회원국의 공동의회 설치와 같은 정치·경제적 통합 (예: EU)
			초국가적 기구 설치 · 운영
			역내 공동 경제정책 수행
		역내 생산요소 자유 이동 보장	역내 생산요소 자유 이동 보장
	역외 공동 관세 부과	역외 공동 관세 부과	역외 공동 관세 부과
역내 관세 철폐	역내 관세 철폐	역내 관세 철폐	역내 관세 철폐
자유무역협정 FTA	관세동맹 CUSTOMS UNION	공동시장 COMMON MARKET	완전경제통합 SINGLE MARKET

자료: 산업통상자원부

다. 호주와 뉴질랜드 간에는 생산요소의 이동이 상당히 자유로워요. 취업 비자나 유학 비자 없이 한 나라처럼 이동하는 환경입니다. 양국 간에 생산요소가 자유롭게 이동하도록, 동등한 대우를 해줍니다.

마지막으로, 공동시장의 조건에 더해 초국가적 기구를 설치하면 완전 경제통합(Single Market)이 됩니다. 초국가적 기구에서는 통화마저 일치시킵니다. 대표적인 예가 유로존(Eurozone)입니다. 유로존은 EU(유럽연합)와 다릅니다. '유로를 사용하는 나라들'이라는 뜻이죠. 예를 들면 스위스는 EU이지만 유로존이 아닙니다. 유로를 쓰지 않고, 스위스 프랑을 쓰니까요.

유럽에 배낭여행을 갈 때는 보통 세 가지 통화를 준비합니다. 유로, 영국 파운드, 스위스 프랑이죠. 영국과 스위스 등의 나라들이 유로존이 아니기 때문입니다. 유로존은 통화까지 일치시켜서 역내 공동 경제정책을 시행합니다. 유로존에는 유로의 통화정책을 결정하는 유럽중앙은행(ECB, European Central Bank)이 있습니다. 만약 여기서 한 단계 더 나아가 정치까지 일치시킨다면, 하나의 나라가 되는 겁니다.

이상이 경제통합의 네 가지 단계로, FTA는 경제통합의 단계에서 가장 기초적인 형태입니다.

무역은 좋은 건데,
왜 보호무역을 하는 거죠?

•••

무역이 좋은 이유는 양국 모두에 효용을 주기 때문입니다. 그런데 왜 보호무역을 할까요? 그보다 먼저, 보호무역주의가 뭘까요? 보호무역은 한마디로 '나 수입 안 하겠다'라는 건데, 왜 보호무역주의가 생겨났을까요? 두 나라 간에 서로 강력한 보호무역주의를 외치면서 무역전쟁이 시작되잖아요.

보호무역의 정당성을 설명하는 다양한 이론이 있습니다. 그중 가장 쉽고 널리 알려진 것이 '유치 산업(infant industry) 보호론'입니다. 여기서 '유치'는 유치원에 쓰이는 단어와 같은 의미입니다. 즉, "우리나라는 ○○산업이 이제 태동했고, 육성해나가는 단계입니다. 어린아이와 같습니다. 당신 나라에는 이 산업이 이미 장성해 있는데 그 시장에서 경쟁을 하면 우리 ○○산업은 버틸 수 없습니다"라고 주장하는 것입니다.

보호무역 조치의 궁극적인 목적은 자국의 산업을 철저하게 보호하는

G20 국가별 수출 의존도[1]

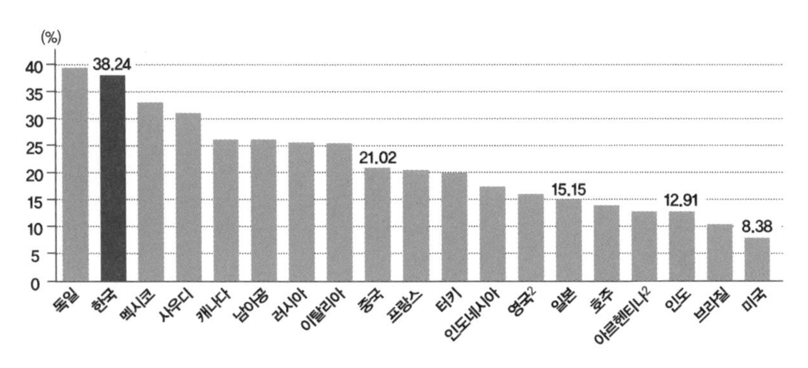

자료: 한국무역협회, 통계청

1 수출 의존도 = 수출액/GNP

2 영국과 아르헨티나는 2015년 정보가 없어 2014년 값을 적용했으며, G20 국가 중 오세아니아는 자료가 없음

것입니다. 우리나라가 미국과 FTA를 체결하면 미국의 시장을 얻을 수 있지만, 우리나라의 시장을 미국에 내주어야 합니다. 그럴 때 상대 시장을 얻으면서 자국 시장 일부를 내놓지 않으려고 노력하는데, 그런 노력이 보호무역 조치입니다

특히 우리나라의 경제구조는 수출에 매우 크게 의존하고 있습니다. 다음 그래프에 제시된 것처럼 G20 국가별 수출 의존도에서 우리나라가 두 번째입니다. 우리나라보다 수출 의존도가 높은 나라는 독일밖에 없어요.

우리나라의 경제 규모에서 수출이 차지하는 비중이 상당히 크기 때문에 우리나라에는 무역이 굉장히 중요합니다.

수출이 GDP에서 차지하는 비중이 매우 크니까 수출이 흔들리면 우리 국가경제도 흔들리게 됩니다. 우리나라의 기업들이 수출 의존적이므로 통상 환경이 매우 중요하고, 통상 환경의 변화를 잘 이해해야 합니다.

ECONOMIC ISSUE

트럼프발 무역전쟁과 보호무역주의 확산

•••

"왼쪽 뺨을 맞으면 오른쪽 뺨을 대라."

이상적인 조언이지만, 그렇게 하기가 어디 쉬운 일인가. 왼쪽 뺨을 맞으면 그대로 돌려주는 게 보통 사람의 행동일 것이다. 하물며 정책 담당자가 국가경제를 다룰 때는 '왼쪽 국가경제'를 맞고도 '오른쪽 국가경제'를 대줄 수는 없을 것이다.

한국은 트럼프에게 '관세 뺨'을 맞았고, 대응책을 마련하고 있다. 미국 트럼프 대통령이 수입 철강에 관세를 부과하는 행정명령에 서명하면서 한국의 철강산업에 큰 타격이 예상됐기 때문이다. 미국이 자국 내 철강산업을 보호하려는 조치다. 미국 수출에 크게 의존해온 한국으로서는 철강산업을 보호하기 위한 조치가 필요한 상황이다.

트럼프의 경제정책은 상당히 일관성 있게 진행되고 있다.

첫째는 리쇼어링(reshoring) 정책이다. 미국에 본사를 둔 기업들도 제조 영역을 미국으로 회귀시킬 뿐만 아니라, 외국 기업들도 미국에서 경영활동을 영위하고 제조기지화하도록 유도하고 있다. 대표적으로 법인세의 파격적인 인하를 통해 기업들을 유치하고 있다.

둘째, FTA 폐기 및 재협상 정책이다. 예를 들어 NAFTA(북미자유무역협정)는 미국의 골칫거리가 되어왔다. NAFTA가 있어서 기업들이 생산기지를 멕시코에 두고 제조된 완제품을 자국 내에서 거래하듯 미국에 무관세로 수출할 수 있기 때문이다. 즉, 기업들이 NAFTA를 우회 수출에 이용해온 것이다. 이는 기업들을 자국으로 유치하고자 하는 미국에 상당한 걸림돌로 작용해왔다.

셋째, 환율 절상 압력이다. 매년 4월과 10월에 발표되는 미국 환율 보고서에서 주요 교역 대상국들을 환율 조작국 또는 환율 감시 대상국으로 평가함으로써 환율 절상 압력을 가하고 있다. 상대국의 환율을 절상시키면 상대국의 가격 경쟁력이 크게 떨어지고 수출 채산성도 악화된다. 이렇게 될 때 미국으로 유치한 기업들이 생산량을 늘리고 수출을 하기도 쉬워질 것이다.

넷째, 보호무역 조치다. 특정 교역 대상국들 또는 산업들의 수입을 규제하는 것이다. 관세를 높게 책정해 해당 상품이 자국 내에서 과도하게 비싸게 거래되게 함으로써 경쟁력을 잃게 하는 방법이 가장 일반적이다. 이번 무역전쟁은 이 네 번째에 해당한다.

트럼프의 모든 정책은 자국의 산업을 확장시키고, 이를 통해 일자리를 창출하고자 하는 것이다. 더 많은 일자리는 국민의 소득수준을 증대시키고, 이는 소비수준을 증대시킨다. 한 나라의 소비수준이 높아지면 기업들은 더욱 적극적으로 투자해 생산을 늘리려 할 것이다. 이런 현상을 '경제의 선순환 구조'라고 한다. 트럼프는 일자리를 기반으로 경제의 선순환 구조를 만들고자 하는 것이다.

다만, 그는 하나는 보고 둘을 보지 못했다. 즉, 미국이 그렇게 행동했을 때 다른 나라들은 가만히 있을 것으로 착각한 것이다. 어떤 나라도 쉽게 오른쪽 뺨을 내주지 않는다.

미국과 중국의 무역전쟁

—

2018년 1월 미국 정부는 세탁기 등의 제품에 세이프가드(safeguard), 즉 긴급 수입제한 조치를 발동했다. 미국으로 들어오는 세탁기에 대해 2018년에 120만 대까지 20퍼센트의 관세를 부과하고, 초과 물량에는 50퍼센트의 관세를 부과하기로 했다.

2018년 2월 16일 미국 상무부는 무역확장법 제232조 보고서를 통해 세 가지 수입 규제안을 권고했다. 주요 철강 수출국 12개국에 53퍼센트 관세를 부과하는 방안과 모든 국가의 수출 물량을 2017년의 63퍼센트 수준으로 제한하는 방안, 그리고 모든 국가의 수입 물량에 24퍼센트의 관세를 부과하는 방안 등이다.

2018년 3월 8일 트럼프 대통령은 상무부가 제시한 수입 규제안을 수정하여, 대미 철강 수출국들에 대해 철강 25퍼센트, 알루미늄 10퍼센트의 관세를 부과하는 행정명령에 서명했다. 무역전쟁을 선포한 것이다. 트럼프 대통령은 2018년 4월에 미국 상무부가 제안한 철강 수입 규제 방안 등을 참고해 최종 규제안을 내놓기까지 했다.

미국의 무역 상대국들이 철강 관세에 대응해 같은 규모의 미국 상품에 보복관세를 물릴 수 있다. 이렇게 될 경우 세계적으로 엄청난 통상마찰이 벌어질 수 있다. 각국의 보호무역 조치는 상대국의 또 다른 보호무역 조치를 낳기 때문이다. 그 결과 국가 간의 무역이 감소하고, 세계적인 분업 체계가 붕괴되면서 자국 산업마저 붕괴될 수 있다.

전례도 있다. 1930년에 미국이 제정한 스무트-홀리관세법(Smoot-Hawley Tariff Act)은 자국의 산업을 보호하기 위해 역사상 가장 높은 관세를 부과하도록 했다. 그러자 무역 상대국들 역시 연쇄적으로 관세를 인상했고, 이는 대공황 심화의 원인이 됐다. 한편, 관세로 갈등을

대미 철강 수출 상위 10개국의 철강 수출량 현황

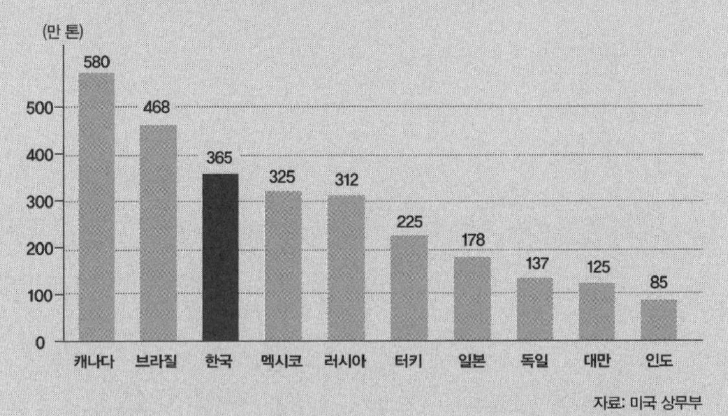

자료: 미국 상무부

빚을 때 WTO(세계무역기구)에 제소할 수 있다. 그러나 제소하더라도 판단 또는 중재하는 데 상당한 시일이 걸리기 때문에 소 잃고 외양간 고치는 격이 될 수 있다.

다음으로 주요국들은 미 국채 매입을 줄이는 식으로 간접보복을 할 수 있다. 미국은 강도 높은 감세정책을 단행해 세수가 부족한 상황이므로 국채 발행을 늘려 재정을 확보해야 하는 실정이다. 안전자산으로 인식되어 미국 국채를 매입해 외환보유액을 확보해온 국가들이 매입 규모를 줄여 미국 정부의 재정 조달을 어렵게 할 수도 있다.

세계 보호무역주의 심화

—

보호무역주의는 외국에서 값싼 제품이 들어와 자국의 산업이 붕괴되고 대량 실업으로 이어지는 현상을 막고자 하는 행위다. 기술 장벽이나 통관, 위생 조건 등 수입 조건을 까다롭게 해 실질적으로 수입을 제한하는 각종 비관세 장벽이 확대되고 있다. 특히 글로벌 금융위기 이후 무역구제 조치 및 비관세 조치 등 명시적으로 드러나지 않는 보호무역 조치가 크게 증가하고 있다. 2016년 6월 무역구제 조치 및 비관세 조치(누적 기준)는 반덤핑관세, 비관세 장벽을 중심으로 사상 최고치를 기록했다.

주요 비관세 수입 규제 조치를 살펴보면, 세계적으로 증가 추세인 가운데 한국을 대상으로 한 조치가 더욱 빠르게 확대되고 있음을 확인할 수 있다. 세계 비관세 수입 규제 조치는 2000년 7월~2004년 6월 3,750

건에서 2012년 7월~2016년 6월 4,652건으로 약 24.1퍼센트가 증가했다. 그런데 한국은 같은 기간 92건에서 134건으로 약 45.7퍼센트 증가했다. 즉, 세계적으로 보호무역주의가 확산되고 있는 가운데, 한국을 대상으로 한 보호무역 조치가 더욱 빠르게 늘고 있다는 뜻이다.

세계와 한국에 부과된 비관세 수입 규제 조치 비교

(단위: 건수, %)

	위생검역		반덤핑		상계관세		총계	
	세계	한국	세계	한국	세계	한국	세계	한국
2000~2004	2,460	–	1,217	89	73	3	3,750	92
2004~2008	3,167	–	947	63	43	3	4,157	66
2008~2012	3,751	5	987	57	98	3	4,836	65
2012~2016	3,293	19	1,205	105	154	10	4,652	134
증감률	33.9	–	−1.0	18.0	111.0	233.3	24.1	45.7

※ 각 기간은 시작 연도의 7월부터 종료 연도의 6월을 기준으로 함

※ 증감률은 2000~2004년 구간 대비 2012~2016년을 의미함

자료: WTO

우생마사의 교훈

●●●

우생마사(牛生馬死)라는 사자성어가 있다. 평소 말은 땅에서뿐 아니라 물속에서도 빠른 속도로 다리를 움직여 소보다 훨씬 빠르게 헤엄을 친다. 그런데 장마기에 형성된 급류를 만나면, 소는 살아서 나오는데 말은 익사한다. 말은 거친 물살을 거슬러 헤엄치며 이겨내려 하다가 지쳐서 익사하지만, 소는 물살을 등에 지고 같이 떠내려가다가 모

래밭에 발이 닿으면 엉금엉금 기어 나오기 때문이라고 한다.

미국과 중국이 무역전쟁에 대처하는 모습도 비슷한 것 같다. 미국은 무역 적자 해소를 위해 다리를 거침없이 움직이는 모습이다. 이에 비해 중국은 미국에 대응하는 모습은 강건하지만, 무역전쟁의 와중에도 세계 주요국들과 공조체제를 유지하거나 태세를 정비하는 모습을 보이고 있다. 미국은 말과, 중국은 소와 유사해 보인다. 미중 무역전쟁의 배경은 무엇이고, 어떻게 전개될 것이며, 한국 경제에는 어떤 영향이 있을지 잘 정리하고 중장기적으로 현명하게 대처하는 노력이 요구되는 시점이다.

미중 무역전쟁의 조짐은 2016년부터 나타났다. 트럼프 대통령의 후보 시절, 미국을 만성 무역 적자국에서 벗어나게 하겠다고 공약을 통해 선포하면서부터다. 이후 트럼프는 무역 적자에서 벗어나기 위해서 미국이 체결하고 있는 다양한 FTA를 개정하기 위한 재협상을 추진하고, 교역 대상국에 대한 환율 절상 압력을 가하는 등의 노력을 전개해오고 있다. 말 그대로 트럼프발 무역전쟁의 시발점이었다.

미중 무역전쟁은 2017년 8월 중국의 지식재산권 침해 등에 대해 부당함을 지적하면서 시작됐다. 2018년 들어 미국은 철강, 반도체, 세탁기 등 주요 무역 적자 품목에 고율의 관세를 부과하기 시작했다. 중국은 미국을 강도 높게 비난하면서 보복관세를 부과할 것을 예고해왔다. 2018년 5~6월에는 미국과 중국 간의 무역 협상이 세 차례나 진행됐지만, 관세 부과 철회 공동성명과 철회 번복을 오가다가 결국 타결에 실패했다. 결국 미국은 2018년 7월 6일 자정을 기점으로 중국에서 수입하는 340억 달러 규모의 수입품에 대해 25퍼센트라는 고율의 관세를 부과했다. 중국 역시 미국과 동등한 규모의 관세를 발효했고, 총 545개 품목에 보복관세를 부과했다. 한 치 양보 없는 전쟁이 발발한 것이다.

미중 무역전쟁이 확대될 우려가 커지고 있다. 미국은 더 많은 수입 물품에 걸쳐서 관세를 추가 부과할 계획들을 발표해왔고, 중국도 물러섬 없이 대응하고 있다.

말처럼
강하게 헤엄치는 미국

—

미국이 중국에 싸움을 거는 표면적 이유는 무역 적자 심화다. 미국의 무역 적자 규모는 2017년 약 7,579억 달러로 2015년 7,291억 달러, 2016년 7,172억 달러에서 확대되고 있다. 미국의 무역 적자는 통계를 확인할 수 있는 시점을 거슬러 올라가 1980년대부터 지속되어왔다. 무역 적자에서 가장 많은 비중을 차지하는 나라는 2000년 이후 줄곧 중국이었다. 1980년대와 1990년대까지는 주로 일본이 미국의 최대 적자국이었는데 순위가 바뀌었다. 미국의 대중 무역 적자는 전체 적자에서 50퍼센트 수준을 지속하고 있다. 미국 입장에서 무역 적자를 해소하기 위해서는 최대 적자국인 중국과의 무역전쟁이 필요했던 것이다.

미국과 중국 간의 무역전쟁 일지

미국 / **중국**

2017년 8월 14일 (미국)

트럼프 대통령 '통상법 301조'에 따라 미 무역대표부(USTR)에 중국의 지식재산권 침해 여부 및 미국 기업에 대한 강제 기술 이전 요구 등 **부당한 관행 조사 행정명령**에 서명

2017년 8월 15일 (중국)

상무부, 성명으로 미국 조치 비난

2018년 3월 8일 (미국)

트럼프, '무역확장법 232조' 근거
수입산 철강(25%) · 알루미늄(10%)
관세 부과 행정명령에 서명

2018년 3월 9일 (중국)

상무부, **"미국이 안보 예외조항 남용하고 다자무역 시스템을 제멋대로 훼손.** 국제무역질서에 심각한 충격을 준 것" 비난

2018년 3월 22일 (미국)

트럼프, 대(對)중국 301조 조사 결과에 따라

500억 달러 규모 중국산 수입품에 25% 관세 부과 행정명령에 서명

2018년 3월 23일 (중국)

30억 달러 규모 미국산 수입품에 15%, 25% 관세 부과 예고
철강, 와인, 돈육 등 7개 분야 128개 품목

– 미국의 232조 과세 관련 보복 조치

2018년 4월 3일 (미국)

USTR, 500억 달러 규모 대(對) 중국 관세 부과
의료장비, TV 부품 등 **1,333개 품목 발표**

2018년 4월 4일 (중국)

500억 달러 규모 미국산 수입품
20% 관세 부과 예고
농산물, 자동차 등 14개 분야 106개 품목

미국의 301조 과세 관련 보복 조치

2018년 4월 5일 (미국)

트럼프, USTR에 '301조' 관련 중국산 수입품에
1,000억 달러 규모 추가 관세 부과 지시

2018년 4월 16일 (미국)

USTR, 미국 기업에 향후 7년간 중상(ZTE · 중국 통신장비 제조업체)에 부품 판매 금지

2018년 4월 19일 (중국)

반대 성명과 함께 미국산 수수 예비 덤핑 판정

- 5월 3~4일 미중 무역 1차 협상: 타결 실패
- 5월 17~18일 미중 무역 2차 협상: 관세 부과 철회 공동성명
- 6월 2~3일 백악관 관세 부과 철회 번복 발표에 따른 미중 무역 3차 협상

2018년 6월 15일 (미국)

500억 달러 규모 중국산 수입품 관세 강행 발표

818개 품목 340억 달러	818개 품목 160억 달러
7월 6일 시행	시행일 추후 발표

2018년 4월 19일 (중국)

500억 달러 규모 미국산 수입품 관세 발표

545개 품목 340억 달러	114개 품목 160억 달러
7월 6일 시행	시행일 추후 발표

2018년 6월 18일 (미국)

트럼프, **USTR**에 2,000억 달러 규모
중국산 수입품에 **10% 추가 관세 검토 지시**

2018년 6월 19일 (중국)

미국과 동일한 규모로 반격 경고

2018년 7월 6일 (미국)

818개 품목 **중국산 수입품에 25% 관세 발효**
(340억 달러 규모)

2018년 7월 6일 (중국)

미국과 동등한 규모 관세 발효
(545개 품목 **미국산 수입품에 25% 관세**)

자료: 주요 언론 종합

미국의 무역 적자 추이

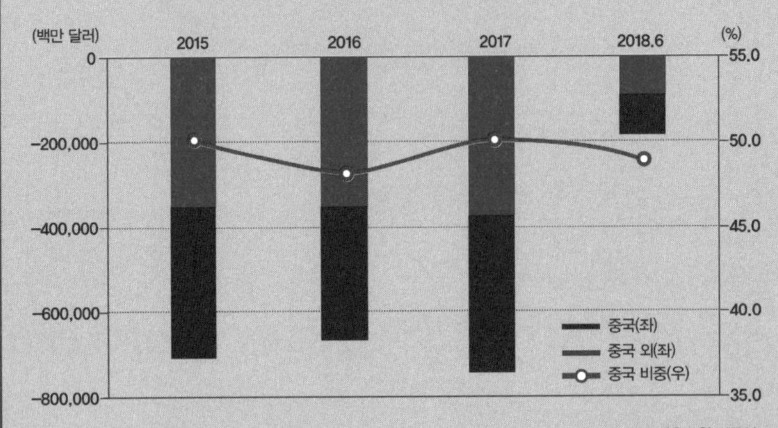

※ 2018년은 6월 기준임

자료: 한국무역협회, 미국 상무부

무역전쟁의 실질적인 배경은 중국의 부상을 견제하려는 것으로 평가된다. 2000년까지 세계 교역에서 1위 자리를 지켜오던 미국은 2010년대 들어 중국에 자리를 내줘야 했다. 1990년 세계 교역에서 15위에 불과하던 중국은 교역 규모가 빠르게 증가하면서 2000년에 7위를 기록했고, 2010년에 1위 자리에 올라섰다. 트럼프가 2017년 1월 집권을 시작하면서 'Make America Great Again' 공약을 실행하기 위해 중국을 대상으로 한 강도 높은 무역전쟁이 시작된 것이다.

트럼프발 무역전쟁의 배경이 중국의 부상을 견제하려는 데 있다는 근거는 '관세 품목의 분포'에서도 찾을 수 있다. 미국의 통상법 제301조에 따른 미국의 관세 부과 대상 품목은 약 70퍼센트가 '중국 제조 2025'의 신기술 산업에 속하는 제품이다. 중국은 '제조 대국'에서 '제조 강국'으로 성장하기 위한 큰 방향성을 설정했고, 미국과 외나무다리에

세계 Top 10 수출국 순위

	1990	2000	2010	2016
1	독일	미국	중국	중국
2	미국	독일	미국	미국
3	일본	일본	독일	독일
4	프랑스	프랑스	일본	일본
5	영국	영국	네덜란드	프랑스
6	이탈리아	캐나다	프랑스	네덜란드
7	네덜란드	중국	한국	한국
8	캐나다	이탈리아	이탈리아	이탈리아
9	벨기에	네덜란드	영국	영국
10	USSR	홍콩	벨기에	홍콩

※ 1990년 중국은 15위, 2016년은 상반기 기준임

자료: WTO Statistical Program

서 만나게 된 모습이다. 중국은 장난감, 인형 등의 노동집약적인 로테크(low-tech) 제품 제조에서 첨단 기술이 집약된 하이테크(high-tech) 산업으로 도약하고자 노력하고 있다. 그런 과정에서 특허등록 건수가 미국을 압도적으로 넘어섰으며 미국의 시가총액 최상위 기업인 애플, 마이크로소프트, 아마존을 바짝 추격하는 중국 기업들이 눈에 띄게 증가하고 있다. 미국은 밥그릇 싸움에서 지지 않기 위해 다리를 필사적으로 움직이고 있다.

미국의 11월 달력에는 중간선거가 있다. 중간선거는 대통령의 정책과 행보를 평가하는 자리라고 할 수 있다. 트럼프 대통령이 미국 내 일자리 창출과 무역 적자 해소 등을 핵심 공약으로 내세운 만큼 선거 때

까지 고삐를 늦추기가 쉽지 않을 것이다. 물론 선거 때까지는 미국이 강경하게 나갈 개연성이 크다고 보는 여론이 팽배한 한편, 무역전쟁의 파급력이 워낙 크기 때문에 적당한 시점에서 종식될 거라는 견해도 상당히 설득력이 있어 보인다.

소처럼
물살을 타려는 중국

중국은 미국과의 무역전쟁을 계속하면서, 한쪽으로는 명분과 실리를 쌓는 개혁개방을 하는 움직임이 뚜렷하다. 리커창 중국 총리는 "상대방이 관세 부과 조치를 한다면 중국도 상응한 반격을 할 것"이라 말하면서, 미국과의 밥그릇 싸움을 진행할 의지를 보였다. 미국은 외나무다리에서 만나야만 할 상대라는 것이다.

한편, 리커창 총리는 "무역전쟁에는 승자가 없으며 모두 불리할 뿐만 아니라 세계 경기 회복에도 영향을 끼친다"라며, "중국은 외부 상황에 상관없이 개혁 및 개방을 확대할 것"이라 말했다. 시진핑 국가주석 등 중국 국가 지도자들은 미중 무역 갈등이 불거진 이후 개혁개방 의지를 더욱 강조하고 있다. 미국과는 물러섬 없이 전쟁을 치르는 한편, 유럽 등 세계 주요국들과 연합하려는 노력을 하고 있다.

중국 정부는 2018년 6월 28일 '2018년 외상 투자 진입 특별관리 조치(네거티브 리스트)'를 발표하여, 외국인 투자 제한 분야를 63개에서 48개로 줄였다. 은행·보험·증권, 자동차·선박·항공기, 철도·전력 등의 분야에서 외국인 투자 제한이 전면적 또는 단계적으로 풀릴 예정이다. 특히 2018년 11월에는 상하이에서 제1회 중국 국제 수입 박람회가 개최될 예정이다. 중국 국민의 삶의 질 향상을 위해 수입을 늘리고 세계 무역 증진에 일조한다는 취지로, 중국 정부가 올해 가장 심혈을 기울이는 국가 행사 중 하나다.

무역전쟁의 위협과 기업의 대처

•••

OECD(경제협력개발기구)는 2018년 3월 13일 세계경제 전망 수정 보고서에서 "각국 정부가 철강의 과잉 공급 문제를 해결하고 무역전쟁을 피하려면 서로 협력해야 한다"라고 지적했다. 또한 호베르투 아제베두 WTO(세계무역기구) 사무총장은 미국발 무역전쟁의 위험성을 강력히 경고했다.

아제베두 총장은 3월 5일 스위스 제네바 본부에서 "무역전쟁의 첫 도미노 패가 넘어지는 것을 회피하기 위해 총력을 쏟아야 한다"라고 촉구했다. 이어 "최근 잇따른 무역정책 발표를 보면 우리가 전 세계적 무역 장벽의 증강을 촉발할 실질적인 위기에 직면한 것이 확실하다"라고 판단했다.

수출 의존형 성장 전략을 지속하고 있는 한국 경제는 무역전쟁으로 인한 타격이 더 클 수 있다. 세계 주요국들이 자국 산업을 보호하려는 무역 장벽을 높게 세우면 한국의 수출 활로는 더 좁아질 것이기 때문이다. 더욱이 철강산업에서 시작해 반도체, 자동차 등의 산업으로 보호무역 조치가 확대되는 과정에서 국내 공급사슬 전체에 위협이 올 수 있다. 쌀 등의 농산물에 대한 한국의 수입제한도 완화하도록 압력이 가해질 경우 농가에도 큰 충격이 올 수 있다.

기업들의 적극적인 대처가 필요하다.

첫째, 기업들은 주요국들의 대표적인 비관세 장벽인 복잡한 인허가 절차와 모호한 규정을 철저히 조사하고 대비할 필요가 있다. 정부는 주요 수출 대상국들의 보호무역 조치를 실시간으로 파악해 기업들이 선제적으로 대응할 수 있도록 플랫폼을 구축할 수 있을 것이다.

둘째, 각국의 반덤핑·상계 조치를 피해 가기는 어렵다. 따라서 기업들은 초반 대응이 필수적이고, 질문서에 철저한 답변을 준비해야 하며, 무역구제 조사에 대비한 가격 책정 및 보조금 관리가 필요하다.

셋째, 각국이 제시하는 규격·기준 등을 고려해 제품 인증을 서둘러 수행하는 것이 필요하며, 제품 인증 과정에서 기술 기밀의 유출이나 지식재산권 침해 등이 발생하지 않도록 유의할 필요가 있다.

우리 기업들이 적절한 대응책을 마련하지 못하면 고래 싸움에 새우 등 터지는 격이 될 수 있다.

첫째로, 양국이 품목 기준으로 관세를 부과하는 과정에서 우리나라 제품들에도 함께 고율의 관세가 부과되어 수출에 차질이 나타날 수 있다. 보호무역 조치가 발동될 시에는 기업들이 각국의 반덤핑·상계 조치를 피해 가기 어렵다. 앞서 강조했듯이, 기업들은 초반의 발빠른 대응을 통해 보호무역 조치에 대한 피해를 최소화할 필요가 있다. 또한 각국이 제시하는 규격·기준 등을 고려해 제품 인증을 서둘러 수행해야 하며, 제품 인증 과정에서 기술 기밀 유출 및 지식재산권 침해 등이 발생하지 않도록 유의해야 한다. 중장기적으로는 중국과 미국에 대한 수출 의존도를 낮추기 위해 수출 대상국을 다변화하는 노력도 병행해야 한다.

둘째, 중국의 대미 수출이 줄고, 미국의 대중 수출이 축소되는 과정에서 한국의 중간재 수출 활로가 타격을 입을 수 있다. 특히 한국의 대중 수출구조는 중간재에 대한 의존도가 높기 때문에 더욱 그러할 수 있다. 혼란한 정세에도 수출이 지속될 수 있도록 정부에서 각종 외교·통상 전략들을 마련하고 있으므로, 정부 정책과 기업 전략이 공조될 수 있도록 해야 한다. 특히 기업 간 협업이 요구될 때 적극적으로 대응하고, 정책적 지원을 효율적으로 활용할 수 있어야 한다.

:: 제 3 강 ::

환율

미국의 환율보고서란 무엇인가

• • •

이번 주제는 환율입니다. 최근 '환율전쟁'이 뜨거운 감자로 떠오르고 있습니다.

먼저 환율이란 무엇인지 알아볼까요?

환율은 '두 나라 화폐 간의 교환 비율'을 말합니다. 작년에 커피 1잔을 1,000원에 구매했는데 올해는 커피 1잔의 가격이 1,500원이 됐다고 합시다. 커피 가격이 오른 겁니다. 작년에 1달러를 1,000원에 구매했는데 올해는 1달러를 1,500원을 주고 교환해야 한다면, 달러의 상대적 가치가 오른 겁니다. 커피의 가치가 오르거나 돈의 가치가 떨어질 때 더 많은 돈을 주고 커피를 구매하듯, 달러의 가치가 오르거나 한국 돈의 가치가 떨어질 때 더 많은 한국 돈을 주고 달러를 교환해야 합니다.

환율전쟁이 큰 화두가 되고 있습니다. 이 전쟁의 근간에는 미 환율보고서가 있습니다. 미 환율 보고서는 무엇이고, 그것을 통해 왜 환율전쟁이 벌어졌으며, 그것이 우리 경제에 어떻게 영향을 미치는지 알아봅시다.

환율보고서는 오른쪽 그림과 같이 생겼습니다.

그중에서 가장 핵심이 되는 내용은 아래와 같은 표입니다. 얼른 봐서 이해하기가 쉽진 않죠?

2018년 4월 환율보고서 표지

2018년 4월 환율보고서 내부

Table 2. Major Foreign Trading Partners Evaluation Criteria

	Bilateral Trade	Current Account			Foreign Exchange Intervention			
	Goods Surplus with United States (USD Bil., Trailing 4Q) (1)	Balance (% of GDP, Trailing 4Q) (2a)	3 Year Change in Balance (% of GDP) (2b)	Balance (USD Bil., Trailing 4Q) (2c)	Net Purchases (% of GDP, Trailing 4Q) (3a)	Net Purchases (USD Bil., Trailing 4Q) (3b)	Net Purchases (USD Bil., Trailing 2Q) (3c)	Net Purchases 8 of 12 Months† (3d)
China	375	1.4	-0.9	168	-0.6	-68	-6	No
Mexico	71	-1.6	0.2	-18	-0.2	-2	0	No
Japan	69	4.0	3.3	197	0.0	0	0	No
Germany	64	8.1	0.6	299	..	..	..	..
Italy	32	2.8	0.9	54	..	..	..	..
India	23	-1.5	-0.2	-39	2.2	56	27	Yes
Korea	23	5.1	-0.9	78	0.6	9	6	Yes
Canada	18	-3.0	-0.6	-49	0.0	0	0	No
Taiwan	17	14.6	3.1	84	1.3	7	5	Yes
France	15	-0.6	0.4	-15	..	..	..	..
Switzerland	14	9.8	1.4	67	6.6	45	9	Yes
United Kingdom	-3	-4.1	1.3	-107	0.0	0	0	No
Brazil	-8	-0.5	3.8	-9	0.1	2	-3	No
Memo: Euro Area	133	3.5	1.0	440	0.0	0	0	No

Sources: U.S. Census Bureau; Haver Analytics; National Authorities; U.S. Department of the Treasury Staff Estimates

†In assessing the persistence of intervention, Treasury will consider an economy that is judged to have purchased foreign exchange on net for 8 of the 12 months to have met the threshold.

그 내용을 번역하면 다음과 같습니다.

환율보고서 내부 번역

국가	무역수지(십억 달러)	경상수지(%)	개입 규모(%)	결정
기준	〈20.0〉	〈3.0〉	〈2.0〉	
중국	375.0	1.4	−0.6	감시
일본	69.0	4.0	0.0	감시
독일	64.0	8.1	-	감시
인도	23.0	−1.5	2.2	감시
한국	23.0	5.1	0.6	감시
스위스	14.0	9.8	6.6	감시
멕시코	71.0	−1.6	−0.2	−
이탈리아	32.0	2.8	-	−
캐나다	18.0	−3.0	0.0	−
대만	17.0	14.6	1.3	

※ 무역수지는 2016.6~2017.3 기준 금액 | ※ 경상수지는 GDP 대비 백분율

※개입 규모는 외환시장 순매수 규모의 GDP 대비 백분율 | ※ 음영 부분은 기준 초과를 의미

자료: 미 재무부(2018.4), 한국은행

미 환율보고서가 발표될 때마다 번역과 자세한 설명을 곁들인 보도자료가 기획재정부 홈페이지에도 발표됩니다. 그런 보도자료를 참고하는 것도 경제를 이해하는 데 큰 도움이 됩니다.

지금부터 미국 환율보고서의 내용을 자세히 살펴보겠습니다. 미국 환율보고서는 매년 4월과 10월, 1년에 두 차례 발간됩니다.

2016년부터 발간되었으니 2016년 4월과 10월, 2017년 4월과 10월,

그리고 2018년 4월까지 총 다섯 차례 발표됐습니다. 2018년 10월에도 당연히 발표될 것입니다.

그 내용의 핵심은 이것입니다. 환율보고서를 통해 미국은 자국 입장에서 주요 교역 대상국들을 보면서 '어, 이 나라는 우리한테 계속 흑자를 보네? 우리는 계속 적자이고 말이야. 이 나라들에는 뭔가 조작이 있는 것 같아. 특히 환율 조작이 있는 것 같아'라는 생각을 가집니다. 그리고 어떤 조작이 있는지를 찾아보고, 환율 조작국들에는 강압적으로 위협을 가합니다. "야, 너 계속 환율 조작하면 관세 이만큼 매겨버릴 거야. 그러니까 환율 조작하지 마!" 이런 식으로 하는 거죠.

환율 조작은 왜 할까?

•••

수출업자 입장에서 환율은 굉장히 중요합니다. 원화 가치가 높을 때(원화 강세)는 수출하는 데 어려움을 겪기 때문이죠.

쉽게 생각해볼까요? 미국에 여행을 간다고 해봅시다. 그 시점에 미국 달러가 싸다면 여행 가기 좋겠지요? 여행을 간다는 것은 그곳의 여행 서비스를 수입한다는 뜻이에요. 여행 서비스 수입이 느는 거죠. 반대로 미국 달러화의 가치가 높으면 미국 사람들이 한국으로 여행하기가 좋겠지요. 우리가 여행 서비스를 수출하기에 좋은 겁니다.

같은 방식으로 생각해봅시다. 자동차를 수출할 때도 미국 달러화의 가치가 높을 때 채산성이 높고 가격 경쟁력을 유지할 수 있습니다. 즉, 자동차를 팔았을 때 남는 게 많다는 거죠. 또는 미국에서 프로모션을 진행해

매출을 올릴 수도 있습니다. 그래서 환율은 우리 수출 기업 입장에서, 또 수출 의존도가 높은 나라 입장에서 매우 중요합니다.

수출입에서 환율은 이렇게 중요합니다. 그래서 환율 조작 여부를 판단해서 자기들 나라에 유리한 조건으로 수출을 많이 하는 곳이 어디인지를 진단해보는 거예요.

어떻게 진단할까요? 첫 번째 무역수지, 두 번째 경상수지, 세 번째는 외환시장 개입 규모를 가지고 진단합니다.

무역수지와 경상수지라는 단어에 혼란을 느끼는 사람이 많은데요, 먼저 개념을 짚고 넘어갑시다.

먼저 경상수지. 매우 중요한 단어입니다. '경상수지 흑자가 계속 유지되고 있다' 같은 표현을 많이 접해봤을 겁니다. 이것이 무역수지와 같다고 생각하는 사람이 많은데 그렇지 않습니다.

경상수지 ≠ 무역수지

같은 선상에 놓으면 절대 같지 않아요. 그런데 뭔가를 더하면 같아져요. 바로 '경상계정'입니다.

경상수지 = 무역수지 + 경상계정

그렇다면, 무역수지는 무엇일까요?

과일 가게를 한다고 가정해봅시다. 제가 사장이에요. 과일을 사 와서

팔면 돈이 남는데, 그 돈이 무역수지와 같습니다. 과일을 도매상으로부터 사 온 비용이 있으니, 판매 가격에서 그 비용을 빼면 저의 수익이 되겠지요?

무역수지는 수출에서 수입을 뺀 것입니다. 우리나라가 미국에 자동차를 수출한 금액에서 미국으로부터 자동차를 수입한 금액을 차감한 것이 무역수지라는 거죠.

그런데 제가 과일만 팔지 않고 예를 들어서 임대료를 받을 수도 있어요. 이를 임대소득이라 하죠. 또는 어디서 도박을 해서 벌어들이는 소득이 있을 수도 있고, 생활 형편이 좋지 않아 주변 사람들이 돈을 기부할 수도 있어요. 노령자라든가 기초생활자라든가 하는 이유로 정부로부터 소득 지원을 받을 수도 있는데, 이런 것들은 이전소득이라는 표현을 씁니다. 이처럼 여러 가지 소득이 있을 수 있습니다.

혹은 제가 요즘 플러스라든가 한국판 우버인 럭시 등을 통해 차량 공유, 출퇴근 공유를 통해서 용돈을 벌 수도 있어요. 여러 가지 방식으로 소득을 만들 수 있다는 뜻이지요. 과일 가게 사장인 제가 과일 판매 외에 벌어들이는 여러 가지 소득을 경상계정이라고 할 수 있습니다.

그렇다면 수출입구조에서 경상계정에는 뭐가 있을까요? 대표적인 것이 여행수지입니다. 미국인이 한국에 와서 소비와 지출을 합니다. 미국인이 한국에 와서 공부를 하는 경우도 여기 포함되지요. 여행수지 외에도 많은 경상계정이 있습니다. 한국 사람이 미국 주식과 채권에 투자하여 얻은 차익과 배당금도 여기 속해요.

무역수지와 경상계정을 합하면 경상수지가 된다고 했죠. 그렇다면 무역수지가 플러스(흑자)인데 경상수지가 마이너스(적자)일 수 있을까요? 그럴 수도 있습니다. 무역수지가 플러스이더라도 경상계정이 그보다 큰 수치로 마이너스이면 경상수지가 마이너스가 될 수 있어요.

미국에 밉보여 환율 조작 후보국이 된 중국

•••

이쯤에서 환율보고서로 다시 돌아가 볼까요?

환율보고서의 상단을 보면 '무역수지 200억 달러'라고 되어 있는데('환율보고서' 내부 번역 첫째 줄), 이것이 기준입니다. 200억 달러 이상이면, 그 나라는 환율 조작 가능성이 있거나 제재 조치 또는 견제가 필요하다고 판단하는 겁니다.

200억 달러가 넘는 나라들이 어디어디인가요? 중국, 거뜬히 넘죠. 일본, 독일, 인도도 넘습니다. 멕시코, 이탈리아도 넘어요. 쉽게 말하면, 예컨대 미국이 중국에 수출하는 것보다 중국이 미국에 수출하는 게 훨씬 많은 거죠. 한편, 스위스는 200억이 안 넘죠. 그래서 음영 표시가 안 되어 있습니다.

경상수지 부문을 볼까요? 경상수지 흑자 규모가 전체 GDP에서 몇 퍼센트를 차지하는지를 말합니다. 그러니까 미국 입장에서는 '대미 경상수지 흑자가 전체 GDP에서 차지하는 비중이 높으면 나쁜 놈이야!' 이렇게 보는 거죠.

표에 나와 있는 것처럼 3퍼센트가 기준인데 일본이나 독일, 한국, 스위스 등은 대미 경상수지 흑자가 그 나라 GDP에서 상당한 비중을 차지해요. 극단적으로 얘기하면, 미국으로선 '우리나라에 물건 팔아서 먹고 사는 나라야'라고 본다는 거예요. 이렇게 경상수지 흑자 규모가 GDP에서 3퍼센트 이상을 차지하는 나라들이 음영으로 표시되어 있습니다.

마지막으로 개입 규모예요. 외환시장 개입 규모를 말하는데, 쉽게 말해 달러를 사고팔고 하는 거예요. 환율이란 결국 원화의 달러 대비 가격이죠. 만약 달러 수요가 많으면 어떻게 될까요? 달러 가격이 올라가겠죠. 달러 공급이 더 많으면 어떻게 될까요? 달러 가격이 내려가겠죠. 그러니까 우리나라 입장에서 달러를 많이 사들이면 달러의 가격이 올라가는 겁니다.

그래서 달러 순매수 규모가 GDP에서 2퍼센트 이상이 되면 미국은 '나쁜 놈!'이라고 보는 거예요. 개입 규모 측면에서는 인도와 스위스가 '나쁜 놈'에 해당하죠.

이 세 가지 기준을 모두 충족할 때 환율 조작국이라고 합니다.

그런데 표에서 모두 충족하는 나라가 있나요? 없죠. 그래서 아직까진 환율 조작국으로 분류된 나라는 없습니다. 대신 '환율 조작 후보국'이 있어요. 영어로는 '모니터링 리스트'라는 표현을 씁니다. 계속 주시해야 하는, 모니터링해야 하는 대상이라는 뜻입니다. 그런 나라들이 중국부터 스위스까지 몇 개가 있죠?

'감시'라고 쓰여 있는 6개 나라가 환율 조작 후보국 또는 감시 대상국입니다. 세 가지 기준 중에 두 가지 이상을 충족하면 환율 조작 후보국인 거예요.

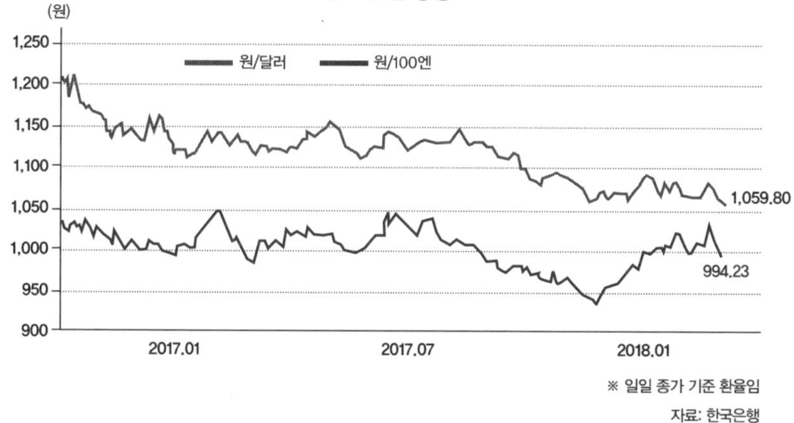

※ 일일 종가 기준 환율임

자료: 한국은행

재미있는 점이 하나 있어요. 중국은 이 세 가지 기준 중 하나에만 해당하거든요. 하지만 맘에 안 드는 거죠. 맘에 안 드니까 중국은 기준을 하나밖에 충족하지 않음에도 후보국에 올렸어요.

왜 맘에 안 드느냐? 무역수지가 너무 큰 거죠. 대미 무역수지 흑자 규모가 너무 큰 겁니다. 즉, 미국이 중국에 수출하는 규모보다 중국이 미국에 수출하는 규모가 너무나 크다는 얘기예요. 어떤 방식으로든 "야, 환율 조정하지 마!"라고 압력을 가하고 싶었기 때문에 환율보고서를 통해 환율 절상 압력을 가하는 겁니다.

우리나라 입장에서 '환율이 절상된다'라는 표현은 원/달러 환율이 떨어진다는 뜻이에요. 예를 들면, 과거에는 1,100원을 주고 1달러를 샀는데 이제 1,000원만 주고도 1달러를 살 수 있다는 얘기입니다.

우리나라 원화의 가치가 강해진 거죠. 1,000원을 주고 1달러와 교환하는 것은 1,100원을 주고 1달러와 교환하던 때에 비해 원화의 가치, 원화의 파워가 더 세진 거죠. 그래서 절상이라는 표현을 쓰는 거예요.

원/달러 환율이 떨어진다는 것은 원화의 가치가 올라간다는 것입니다. 그런데 중요한 것 중 하나는 원/엔 환율도 함께 떨어진다는 거예요. 이것도 매우 중요합니다.

미국 달러화 대비 원화의 가치만 상승하는 것이 아니라 일본 엔화 대비 원화의 가치도 상승하고 있습니다. 일본은 우리의 수출 경쟁국이에요. 수출 경쟁국과 대비해서도 원화의 가치가 상승하고 있으니까 외국에 수출할 때 일본 제품보다 우리나라 제품이 상대적으로 비싸지는 것입니다. 일본에 비해 가격 경쟁력을 잃는다는 뜻입니다. 단순히 미국에 수출하는 것이 어려워지는 것을 넘어, 다른 나라들도 함께 어려운 것이 아니라 우리나라만 홀로 어려워지고 있다는 얘기입니다.

환율 절상 압력이 우리나라의 원화 가치를 계속 상승시키고 있습니다. 그래서 원/달러 환율이 떨어지는 추세가 계속되고 있습니다. 그뿐만 아니라 원/엔 환율도 같이 떨어지고 있어서 미국에 수출하는 데 일본과의 경쟁에서도 불리해지고 있습니다.

지금까지의 이유로 환율보고서는 매우 중요합니다. 환율보고서가 왜 나오는지, 이것이 환율에 어떻게 영향을 미치는지 이해가 됐길 바랍니다.

ECONOMIC ISSUE

미국의 환율 절상 압력과 한국의 수출 리스크 확대

•••

야구 시즌이 돌아왔다. 선수들의 열정과 관중들의 흥분이 TV를 통해 고스란히 전달되고 있다. 모든 스포츠가 그렇듯이, 야구에서도 에이스의 역할이 매우 중요하다. 에이스가 잘 해줄 때 팀이 승리하는 경우가 많다. 반대로 에이스가 부상을 입거나 슬럼프에 빠지면, 팀은 난관에 부딪히기도 한다.

그동안 한국 경제의 에이스는 '수출'이었다. 수출 의존형 성장 전략은 한국이 혁신적 성장을 이룩해온 방법이었다. 이전에는 수출이 한국의 경제 침체를 막는 역할을 수행해왔는데, 근래에는 제 역할을 못하고 있다. 글로벌 금융위기 이후 수출의 성장기여도는 내수(투자+소비)에 비해 상당히 높게 유지돼왔으나, 2014년 이후 상황이 역전됐다. 투자의 성장기여도가 지속적으로 상승하고 민간 소비도 완만하게 상승하는 반면, 수출은 마이너스와 플러스를 오가고 있다. 수출의 성장 기여도는 2015년 -0.1퍼센트포인트, 2017년 0.8퍼센트포인트로 투자와 소비의 성장기여도를 밑돌고 있다.

한국의 GDP에 대한 성장 기여도

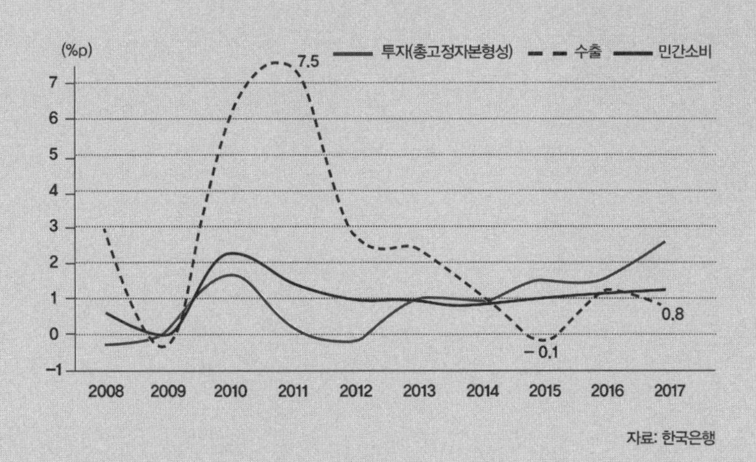

자료: 한국은행

원화 가치
3년여 만에 최고

—

환율은 수출 품목의 가격을 결정한다. 원/달러 환율이 낮으면(원화 가치가 높으면), 수출품의 가격 경쟁력이 떨어지거나 채산성이 떨어지기 때문이다. 그래서 수출 기업들은 환율에 상당히 민감하다.

그런데 환율이 지속적으로 하락하고 있다. 2018년 4월 3일 서울 외환시장에서 원/달러 환율은 달러당 1,054.20원으로 거래를 마쳐 종가 기준으로 2014년 10월 29일(1,047.3원) 이후 3년 5개월 만의 최저치를 기록했다. 이날 원/엔 환율도 100엔당 994.15원으로 1,000원 선이 붕괴된 이후 990원 선에서 움직였다. 원화 가치는 달러 대비해서만 강세 기조가 이어지는 것이 아니라, 엔화 대비로도 그렇다는 점에서 경각심을 갖게 한다.

원화의 강세가 이어지는 배경에는 여러 가지가 있다. 먼저 한국 경제가 상당한 수준으로 회복되고, 남북·북미 정상회담 합의로 지정학적 리스크가 완화되면서 원화의 가치가 높아진 것이 큰 이유다. 더욱이 보호무역을 내건 미국 트럼프 행정부가 출범한 이후 원화 강세가 가파르게 나타났다. 최근에는 미국이 한미 FTA 개정 협상 과정에서 환율정책에 대한 부수적 합의가 있었다고 발표하면서 가파른 하락세가 나타났다. 더욱 긴장감을 주는 것은 이번이 마지막이 아니라는 점이다. 2019년과 2020년에도 매 2회씩(4월, 10월) 지속적으로 환율보고서가 발표될 것이기 때문에 미국의 주요 무역 대상국들은 긴장할 수밖에 없다.

환율 감시 대상국으로 분류된 한국

—

미국은 2016년부터 환율보고서를 통해 한국을 '환율 감시 대상국'으로 분류했다. 즉, 한국의 외환 당국이 시장에 개입해 환율을 조작하는 것으로 의심하고 있는 것이다. 트럼프 행정부 출범 이후 한국은 줄곧 환율 감시 대상국으로 평가받아왔다.

미국은 주요 교역 대상국의 환율정책을 세 가지 기준(대미 무역 흑자, 경상수지 흑자, 환율 개입)으로 평가한다. 그에 따라 한국·중국·일본·대만 등이 '환율 감시 대상국'으로 지정됐으며 미국의 원화 절상 압력은 당분간 지속될 전망이다. 제조업을 육성하고 수출을 확대하여 미국 경제의 성장을 주도하고자 하는 트럼프의 정책 기조하에서 미국은 한국을 포함한 주요국들에 통화 가치 절상 압력을 가하고 있다.

이에 따라 수출 경쟁력 및 수출 채산성이 크게 악화될 리스크가 있다. 더욱이 일본 엔화와 중국 위안화의 대미 달러 환율이 크게 약세를 보이면서 수출 증진 등을 위한 미·중·일 간 환율 갈등이 야기될 수 있

미국 환율 조작국 지정 기준, 과거와 현재

구분	과거	현재
근거법	종합무역법(1988)	교역촉진법(2015)
지정 기준	- 대미 무역 흑자 200억 달러 이상 - 국내총생산(GDP) 대비 경상수지 흑자 3% 이상 - GDP 대비 2% 이상의 달러화 매수	- 대미 무역 흑자 200억 달러 이상 - 국내총생산(GDP) 대비 경상수지 흑자 3% 이상 - GDP 대비 2% 이상의 달러화 매수
환율 조작국 지정 전례	한국(1988~89) 대만(1988~89, 1992) 중국(1992~94)	아직 없고, 중국 · 한국 등 6개국 '감시 대상국' 지정
조작국 지정 시 제재	미 재무부가 환율 조작 시정 위해 협상 진행	- 해당국 기업의 미국 조달 시장 진입 금지 - 해당국에 대한 미국 기업 투자 시 금융 지원 금지

자료: 미국 재무부

다. 일본과 미국의 우호적 관계가 증진되고 있는 시점에 일본을 제외한 채 한국의 원화 가치만 절상하게 될 경우 일본과의 수출 경합도가 높은 한국은 수출에 더 큰 어려움을 겪게 될 것이다.

환율 전망과 한국의 수출에 미치는 영향

•••

또 한 차례의 환율보고서 발표를 앞두고 한국의 시장 개입이 어려울 것으로 관측되고 있다. 한미 FTA 개정 협상 과정에서 무역 적자를 축소하려는 미국의 압력으로 추가적인 원화 강세가 이어질 것으로 보인다. 이에 중장기적으로 원/달러 환율이 한 단계 더 하락할 가능성도 있다.

환율에 민감한 산업들을 중심으로 수출에 상당한 걸림돌이 될 것으로 보인다. 환율 이외에도 품질 경쟁력이나 기술 경쟁력 등 다양한 요인이 수출에 영향을 미치는 것은 사실이다. 그럼에도 제품의 가격은 거래에서 매우 중요하다. 제품이 주는 본연의 가치보다 가격이 높다고 인식되는 순간 거래가 성사되지 않기 마련이다. 즉, 미국 소비자들이 한국산 제품의 본래 가치에 비해 너무 비싼 제품으로 인식한다면 구매로 연결되지 못할 것이다.

각국의 보호무역주의 확산과 한미 FTA 개정 재협상 등으로 수출에 비상이 걸렸는데, 여기에 환율 압박까지 가해지고 있다. 수출에 타격을 입으면 기업들은 생산을 축소할 것이며, 이는 구조조정과 인력 유출로 이어질 수 있다. 한국 경제의 회복이 지연될 우려가 커지고 있다.

기업들은 수출을 위협할 주요 리스크 요인을 이해하고 대응할 필요가 있다. 국제 금융시장이 불안정하고, 환율 변동성이 급증하고, 국제 유가의 기조가 변화하는 등 다양한 변화가 나타나고 있다. 미국 기준 금리 인상이라는 변수와 환율 절상 압력 등은 다양한 거시경제 지표의 변동성을 높일 것으로 판단된다.

기업들은 환율, 금리 등의 다양한 환경 변화를 진단하기 위해 전담 조직을 구축할 필요가 있다. 다양한 거시경제 지표의 흐름을 적극적으로 모니터링해야 한다. 또는 정부 및 공공기관이나 외부 민간 전문 기관과 협업 시스템을 구축하는 것도 대안이 될 수 있다. 환율 급변동 가능성과 시점에 유의하여 환헤지 등의 재무관리적 기능을 강화해야 한다.

:: 제 4 강 ::

4차 산업혁명

우리 삶에 다가온 4차 산업혁명

●●●

지금부터 4차 산업혁명이 어떻게 전개되고, 어디까지 이루어져 왔는지 이야기하려고 합니다. 모든 내용은 미래의 모습이 아니라 바로 지금 현재의 모습입니다.

먼저 '4차 산업'이라는 말이 무엇을 의미하는지 정확히 짚고 넘어가는 것이 좋겠습니다.

1차 산업이 무엇인가요? 대표적으로 농업이 있죠. 초등학교 때 배웠듯이 임업, 수산업 등도 여기 속하죠. 농업, 임업, 수산업은 자연에서 바로 가져오는 거라는 특징이 있어요. 이처럼 자연에서 바로 가져오는 것을 1차 산업이라고 합니다.

1차 산업(Primary Industry)

농업 · 목축업 · 임업 · 어업 등 직접 자연에 작용하는 산업

그럼 2차 산업은 뭘까요? 모든 제조업이 여기 속합니다. 1차 산업에서 가져온 자연 생산물을 가공하는 산업이에요.

2차 산업(Secondary Industry)

제조·건축토목업·광업·가스전기업 등 자연에서
채취한 원료나 재료를 가공하는 산업

그렇다면 3차 산업은 무엇일까요? 바로 서비스업을 가리킵니다.

3차 산업(Tertiary Industry)

1·2차 산업 상품의 생산과 소비를 연결하는 유통산업,
물질적 · 비물질적 서비스 상품들을 공급하는 산업

우리 사회뿐만 아니라 선진국들의 산업구조를 보면 서비스업 중심으로 이루어져 있습니다. 서비스업에는 어떤 것이 있을까요? 금융 서비스업, 교육 서비스업, 물류 서비스업, 의료 서비스업, 보험 서비스업, 법률 서비스업, 기술 서비스업, 사업 서비스업 등 다양한 분야를 예로 들 수 있습니다. 그중 대표적인 것이 유통 서비스업입니다.

이렇게 정리해볼까요? 농장에서 딸기를 생산한다고 하면 1차 산업이

죠. 그 딸기로 딸기잼을 제조한다면 2차 산업이에요. 딸기잼을 마트에서 판매하면 3차 산업이 되는 거죠. 딸기잼으로 샌드위치를 만들어서 브런치 메뉴를 판매하는 것도 3차 산업 범주에 해당합니다.

이처럼 하나의 산물에는 여러 분야의 산업이 연관됩니다. 어떤 산업을 제시하든 모두 1, 2, 3차 산업에 포함됩니다. 반도체, 스마트폰, 컴퓨터, 자율주행차, 인공지능 로봇 등 첨단 제품을 제조한다 하더라도 제조는 모두 2차 산업입니다.

그럼 4차 산업이란 무엇일까요?

4차 산업이란 없습니다.

4차 산업혁명에서 '4차'는 혁명을 수식하는 말

•••

전문가들도 흔히 '4차 산업'이라는 표현을 쓰지만 4차 산업은 존재하지 않습니다. 그러면 왜 이런 표현이 생겨났을까요?

'4차 산업'에서 '4차'는 산업의 차수를 나타내는 수식어가 아닙니다.

그렇다면 무엇의 수식어일까요? 바로, '혁명'의 수식어입니다. 그러니까 '네 번째 혁명'이라는 거죠.

제가 비비크림을 바른다고 해서 못생긴 얼굴이 갑자기 잘생긴 얼굴로 바뀔 수 있나요? 그렇지 않죠. 개선은 될 수 있을지 모르지만요. 비비크림을 바른 건 '개선이다', '진보다', '발전이다', '향상이다'라고 표현할 수 있지만 혁명이라는 단어를 붙이긴 어려워요. '혁명'이라는 단어를 붙이려

혁명의 조건

: 생산성의 급격한 증대

4차 산업혁명의 도래

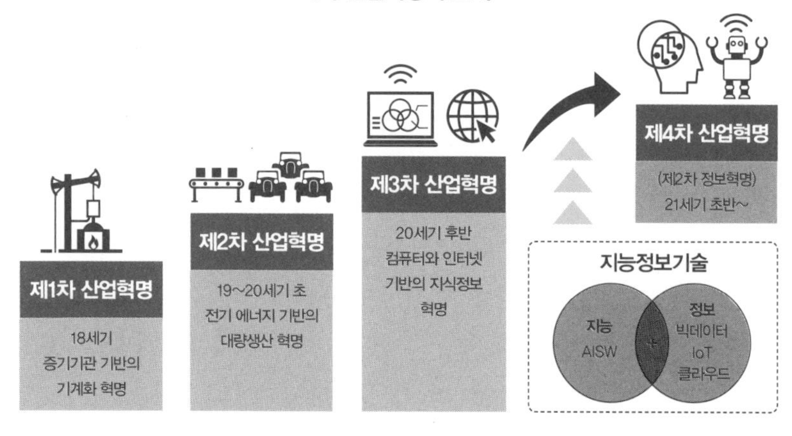

면 돈을 좀 들여야겠죠. 성형외과 정도는 갔다 와야 하지 않겠어요?

'혁명'이라는 단어는 아무 데나 붙이는 게 아니에요. 정말 말 그대로 생산성이 엄청나게 증대했을 때 붙일 수 있어요.

첫 번째 혁명은 어떻게 일어났나요? 바로 증기에 의해 일어났죠. 예전에는 예컨대 나무를 베서 말이나 소를 이용해 날랐어요. 그러다 갑자기 증기기관차로 나르게 됐어요. 그 생산성이 어떻겠어요? 놀라우리만큼 달라졌겠지요. 그게 첫 번째 산업혁명이었어요. 즉 1차 산업혁명이죠.

1차 산업혁명

증기기관에 의한 생산성 혁신

두 번째 산업혁명은 뭘까요? 바로 전기입니다. 전기가 없는 시점이라고 상상해보세요. 그때의 생산성과 전기가 있는 지금의 생산성은 또 놀라울 만큼 달라졌죠. 그게 두 번째 산업혁명이에요. 산업에 전기가 도입됨에 따라 생산성이 엄청나게 증대됐어요.

2차 산업혁명

전기에 의한 생산성 혁신

세 번째 산업혁명은 어떻게 일어났나요? 20세기 후반에 일어났으니 바로 우리 대부분이 경험한 것입니다. 인터넷과 PC에 의한 생산성 증대입니다.

인터넷이 있기 전에는 교역을 하는 데 한 달이 걸렸어요. 수출입 계약을 성사시키는 데 말입니다. 일테면 한국에 있는 수출업자가 미국에 있는 수입업자에게 우편을 보냅니다. 오퍼 레터(Offer Letter)라고 하죠. 그 레터는 일주일 만에 수입업자에게 전달됩니다. 수입업자가 그 레터를 받아 들고 조건이 마음에 들면 또 다른 오퍼, 카운터 오퍼(Counter Offer)를 보내요. "다 좋은데 배기가스 좀 줄여줬으면 좋겠어"라는 내용을 담아서요. 그걸 받은 수출업자는 또 카운터 오퍼를 보내요. "오케이, 나 배기가스 줄일 수 있어. 그런데 그러려면 가격을 100원 올려야 하는데, 괜찮겠어?"라고 의견을 적어서요. 이렇게 편지가 왔다 갔다 하다가 수출업자가 '아, 수출 가능성이 있겠구나' 하는 강한 믿음이 생기면 레터를 들고 직접 가기도 합니다. 그렇게 왔다 갔다 하다 보니 수출입 계약이 성사되는 데

한 달이 걸리는 겁니다.

그런데 지금은 어때요? 인터넷과 PC가 보급된 지금은 하루 만에 수출입 계약이 성사되기도 합니다. 이게 혁명인 겁니다. 수출입에 혁명이 일어난 거죠.

제 박사 과정 지도교수님이 "나는 어떤 문헌을 조사하기 위해서 도쿄대 중앙도서관에 직접 가서 복사해 온 적도 있다"라고 말씀하신 일이 있어요. 인터넷과 PC가 도입된 지금은 어떻습니까? 한자리에서 수백 편의 논문을 받아볼 수 있죠. 이게 혁명이에요. '연구'라는 산업의 혁명이라고 볼 수 있겠죠. 인터넷과 PC가 도입되고 나서는 수많은 산업에서 엄청난 변화가 일어났어요. 그것이 세 번째 산업혁명입니다.

3차 산업혁명

인터넷, PC에 의한 생산성 혁신

그렇다면 네 번째 산업 혁명은 무엇일까요? 네 번째 산업혁명의 주인공으로는 빅데이터, 인공지능, 사물인터넷, 클라우드, 로보틱스, 블록체인 등을 꼽을 수 있습니다. 저는 4차 산업혁명의 주인공이 되는 기반기술을 대략 열다섯 가지로 보는데요, 그중 여섯 가지가 방금 제시한 것들입니다.

4차 산업혁명과 주요 기반기술

빅데이터(Big Data)
다양한 대용량 정보를 빠르게 처리할 수 있는 분석 기반
→ 고객 맞춤형 금융 서비스 제공, 보험 이상 감지 시스템 등

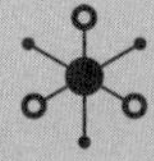
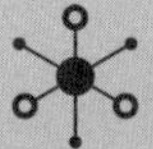

사물인터넷(IoT, Internet of Things)
사물 간 네트워크를 통해 정보를 교류하는 지능형 인프라 기술
→ 초간편결제, 자율주행차, 스마트홈 등

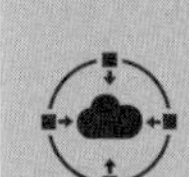

클라우드
물리적 자산 없이 IT 인프라를 활용할 수 있는 기술
→ ERP 클라우드, 개발 환경 통합 등

로보틱스
단순 반복 업무를 순서에 따라 자동 처리하는 디지털 기술
→ 금융 영업점 업무 자동화, ERP 데이터 입력 등

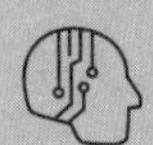

인공지능(AI, Artificial Intelligence)
데이터를 기반으로 의사결정을 학습·수행하는 디지털 기술
→ 로보어드바이저, AI 대출심사 모델, AI 사고 처리 모델 등

블록체인
참여자들 간 정보 공유와 인증으로 안정성을 확보한 보안 기술
→ 가상화폐, 중개기관 없는 송금 등

응용
학습

ECONOMIC ISSUE

준비된 기업만이 변화를 이끌 수 있다

•••

'기드온의 300 용사'라는 유명한 성경 이야기가 떠오른다. 재판관 기드온은 300명의 부하를 선발하기 위해서 더운 여름날 군인들이 냇물을 마시는 모습을 관찰했다. 대부분이 고개를 숙여 물을 마셨지만, 몇몇은 주위에서 일어나는 일을 살피면서 손으로 떠서 마셨다. 기드온은 주위를 철저히 살피는 300명의 군사만 모집했고, 이들은 승리했다. 준비된 300명의 군사로 13만 5,000명의 적군을 이긴 것이다.

4차 산업혁명이라는 거대한 물결이 일고 있다. 준비된 기업들은 4차 산업혁명의 기반기술을 도입해 생산성을 혁신하고 산업 패러다임의 변화를 선도해나가고 있다. 우리나라는 그 변화의 흐름을 준비하고 있는가? 우리 기업들은 충분히 준비됐는가?

4차 산업혁명을 통해 산업혁신을 이루고자 하는 각국의 움직임에 비해 한국은 다소 준비가 늦은 모습이다. 2016년 다보스포럼 기간에 발표된 UBS 보고서에 따르면 한국은 종합순위 25위를 기록했다. 28위를 기록한 중국보다는 소폭 앞서지만 미국(5위), 영국(5위), 일본(12위), 독일(13위) 등 주요국보다 한참 뒤처진다.

4차 산업혁명 적응 국가 순위

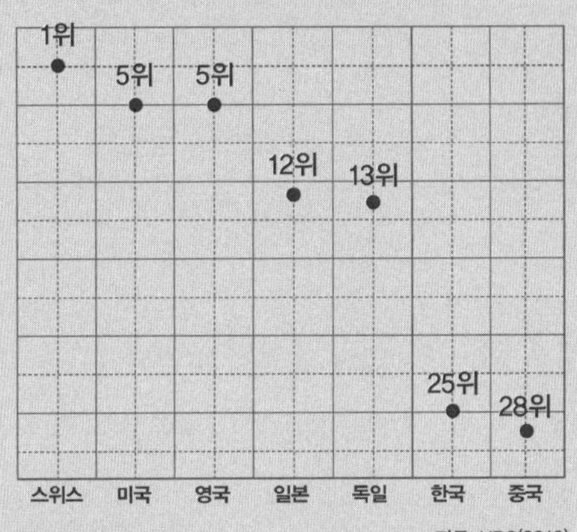

자료: UBS(2016)

1차 산업혁명에서는 증기가, 2차 산업혁명에서는 전기가 산업의 생산성을 혁명적으로 증대시켰다. 당시는 증기와 전기 같은 기반기술을 산업에 도입한 기업들이 흥했다. 그런 기업들을 많이 보유한 나라도 흥했다.

1990~2000년대에 일어난 3차 산업혁명의 기반기술은 인터넷과 PC였다. 인터넷과 PC가 도입된 후 기업경영뿐만 아니라 제품과 서비스에도 엄청난 변화가 있었다. 수출업체와 수입업체가 계약을 성사시

려면 수차례의 우편을 주고받느라 수십 일이 걸렸다. 그런데 인터넷과 PC가 도입된 이후에는 수출 계약이 하루 만에 성사될 만큼 시간이 단축됐다. 내가 일하고 있는 '연구'라는 영역에서도 3차 산업혁명 이전에는 해외 문헌을 조사하기 위해 직접 가야만 했다. 지금은 전 세계 수백 편의 논문을 앉은 자리에서 받을 수 있다. 세 번째 산업혁명이 여러 분야에 걸쳐 패러다임을 바꾸어놓은 것이다.

4차 산업혁명은 이미 시작됐다. 4차 산업혁명을 일으킨 기술적 동인에는 인공지능, 사물인터넷, 빅데이터, 클라우드, 블록체인 등이 포함된다. 4차 산업혁명으로 더 새롭고 다양한 형태의 제품, 서비스, 비즈니스가 시작됐다.

4차 산업혁명이 가져온 주요 산업 패러다임 변화

•••

첫째, 금융산업의 패러다임 변화에 급물살이 일고 있다. 세계적으로 아마존, 알리바바 등 모바일 기반의 기술 기업들이 자신들이 갖춘 플랫폼에 기초해서 금융 서비스를 확대해나가고 있다. 한편 씨티은행, 체이스 등의 세계적인 금융사들도 자신들의 금융 서비스를 모바일로도 제공하고 있다. 은행, 보험, 증권 등의 금융산업에서 지점 수는 줄어드는 반면 금융 서비스의 규모는 늘어나고 있다. 금융 서비스가 대면 서비스에서 비대면 서비스로 디지털 트랜스포메이션되고 있기 때문이다. 예를 들어 인터넷전문은행이 은행원을 대신하고, 로보어드바이저(robo-advisor)가 자산관리사를 대신하며, 챗봇(chatbot)이 전화 상담사를 대체해나가고 있다.

신용평가 시스템도 고도화되고 있다. 과거 금융사들은 개인 신상 정보, 거래실적 정보, 신용거래 불량 정보, 신용한도·신용소진·연체와 같은 신용거래 내역 등 20여 개의 정보를 바탕으로 고객을 평가했다. 그런데 최근에는 빅데이터 기술이 활용되면서 통신요금, 공공요금, 국민연금, 건강보험료 납부 실적 등과 같은 비금융데이터뿐만 아니라 SNS 데이터, 통신 데이터 등 다양한 정보를 분석하여 신용평가를 진행하는 방향으로 고도화되고 있다.

둘째, 공공 서비스 영역에서도 패러다임 변화가 진행되고 있다. 먼저 공공데이터 활용이 확대되고 있다. 국가는 보유한 다양한 데이터를 국민에게 개방하여 새로운 가치를 창출할 방안을 모색하고 있다. 한국을 비롯하여 영국, 호주, 미국 등 대부분의 선진국이 국가가 보유한 공공데이터 개방을 확대하고 있으며 시민들은 데이터를 장애인 관광, 노인 복지, 임금 체불 등 사회 문제를 해결하는 데 활용하고 있다.

지능형 재난안전망의 활용도 확대되고 있다. 최근 지진, 태풍 등의 자연재해를 비롯해 미세먼지, 이상기후 등의 기상 여건 및 사건·사고 등 안전에 대한 국가적 관심이 높아졌다. 도시 곳곳에 적용된 사물인터넷으로 재해, 기상, 치안, 교통 등 일상에서의 안전과 밀접하게 연관된 다양한 상황 정보를 얻어 위험을 사전에 예측하고 선제적으로 대응하는 데 활용하고 있다. 미국에서는 시민들이 지진이나 암반 함몰 사례를 직접 신고하는가 하면, 아일랜드 더블린에서는 센서가 부착된

4차 산업혁명과 주요 산업의 패러다임 변화

<table>
<tr><th>4차 산업혁명과 사회 변화</th><th colspan="2">주요 산업의 패러다임 변화</th></tr>
<tr><td rowspan="8">- 인공지능, 사물인터넷, 빅데이터, 클라우드, 블록체인 등을 기반으로 한 4차 산업혁명이 이끄는 사회
- 산업 간 경계가 허물어지고, 급속한 융합 진행
- 산업뿐만 아니라 사회, 문화, 경제 등 다양한 영역에서 급속한 변화의 물결이 일고 있음</td><td rowspan="2">금융</td><td>비대면 금융 플랫폼 확대</td></tr>
<tr><td>신용평가 시스템 고도화</td></tr>
<tr><td rowspan="2">공공</td><td>공공정보 공개 및 시민의 능동적 활용</td></tr>
<tr><td>지능형 재난안전망 구축</td></tr>
<tr><td rowspan="2">제조</td><td>스마트팩토리의 보편화</td></tr>
<tr><td>메이커 운동의 확산</td></tr>
<tr><td rowspan="2">유통</td><td>소유에서 공유로</td></tr>
<tr><td>옴니채널의 진화</td></tr>
</table>

자전거를 이용해 환경 정보를 수집하는 등 안전 시스템을 강화해나가고 있다.

셋째, 4차 산업혁명으로 나타날 제조업 분야의 가장 큰 변화는 스마트팩토리의 보편화다. 스마트팩토리는 GE, 인텔, 지멘스 등 세계적 기업을 중심으로 급속히 확산되고 있다. 글로벌 시장조사기관인 마켓앤마켓(MarketsandMarkets)의 2016년 보고서에 따르면 세계 스마트팩토리는 2016년부터 2022년까지 10.4퍼센트의 연평균 증가율을 보이며 지속적으로 확대되어 2022년에는 74.8억 달러 규모에 이를 것이라고 한다. 스마트팩토리를 이루는 주요 요소 중 하나인 스마트 기계는 기업 안팎의 클라우드 네트워크와 실시간으로 데이터와 정보를 주고받으며 최적의 생산 효율을 가능하게 한다.

다른 한편으로는 메이커 운동(maker movement)이 일고 있다. 제조의 주체가 변화하는 것이다. 소비자들이 제품의 개발 과정에 적극적으로 참여함에 따라 소비자에서 제조자로 소비자의 정체성이 변화를 맞이하고 있다. 제조사가 구축한 쌍방향 소통이 가능한 제조 플랫폼에 소비자들은 자신들의 필요에 맞는 개인화된 디자인과 품질을 제안하고, 맞춤화된 제품을 소비하기 시작했다.

마지막으로 유통산업도 예외가 아니다. 4차 산업혁명으로 공유경제의 보편화가 나타나고 있다. 공유경제를 활용하는 소비자가 점차 증가하고 있으며, 2016년 3월 기준 미국 시가총액 상위 10개 기업 중 6개가 공유경제와 관련을 맺고 있을 만큼 공유경제 관련 기업의 성장이 두드러진다.

사람과 사물, 서비스 등 모든 것이 실시간으로 연결된 세상에서 소비자는 재화를 직접 소유하지 않고 필요할 때마다 온라인과 모바일을 통해 손쉽게 이용한다. 차(우버Uber), 장난감(딤돔Dimdom), 도서(체그Chegg), 집(에어비앤비Airbnb)뿐만 아니라 더욱 다양한 영역에서 공유경제가 적용되고 있다. 둘째, 유통산업 내 또 다른 패러다임의 변화는 옴니채널(Omni-channel)의 진화라고 할 수 있다. 가상현실 및 증강현실, 챗봇 등은 옴니채널 서비스의 모습을 더욱 혁신적으로 변화시키고 있다.

특히, 온라인 세계와 오프라인 세계의 경계가 허물어지고 있는 가운데 2020년에는 1억 명 이상이 증강현실로 쇼핑을 하리라는 분석도 나오고 있다. 소비자는 증강현실 기술을 활용해 구매하고 싶은 가구를 본인이 거주하는 집에 배치해볼 수 있으며, 이에 따라 기업은 반품 및 교환에 따른 물류비용을 크게 축소시킬 수 있다.

우리는 어떻게 대응해야 할까

•••

4차 산업혁명의 특징을 이해하고, 초연결 사회가 가져올 변화를 직시할 필요가 있다. 무엇보다 미래 비즈니스를 이끌 핵심 지능을 확보해야 한다. 기업들은 해당 산업에 적합한 유망 지식과 지능을 선제적으로 축적하고, 미래 비즈니스를 개척할 필요가 있다. 전통적 산업에 머문다면, 선도기업에 미래 비즈니스를 빼앗기고 전통 산업마저 후발주자에게 빼앗기고 말 것이다.

한편, 제품 경쟁력이 아닌 플랫폼 경쟁력으로 중심을 이동해야 한다. 모든 산업이 플랫폼 기반으로 변화하면서 시장 내 경쟁 구도가 크게 바뀔 것이다. 과거에는 제품, 브랜드, 가격 등이 경쟁력의 주요 요소였다면 이제는 플랫폼이 주된 경쟁력이 됐다. 선도적이고 영향력이 큰 플랫폼을 보유한 기업들은 경쟁 우위를 장기간 지속할 가능성이 크다. 범용화 가능한 플랫폼을 선도적으로 구축하거나, 이미 구축된 플랫폼에 참여하는 등의 노력을 기울여야 한다.

:: 제 5 강 ::

플랫포마이제이션

신인류, 포노사피엔스

• • •

제가 몇 가지 질문을 준비했습니다.

첫 번째 질문은 이것입니다.

'스마트폰으로 무엇을 하고 있습니까?'

우선 소통하고 연락을 하죠, 노래를 듣거나 주식 거래도 합니다. 또 무엇을 하나요? 인터넷 쇼핑, 정보 탐색, 뉴스 검색, 알람 이용, 길 찾기, 날씨 확인, 야구 중계 시청, 교통정보 파악, 스케줄 관리, 책 읽기, 이메일 확인, 업무 처리…. 그야말로 끝도 없는 목록이 만들어지죠. 한마디로, 우리는 스마트폰으로 삶을 살아간다는 겁니다.

그런 과정에서 우리 인류의 변화를 보여주는 그림이 있습니다. 다음 페이지의 그림에서 첫 번째 인류를 오스트랄로피테쿠스라고 하죠. 이후 중간 과정은 생략하고, 마지막으로 우리의 모습과 유사한 인류를 호모사피엔스라고 하죠. 그러면 지금 우리 인류를 뭐라고 하는지 아십니까? '포노사피엔스'라고 합니다. '폰에 의존하여 살아가고 있다'라는 의미의 신조어입니다.

포노사피엔스(Phono Sapiens): 스마트폰으로 생활하는 사람이 늘어나면서 나타난 용어로 〈이코노미스트〉가 호모사피엔스에 빗대 포노사피엔스라고 부른 데서 유래했다.

자료: 세계미래포럼

포노 사피엔스의 특징

1. 특별한 일 없어도 스마트폰을 들여다본다.
2. 스마트폰이 없이는 하루도 견디기 어렵다.
3. 스마트폰 하루 사용량이 127분 이상이다.

우리나라 사람 5명 중 4명이 가지고 있는 스마트폰. 아침에 일어나 15분 안에 스마트폰을 보는 모습은 이제 당연한 일상이 됐습니다. 당신은 스마트폰 없는 삶을 상상할 수 있나요? 이런 시대에 살고 있는 우리를 포노사피엔스라고 부릅니다.

아침에 눈을 뜨게 해주는 알람이자, 길을 찾기 위해 제일 먼저 찾는 앱이며, 지인들과의 소통을 위해 필수인 소셜 미디어이고, 필요한 물건이 생겼을 때 어김없이 실행하는 모바일 쇼핑 도우미이고, 심장 박동을 읽어 나의 운동량과 컨디션까지 체크해주는 스마트폰은 이제 우리 삶에 없어서는 안 될 중요한 도구로 자리 잡았습니다. 스마트폰과 더불어 사는 포노사피엔스의 도래는 이제 개인의 삶을 넘어 비즈니스 영역에서도 존재감을 확실하게 드러내고 있습니다.

백화점, 대형마트와 온라인 쇼핑몰 매출액 비교

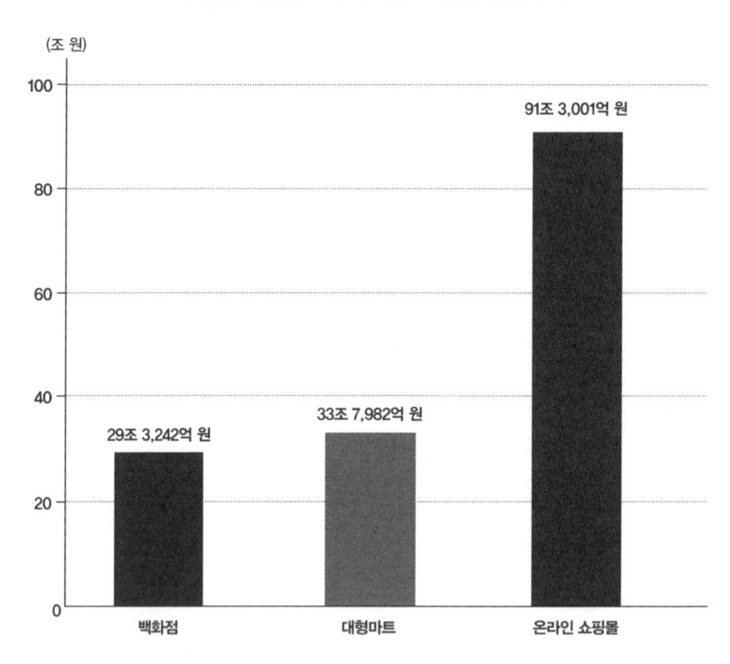

※ 백화점과 대형마트는 판매액 경상금액 기준이고, 온라인 쇼핑몰은 거래액을 기준으로 함

자료: 통계청(2017)

대형마트보다 모바일을 통한 전자상거래의 유통 규모가 훨씬 커진 것은 물론이고, 광고의 주요 매체였던 TV나 라디오가 이제는 그 지위를 모바일로 속속 넘겨주고 있으며, 성장세도 눈에 띄게 커지고 있다고 합니다. 스마트폰은 우리의 경제생활은 물론이고 사교, 정보 습득, 학습, 여가와 취미 생활에 이르기까지 삶의 광범위한 영역으로 역할을 확장하고 있는 유능한 비서가 됐습니다.

신인류의 또 다른 이름,
디지털 네이티브

•••

같은 맥락에서 또 하나의 신조어가 있습니다. 한국어가 모국어인 사람을 '코리안 네이티브'라고 하고 영어가 모국어인 사람을 '잉글리시 네이티브'라고 하죠. 여기에 새로 등장한 네이티브가 있습니다. 바로 '디지털 네이티브'입니다.

디지털 네이티브(digital native)

태어날 때부터 디지털기기에 둘러싸여 성장한 세대

현재 기성세대는 아날로그 시대에 태어나 디지털 시대로 바뀐 세상에 적응해나가고 있습니다. 물론 완벽히 적응하지 못하는 세대도 있죠. 이들처럼 아날로그 세상에서 디지털 세상으로 이주해 온 세대를 '디지털 이미그런트'라고 합니다.

디지털 이미그런트(digital immigrant)

아날로그 시대에 태어나고 자랐지만

의식적으로 노력하여 디지털 세상에 적응한 사람

지금의 어린아이들은 처음부터 디지털 세상에서 태어났습니다. 그래서 오히려 아날로그를 받아들일 수 없어요. 아날로그 세상에서 오래 산 사람은 디지털을 받아들이기 어려워하는데, 아날로그가 무엇인지 전혀 체감하지 못한 디지털 세대는 어떨까요? 처음부터 디지털에만 익숙해졌기 때문에 아날로그를 더더욱 받아들이기 어려워합니다.

자녀가 있는 사람은 알겠지만 요즘 아이들은 TV 잘 안 봅니다. 자기 컴퓨터나 폰으로 영상을 봅니다. 유치원에서 아이들이 책으로 공부할까요? 책 없습니다. 아이패드로 공부해요. 처음부터 디지털 세상에 익숙해져 있는 디지털 네이티브는 오히려 아날로그를 받아들일 수가 없어요.

이 책의 독자 대다수는 디지털 이미그런트라고 볼 수 있습니다. 그러면 이런 계층이 주가 되는 세상에서는 기업의 전략도, 기업이 제공하는 제품도, 제품을 판매하는 채널도 모두 바뀌어야겠죠.

소비자가 먼저 변화하고 있다는 의미입니다. 그런 과정에서 스마트 컨슈머(smart consumer)가 등장합니다. 이들은 같은 제품을 온라인을 통해 낮은 가격(better price)에 구매합니다.

디지털 전환에 따른 소비자의 변화

디지털 이미그런트, 디지털 네이티브 → 스마트 컨슈머

모바일 기반의 쇼핑이 이루어지면서 정보의 비대칭성이 없어졌습니다. 경제학적으로 그렇게 표현합니다. 소비자가 갖고 있는 정보가 충분하지 않았을 때는 어디가 제일 싼지 알 수 없었지만, 온라인 쇼핑이 가능해지면서 정보의 비대칭성이 낮아진 거예요.

정보의 비대칭성(informational asymmetry)

경제적 이해관계를 가진 당사자 간에 정보가
한쪽에만 존재하고 다른 한쪽에는 존재하지 않는 상황

그런 과정에서 또 새로운 용어가 등장합니다. 요즘은 쇼핑을 에스컬레이터에서 한다고 이야기합니다. 백화점에 가서 옷을 입어보고는 제품 번호를 기억합니다. 그리고 집에 가는 에스컬레이터에서 온라인 쇼핑을 통해 더 저렴한 가격으로 구매합니다. 이것은 아마 많은 여성이 공감할 만한 새로운 트렌드라고 볼 수 있는데요. 그런 새로운 소비자의 모습을 '크로스 오버 쇼퍼(cross over shopper)'라고 합니다.

크로스 오버 쇼퍼는 오프라인에서 입어보고 온라인에서 사거나 온라인으로 정보를 탐색하고 오프라인에서 사는 등 온라인과 오프라인을 왔다 갔다 하면서 소비 의사결정을 하는 계층을 말합니다. 유통사 입장에서는 '옴니채널을 강화해나간다'라고도 합니다.

4차 산업혁명은 플랫포마이제이션이다

• • •

이제부터 4차 산업혁명이 어떻게 전개되는지, 그로 인해 나타나는 대표적인 특징이 무엇인지를 알아봅시다. 결론부터 말하자면, 4차 산업혁명으로 변화하는 산업의 모습을 한마디로 '플랫포마이제이션(platformization)'이라고 할 수 있습니다.

4차 산업혁명이 전개됨에 따라 산업의 패러다임이 완전히 바뀌고 있는데, 그 핵심 키워드가 바로 '플랫폼'입니다.

플랫폼은 기차역에서 유래했습니다. 기차역이 있는데, 기차를 타게 하려면 평평하게 만들어야 하잖아요. 그걸 뭐라고 이름 지을까 하다가 플랫폼으로 한 거예요. 왜냐하면 원래 'flat', 즉 평평하면서 'form', 즉 단단하게 다진 거니까요. 플랫하게 다져놓는 것, 그래서 플랫폼은 승강장을 뜻했어요.

사전적 의미의 플랫폼(flatform)

사람들이 기차를 쉽게 타고 내릴 수 있도록 평평하게 만든 장소

flat(평평한) + form(모습)

우리도 여행을 갈 때 플랫폼에서 기차를 타잖아요. 그 단어가 계속 확대됩니다. 확대되는 과정에서 '무대'라는 단어를 포함하게 됐어요. 무대에서 뭘 하나요? 노래를 하고 연기를 하고 춤을 춥니다. 다양한 퍼포먼스

를 보여주는 공간인 거죠. 플랫폼이란 단어가 하나의 '장'이라는 표현으로 쓰이기 시작했습니다.

제가 생각하는 플랫폼이란 '놀이터'입니다. 아이들 뛰어노는 것부터 시작해 모든 놀이를 포함해서 말입니다.

플랫폼이 무엇인지 구체적으로 짚어보겠습니다.

플랫폼의 정의

다양한 상품을 생산하고 소비하는, 경제활동에 사용되는 토대

플랫폼의 시대

하드웨어 플랫폼	소프트웨어 플랫폼
서비스 플랫폼	비즈니스 플랫폼

플랫폼의 영역에는 여러 가지가 있어요. 여기서는 주로 서비스 플랫폼을 중심으로 이야기하고자 합니다.

어머니께서 콩나물을 사 오라고 하십니다. 어떤 장소가 떠오르나요? 저는 전통시장이 떠오릅니다. 전통시장에 콩나물도 사러 가고, 돼지고기도 사러 가죠. 전통시장에서는 고기를 신문지에 둘둘 말아서 주곤 했어요.

이처럼 예전에는 일상적인 소비를 전통시장에서 했습니다. 그런데 지금은 어디서 소비하나요? 주로 대형마트에서 하죠.

요즘 어디서 옷 사세요? 아마도 인터넷 쇼핑몰이 압도적이지 않을까

요? 가끔 오프라인에서 구입하기도 하겠지만 상당 부분 온라인으로 이동했을 거예요.

지금까지 이야기한 전통시장, 대형마트, 온라인 쇼핑몰이 모두 플랫폼인 겁니다.

그런데 그 플랫폼이 이동하고 있습니다. 오프라인에서 온라인 기반 플랫폼으로 말이죠. 이것이 바로 '플랫포마이제이션'입니다. 굉장히 중요한 용어입니다.

소비 플랫폼의 이동

전통시장 → 대형마트 → 온라인 쇼핑몰

▶▶▶ **이것이 바로 플랫포마이제이션!**

온라인 쇼핑과 오프라인 쇼핑 거래액 비중

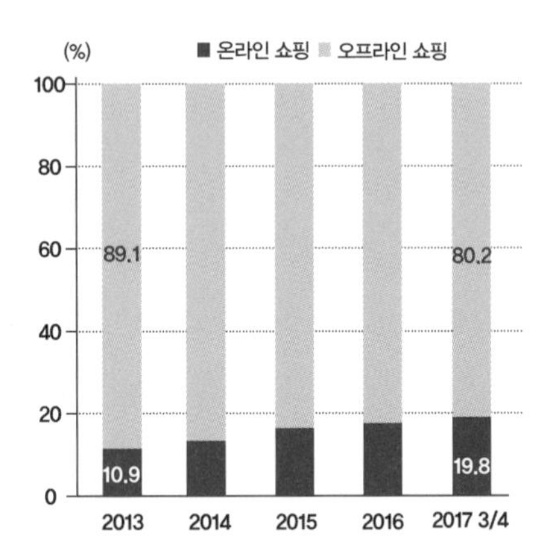

※ 전체 도소매 판매액 대비 온라인 쇼핑 거래액 비중 기준
자료: 통계청

현재 온라인 소비 지출액이 전체 소비 지출액의 20퍼센트 정도를 차지합니다. 통계적으로는 온라인 쇼핑 거래액을 두 가지로 구분해요. 인터넷 쇼핑과 모바일 쇼핑입니다.

이 둘의 거래 비중이 2015년에 역전됐어요. 또 하나의 플랫폼마이제이션이 일어나고 있는 거죠. PC로 온라인 쇼핑을 하다가 모바일로 온라인 쇼핑을 하는 쪽으로 플랫폼마이제이션이 일어나고 있어요.

온라인 쇼핑과 모바일 쇼핑 거래액 비중

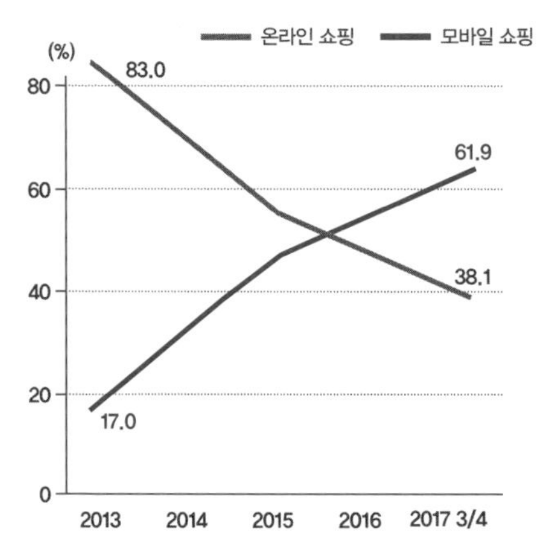

※ 계좌 조회, 자금이체 결과 조회, 금리 및 환율 등 조회 포함

자료: 통계청

온라인 쇼핑 플랫폼의 이동

인터넷 쇼핑 → 모바일 쇼핑

지출 또는 결제가 원래는 현금 지급 방식으로 이뤄졌어요. 그런데 지금

은 카드가 대세입니다. 현금 지급이라는 방식에서 카드 결제라는 방식으로 바뀐 거예요. 그리고 현재는 모바일 결제라는 방식으로 이동하고 있습니다.

나아가서는 놀랍게도, 아무것도 없는 방식으로 이동하고 있어요. 맨몸으로 결제하는 거예요. 절대 미래의 얘기가 아닙니다. 현재의 이야기입니다. 아직 초창기이지만, 강원도 오크밸리 같은 곳에서는 롯데카드가 이미 이 기술을 도입했어요. 생체인식기술을 활용한 간편한 지급결제 방식으로, 앞으로 엄청나게 확산될 것입니다.

지급 결제 플랫폼의 이동

현금 결제 → 카드 결제 → 모바일 결제 → 생체인증 결제

지급 결제라는 놀이의 놀이터가 바뀌고 있다, 즉 플랫폼이 이동하고 있다는 얘기입니다. 그런 현상을 플랫포마이제이션이라고 합니다. 소비자가 이동하니까 기업들도 온라인 기반 플랫폼에 더 의존하는 경영을 할 수밖에 없습니다. 이 역시 플랫포마이제이션을 설명하는 표현입니다.

ECONOMIC ISSUE

실체없이 이뤄지는 시대

•••

실체가 사라지는 현실이 펼쳐지고 있다. 음악을 듣고 있지만 테이프도 CD도 없다. 사진을 보고 있지만 앨범이 없다. 소설을 읽고 있지만 책이 없다. 정보통신기술이 발전·보급되면서, 간편한 디지털기기를 이용하는 것이 일반화되고 있다. 동네마다 반드시 있던 비디오 가게가 사라졌다. 없으면 안 될 것 같던, 사진관이나 동네 서점들도 찾아보기 힘들어졌다. 과거에는 상상하지 못했던 일들이 펼쳐지고 있는 것이다.

실체가 사라지는 모습은 금융거래에서 더욱 명확하게 드러난다. 동전과 지폐가 사라지고 있다. 물건을 살 때 물건을 만져보는 일도, 지폐를 주고받는 일도 없어지고 있다. 세계적으로 온라인 쇼핑 거래액은 2010년 3,910억 달러에서 2016년 1조 410억 달러 규모로 증가했다.

국내 온라인 쇼핑 시장도 지속적으로 성장해 전체 소매판매액에서 온라인 쇼핑 거래액이 차지하는 비중이 2011년 8.2퍼센트에서 2017년 20.9퍼센트로 증가했다. 현금을 스마트폰에 삽입할 수도 없는 만큼, 현금을 사용하려야 사용할 수도 없게 됐다. 온라인 기반의 플랫폼이 범용화되면서 점차 '현금 없는 사회(cashless society)'로 전환되어가고 있다. 비디오테이프가 사라지면서 비디오 가게가 사라지듯, 현금이 사라지면서 은행도 사라질 수 있을까?

플랫폼의 어원은 'flat(평평한)+form(모습)'이다. 즉, 사람들이 기차를 쉽게 타고 내릴 수 있도록 평평하게 만든 장소를 의미했다. 처음에는 '승강장'을 뜻하는 표현으로 시작됐다. 이후 점차 '무대', '놀이터', '그릇' 등에도 비유되면서 특정 행동이나 일을 하는 '장'을 일컫는 방향으로 확대됐다. 플랫폼은 다양한 종류의 시스템이나 서비스를 제공하기 위해 공통적이고 반복적으로 사용하는 기반 모듈, 어떤 서비스를 가능하게 하는 일종의 '토대'로 정의한다. 제품, 서비스, 자산, 기술, 노하우 등 모든 형태가 가능하다.

나는 플랫폼을 '놀이터'로 정의한다. 여기서 '놀이'란 모든 것을 포함한다. 어머니께서 콩나물 심부름을 시키시던 어린 시절을 회상해보자. 전통시장의 모습이 떠오르는가? 그렇다면 '콩나물 사는 놀이'의 플랫폼은 전통시장이었던 것이다. 그러나 근래에 들어서는 전통시장에서 소비지출하는 규모가 엄청나게 줄었다.

대다수 소비자가 대형마트로 옮겨갔고, 지금은 인터넷 쇼핑으로 옮겨가고 있다. 전통시장도 소비라는 놀이의 플랫폼이고, 대형마트와 온라인 쇼핑몰도 소비의 플랫폼인 것이다. 여기서 한 가지 주목할 사항은 그 플랫폼이 이동하고 있다는 것이고, 특히 최근에는 온라인 기반 플랫폼으로 급속히 이동하고 있다는 점이다.

각종 금융 서비스를 이용하는 플랫폼의 모습 역시 '은행 창구에서 은행원을 만나는 모습'에서 점차 'ATM/CD기를 이용하는 모습'으로 진화했고, 근래에는 '인터넷 뱅킹 및 모바일 뱅킹을 이용해 손안에서 금융 서비스를 누리는 모습'으로 진화했다. 은행 서비스라는 놀이터가 대면 서비스에서 ATM으로, 그리고 모바일 뱅킹으로 이동하는 것이다.

금융산업의 플랫포마이제이션

•••

세계적으로 테크 기반의 기업들이 인터넷전문은행을 출범하고, 금융사들이 자동화된 자산관리 서비스인 로보어드바이저를 도입하는 등 비대면 금융 플랫폼으로의 진화가 가속화되고 있다. 그 밖에도 전화 상담사가 아닌 챗봇을 이용해 금융 상담을 진행하고, 계좌개설을 위해 점포를 방문할 필요가 없어졌으며(규제 완화 및 핀테크 발전 등), 대출심사차 점포를 방문해 각종 서류를 제출하는 일도 사라져가고 있다.

이렇게 온라인 기반 플랫폼으로 이동하고, 기업 경영도 온라인 기반 플랫폼에 대한 의존도가 증대되는 현상을 플랫포마이제이션이라 한다.

비대면 금융 플랫폼은 금융 소비자들이 24시간 언제든지 원하는 시간에, 원하는 장소에서 맞춤형 서비스를 누릴 수 있다는 면에서 장점이 있다. 금융기관 입장에서도 대면 금융 서비스를 제공하기 위한 인력 유지 비용과 점포 운영 비용 등을 절감한다는 차원에서 이점이 있다. 또한 비용을 축소하는 만큼 소비자에게 수수료 인하 혜택을 제공할 수 있으므로 경쟁력 구축의 기반이 된다. 나아가 해외 진출의 교두보로서도 비대면 금융 플랫폼을 적극적으로 활용하는 트렌드가 나타나고 있다.

금융기관의 자산 경량화(asset-light strategy) 트렌드는 갈수록 뚜렷해지고 있다. 금융기관들은 수익성 개선을 위해 영업 점포를 축소해 나가고 있다. 국내 은행 영업 점포 수는 2015년 7,446개에서 2017년 6,971개로 감소했다. 은행뿐만 아니라 생명보험사, 손해보험사, 증권사 등 대부분 금융기관의 영업 점포가 줄어드는 현상이 뚜렷하게 나타나고 있다.

금융 서비스의 상당 비중이 인터넷 뱅킹, 특히 모바일 뱅킹으로 이동하고, 계좌 개설이나 자금이체 등 대부분의 금융 서비스가 스마트폰을 통해 가능해지면서 은행 점포에는 기존과 다른 새로운 역할이 요구되고 있다. 획일적 확장 중심의 점포 운영에서 벗어날 필요가 생김에 따라 디지털 채널과의 융화 등을 통해 저비용으로 고객과 쉽게 상호작용하거나 소비자의 금융 니즈 변화에 적응하는 방향으로 점포 전략의 혁신이 가속화되고 있다.

실제로 금융 서비스의 전달 채널별 업무 처리 비중을 보면, 영업점을 방문하는 대면 거래는 2005년 26.3퍼센트에서 2017년 10.6퍼센트로 크게 줄어들었다. 반면, 인터넷 뱅킹은 같은 기간 18.6퍼센트에서 2017년 41.1퍼센트로 크게 늘어났다.

최근 금융사들은 자산의 양적 축소 노력을 넘어 인력 구성이나 채널 서비스 변화 등 지점의 효율성 강화를 위한 질적 변화를 확대하고 있다. 점포 전략도 다변화되고 있지만, 비대면 금융 플랫폼을 확대하고 고도화하는 방향으로의 움직임도 뚜렷하다.

플랫폼 사업자로 변모하는 기업의 사례

•••

2009년 설립된 독일의 피도르은행(Fidor Bank)은 은행이 플랫폼 사업자로 진화할 수 있다는 가능성을 보여준 기업이다. 현재 피도르은행은 주요 시스템과 고객 서비스를 제외하고 대부분의 서비스를 외부 업체에 맡기고 있다. 이를 위해 피도르은행은 오픈 API(Application Programming Interface)인 '피도르 OS(Fidor OS)'를 외부 업체에 제공하고 있으며, 외부 업체는 피도르은행 내부 시스템과 연계한 금융 서비스를 개발할 수 있다.

피도르은행은 이와 같은 방식을 통해 금융데이터 분석과 예측 모델, 결제 솔루션, P2P(Peer to Peer) 대출 등의 다양한 모바일 금융 서비스를 선보이고 있다. 그뿐만 아니라 피도르은행은 경쟁 은행들에도 피도르 OS를 제공한다. 폐쇄적인 시스템 내에서 자사가 만든 금융상

주요 금융사 영업 점포 현황

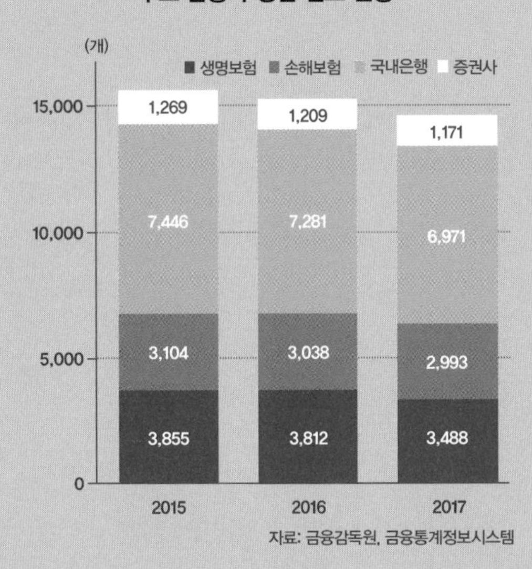

자료: 금융감독원, 금융통계정보시스템

금융 서비스 전달 채널별 업무 처리 비중

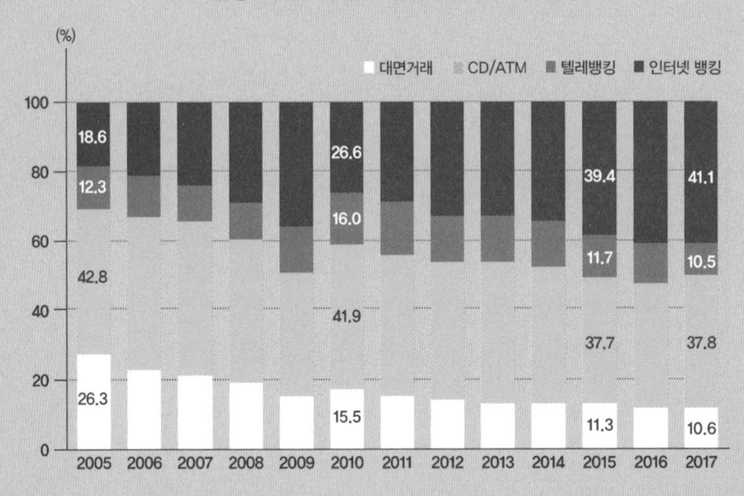

※ 입출금 및 자금이체 기준

자료: 한국은행

폼을 주로 판매하는 기존 은행권과는 전혀 다른 모습이다.

이 같은 개방성을 무기로 피도르은행은 설립 7년 만에 자사의 온라인 커뮤니티 이용자 수를 30만 명으로 확대했으며 충성도도 높였다. 지난 2015년 기준 이용자의 35퍼센트가 피도르은행을 주거래은행으로 이용했으며, 예금액이 2억 5,000만 유로(한화 약 3,200억 원)로 늘어났다. 특히 피도르은행의 직원 수는 약 40명에 불과해(2017년 3월 기준), 직원 1명당 고객 7,500명을 관리하는 셈이다. 대규모 지점망을 보유한 기존 은행과 비교하면 현저한 차이이다.

위와 같은 은행의 사례뿐만 아니라 보험, 증권, 카드 등의 세부 산업별로 비대면 금융 플랫폼을 구축하기 위한 다양한 움직임이 나타나고 있다. 산업별 선도기업들은 금융 소비자와 만나는 접점을 관리하고, 자사만의 독특한 플랫폼을 구축함으로써 경쟁력을 확보해나가고 있다.

제품과 서비스보다 플랫폼을 확보하라

●●●

플랫포마이제이션은 금융산업뿐만 아니라 다양한 산업에서 두드러지게 나타나고 있다. 4차 산업혁명의 기반기술들이 다양한 산업에 확대 적용되면서 기업들의 플랫폼 의존도가 급격히 늘어나고 있는 것이다.

부동산 정보 탐색이나 거래는 공인중개사무소 방문에서 점차 네이버부동산, KB부동산 리브온, 다방, 직방 등으로 옮겨가고 있다. 많은 제조 기업도 저마다의 스마트팩토리 플랫폼을 기반으로 생산 효율성을 극대화하고 있다. 물류나 무역 시스템에도 블록체인 플랫폼을 도입해 혁신적인 서비스를 제시하는 사례들이 등장하고 있다. 개별적인 교통수단을 이용하는 모습으로부터, 한 사람의 이동 서비스를 총괄적으로 지원해주는 플랫폼도 등장했다. 해외에서는 MaaS(Mobility as a Service)가 등장해 그 가능성을 보였고, 국내에서는 카카오 모빌리티가 플랫폼을 구현해나가고 있다.

과거 경쟁력의 공식은 제품과 서비스에 치우쳐 있었다. 경영자의 관심은 제품과 서비스를 차별화하고, 품질을 높이고, 가격을 낮추는 데 있었다. 그러나 최근 기업 경영은 플랫폼에 의존하고 있고, 더욱 의존적이 되고 있다. 즉, 플랫폼을 확보한 기업이 제품과 서비스를 확보한 기업보다 경쟁 우위에 서게 된 것이다.

정부는 기업들의 플랫폼 확보를 지원해야 한다. 기업들이 플랫폼에 기반해 새로운 경영 패러다임으로 변화해나가는 행보에 지원자가 되어야 한다. 규제에 가로막혀 새로운 플랫폼이 등장하지 못하고 있는 동안에, 이미 해외에서는 경쟁력과 범용성을 확보한 플랫폼들이 속속 등장하고 있다. 국내에서는 새로운 플랫폼이 등장함에 따라 나타날 부작용을 검토하고 있는 동안, 해외 기업들은 이미 플랫폼을 확보해 놓고 규제가 풀리는 시점에 한국 시장으로 전격 진출할 것을 검토하고 있다.

기업들은 자사의 금융 서비스에 특화된 플랫폼을 확보해나갈 필요가 있다. 서비스 경쟁력에서 플랫폼 경쟁력으로 경쟁의 근간이 이동했기 때문이다. 세분화된 고객층에 맞는 관심 콘텐츠(내 집 마련, 결혼, 투자, 사업, 건강 등)를 플랫폼에 탑재하거나, 지역에 특화된 정보 서비스 및 연결 서비스 등의 플랫폼을 구축할 수 있다. API(Application Programming Interface, 응용프로그램 프로그래밍 인터페이스) 등을 통해 핀테크 기업들과의 적극적인 협업을 통해 보다 편리하고 선진화된 챗봇, 로보어드바이저 도입 등을 시도할 수도 있고 새로운 플랫폼 개발에 나설 수도 있다. 카카오 그룹이 블록체인 전문 자회사 설립을 시도하는 것이 대표적인 사례다.

플랫폼 사업자와 협업하거나 범용화된 플랫폼에 참여하는 방법도 고민해볼 필요가 있다. 수많은 플랫폼이 생겨나고, 범용화에 실패해 사라지는 사례도 많다. 플랫폼 경쟁이 치열한 레드오션에서 경쟁력이 약한 플랫폼을 구축하는 것보다는 이미 구축된 플랫폼에 적극적으로 참여하는 것도 합리적인 전략이 될 수 있다.

:: 제 6 강 ::

부동산

열심히 일할수록 가난해지는 역설

• • •

부동산은 일반적으로 우리의 전 재산입니다. 자가든 전세든 집 한 채 또는 전세보증금이 나의 전 재산일 가능성이 큽니다. 그러므로 이것을 어떻게 지키고 어떻게 부를 축적해나갈 것인가, 앞으로 부동산 경기가 어떻게 흘러갈 것인가를 정확하게 이해하는 것은 굉장히 중요합니다.

사실 부동산 전망 중 몇 가지 전제 중 하나는 자산의 규모, 소득수준, 거주하는 지역, 살고자 하는 주택의 유형 등에 따라서 다 다르다는 것입니다. 그래서 한데 모아 설명하기는 꽤 어려운데요, 되도록 많은 이들에게 필요한 정보로 압축하여 최대한 쉽게 설명해보겠습니다.

먼저 다음 그림을 한번 볼까요? 무엇을 의미하는 그림일까요?

자료: West(Welfarre Society territory)

가난한 어부는 열심히 물고기를 잡고, 잘 차려입은 부자는 어부가 열심히 잡아놓은 물고기를 가로챕니다. 이처럼 가난한 사람은 계속 열심히 일만 하는 거예요. 하지만 부자는 나쁘게 얘기하면 착취를 해요. 잘 이용하는 거죠.

어른들께 죄송한 말씀입니다만, 우리 부모님 세대가 잘못 말씀하신 점이 있습니다. 우리가 진리처럼 받아들였던 말이죠.

"잘되려면 열심히 살아라."

어른들께는 다시 한번 죄송하지만, 매우 잘못된 얘기입니다. 열심히만 살다가는 평생 바구니의 물고기를 빼앗기는 처지에서 벗어나지 못합니다.

열심히 산다고 부자가 되지는 않는다.

부자가 되려면 남들과 다르게 전략적으로 살아야 한다.

열심히만 살면 안 됩니다. 달리 살아야 해요. 전략적으로 살아야 한다는 거죠. 전략적으로 산다는 건 그림 속의 부자처럼 산다는 거예요. 자산 관리와 재테크 측면에서 이야기하자면, 열심히만 살아서는 절대 부자가 될 수 없습니다. 일반적으로 그렇습니다.

일하는 것 못지않게 투자가 중요한 이유

• • •

물론 소득수준이 높다면, 열심히만 살아도 부자가 될 수 있습니다. 하지만 평균적인 근로자들의 경우 열심히만 살면 부자가 될 수 없어요. 왜냐하면 소득의 증가 속도가 자산 가치의 증가 속도보다 느리기 때문입니다.

자산 투자를 해야 하는 이유

소득 증가 속도 < 자산 가치 증가 속도

그래서 열심히 살고, 열심히 돈 벌고, 열심히 일하면 영원히 가난한 거예요. 중소득층에만 머무는 거죠. 열심히 일하는 것 말고 그 밖의 무언가가 있어야 합니다. 즉, 소득의 증가 속도보다 자산의 증가 속도가 빠르니 한 번쯤은 자산에 올라타야 한다는 거죠. 주식 투자도 마찬가지예요.

주식에 투자하거나 자산에 올라탄다, 부동산을 매수한다 등에서 중요한 것은 무엇일까요? 바로 그 시점이 언제냐 하는 것입니다.

첫 번째는, 언제 올라탈까.

두 번째는, 무엇에 올라탈까.

자산 투자에서 중요한 것

언제(When)

무엇(What)

다시 말해서 어느 시점에 어떤 물건에 투자해야 할까 하는 문제입니다.

저는 고기를 잡아드리는 걸 별로 좋아하지 않습니다. 고기 잡는 방법을 알려드리고 싶어요. 부동산 동향과 전망에 관한 내용을 매일, 매월, 매년 제가 옆에서 설명해드릴 수는 없잖아요? 매일, 매월, 매년 이런 설명이 없이도 '부동산 경기를 이렇게 진단하면 되겠구나' 하는 자신만의 프레임과 뷰를 가져주셨으면 하는 바람입니다. 부동산 전망을 스스로 한다고 할 때 어떤 뷰, 어떤 프레임을 가져야 하는지를 이야기하겠습니다.

우리나라 부동산,
어떻게 움직이나?

—

현재 우리나라에서는 부동산 경기에 재미있는 현상이 일어나고 있어요. 다음 그래프에서 볼 수 있는 것처럼 부동산 경기가 대체로 같이 움직인다는 겁니다. 지방과 수도권, 전국의 움직임이 말입니다.

일반적으로 부동산 가격은

수도권과 지방이 같이 움직였다.

그런데 2016년 정도부터 지방권은 매매가격이 계속 하락하고 있어요. 그에 비해 수도권은 고공행진을 하죠. 좀 재미있는 현상이라고 할 수 있어요. 최근 지역별로 부동산 경기가 달리 움직이고 있기 때문에, 부동산 경기를 볼 때는 언론에서 이야기하는 거시 측면의 설명에 기대지 말고 부동산을 보는 자신만의 프레임으로 판단해야 합니다.

아파트 매매가격지수 추이

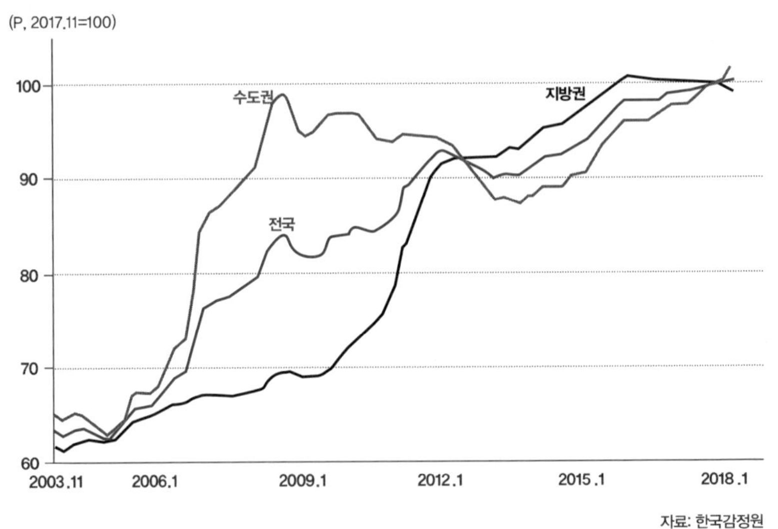

자료: 한국감정원

매매가격 상승 · 하락률 상위 10개 지역

(단위: %)

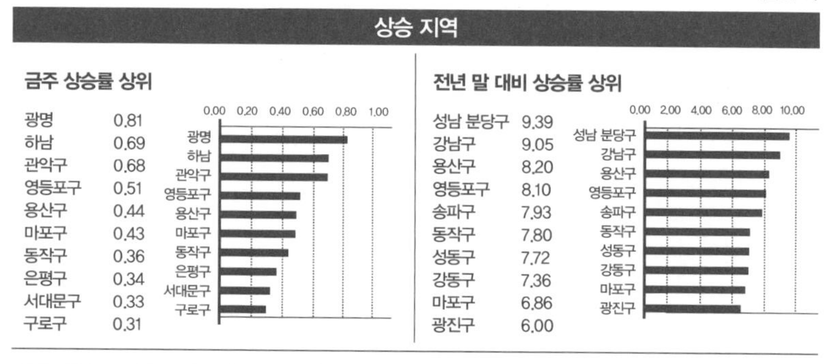

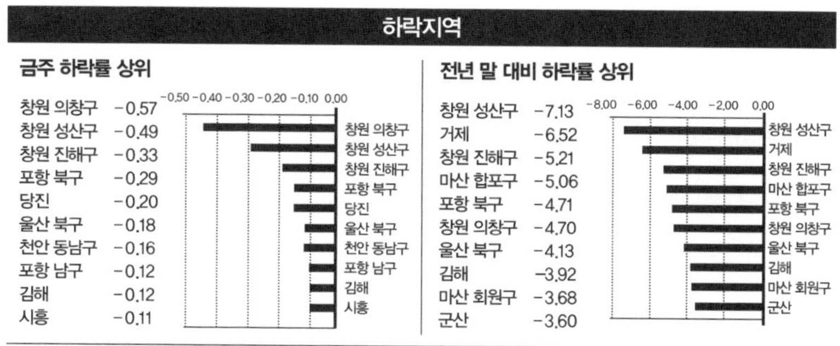

※ 조사기준일 2018.7.30

자료: KB국민은행, KB주택시장동향

매매가격 현황도 살펴 볼까요? 위의 통계는 KB국민은행의 KB주택시장동향인데요. 왼쪽은 '금주' 기준으로, 지난주 대비 얼마나 상승 또는 하락했는지를 보여줍니다. 오른쪽은 '전년 말 대비' 기준으로, 전년 말에 비해 얼마나 상승 또는 하락했는지를 보여줍니다. 상승한 지역도 많고 하락한 지역도 많은데, 달리 움직인다는 것이 포인트입니다.

그런데 '상승률이 하락한다'와 '가격이 하락한다'는 다른 이야기입니다. 기자들조차 잘못 쓸 때가 많은데 개념을 정확히 이해해야 합니다. 가격이 하락한다는 것은 어제 1,000만 원이었던 것이 오늘 900만 원으로 떨어졌을 때를 말해요. 이럴 때 '가격이 하락했다'라고 표현하는 것입니다.

가격이 하락한다.

1,000만 원 → 900만 원

그렇다면 '상승률이 하락한다'는 표현은 무엇일까요?

예를 들어 재작년에는 1,000만 원이었는데, 작년에는 1,100만 원으로 가격이 상승했어요. 그리고 올해도 100만 원 상승해서 1,200만 원이 됐다고 해봅시다. 작년이나 올해나 둘 다 가격이 100만 원씩 상승한 거죠? 하지만 작년에는 1,000만 원 대비 100만 원이 상승했고, 올해는 1,100만 원 대비 100만 원이 상승한 것입니다.

상승률이 하락한다.

작년 1,000만 원에서 1,100만 원 상승

올해 1,100만 원에서 1,200만 원 상승

작년 올해 모두 100만 원씩 상승했지만, '상승률'은 줄어들었다.

다시 말하면 상승폭이 줄어든 거예요. 상승률이 하락했다는 이야기는 가격이 상승하기는 했지만 그 폭이 이전에 비해 줄었다는 뜻입니다. 가격이 하락했다는 뜻이 아니에요.

두 가지를 혼동하면 안 됩니다. 가격이 하락했다는 표현과 상승률이나

주간 매매·전세가격지수 및 변동률 추이

(기준일: 2018.07.30)

	가격지수	변동률
매매	103.9	0.05%
전세	101.5	−0.01%

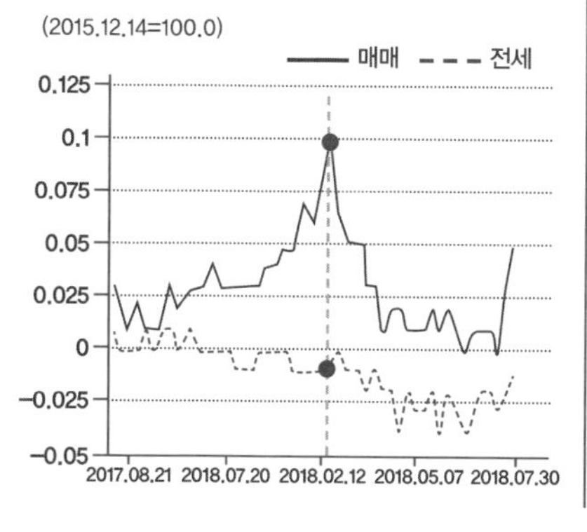

월간 매매·전세가격지수 및 변동률 추이

(기준월: 2018.07)

	가격지수	변동률
매매	103.9	0.05%
전세	101.5	−0.01%

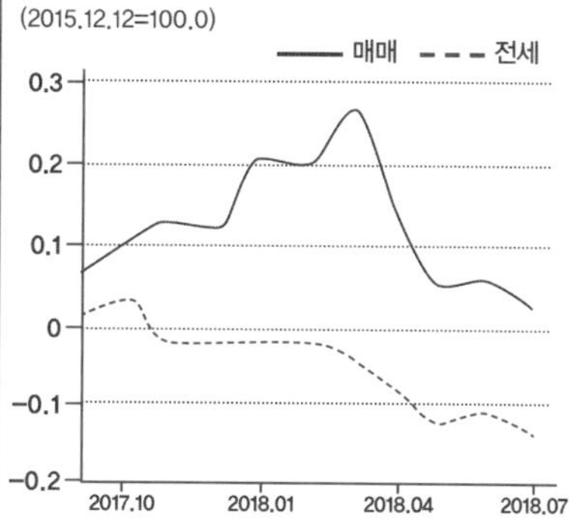

출처: KB국민은행

증가율이 하락했다는 표현을 분리해서 이해하면 경제를 보는 데에도 상당한 도움이 됩니다.

다음으로 위의 그래프를 볼까요?

월간을 보나 주간을 보나 매매가격이 하락하진 않았어요. 상승률이 둔화되고 있는 거예요. 왼쪽 그림을 보면, 매매가격지수가 하락하긴 했지만 여전히 0보다 높죠? 상승세가 둔화되고 있는 것일 뿐 가격이 하락한 것이 아닙니다. 역시 오른쪽 그림에서도 매매가격은 상승세가 둔화된 것입니다. 여전히 0보다 위에 있으니까요. 물론 두 그래프 모두에서 전세가격은 하락하고 있다는 게 명확히 드러납니다. 0보다 아래에 있으니까요.

주목해야 할 부동산 동향

매매가가 하락하지 않지만 상승률이 둔화한다.

이와 같은 개념을 정확히 이해하고 그래프를 보면 해석하는 데 도움이 될 겁니다. 상승률이 하락해도 여전히 가격은 상승하고 있어요. 상승률이 마이너스로 바뀌지 않는 한 말이죠.

부동산은 경제와 어떤 관계가 있을까

—

본격적인 부동산 이야기에 앞서, 경제와 부동산의 관계를 정리해봅시다. 금리가 상승하면, 부동산 가치가 하락합니다.

금리 인상의 효과

부동산 가치의 하락

그 이유는 다음과 같습니다. 부동산을 매수할 때는 돈을 빌려서 합니다. 보통 주택담보대출에 의존합니다. 금리가 낮을 때는 1억 원을 빌려도 이자로 20~30만 원씩만 내면 됐는데, 금리가 올라가 40~50만 원을 내야 하는 상황이 됐어요. 돈을 빌리는 비용이 늘어나는 거죠. 이렇게 금리가 높아지면 부동산을 매수하겠다고 나서기가 쉬울까요? 절대 그렇지 않죠. 집을 매수하는 데 따른 부담이 커지기 때문에 부동산 매매 수요가 감소하게 됩니다.

금리 인상 → 부동산 매매 수요 감소

매매 수요가 줄어들면 어떤 일이 일어날까요? 공급은 차치하고 수요가 줄었다는 조건만 가지고 볼 때, 수요와 공급의 법칙에 의해서 가격이 조정될 수 있어요.

경제에서 금리는 매우 중요하고, 금리의 변화는 부동산 가격과도 밀접하게 연결되어 있습니다. 그래서 경제를 이해하면, 부동산 가격을 진단할 수 있는 것입니다.

부동산 전망의 핵심은 공급보다 수요

•••

이제 본격적으로 부동산을 보는 프레임을 살펴보겠습니다. 부동산을 전망한다는 말은 곧 부동산 가격이 어떻게 움직일 것인지를 본다는 말입니다. 저는 보통 아파트 매매가격을 중심으로 전망합니다.

부동산 전망 = 부동산 가격 전망

가격은 수요와 공급의 법칙에 따라 정해지죠. 부동산 매매가격뿐만 아니라 옷이나 배추, 주식, 국제원유 등 모든 것의 가격은 수요와 공급의 법칙에 따라 정해집니다.

가격의 결정 요인

수요와 공급

부동산 매매가격을 전망하려면 첫째, 수요를 봐야 합니다. 둘째, 공급을 봐야 합니다. 그리고 하나 더, 부동산 정책을 봐야 합니다. 정책은 수요와 공급 둘 다에 영향을 줍니다.

부동산 가격의 결정 요인

수요 + 공급 + 정책

인구와 가구수

—

부동산시장 전문가라고 하는 사람들 중에 앞으로 부동산시장이 나빠질 거라고 주장하면서 그 근거로 '인구절벽'이라는 단어를 쓰는 이들이 있어요. 만약 인구절벽이 없다면 어떻게 될까요?

인구절벽(demographic cliff)

전체 인구 중 생산가능인구(15~64세)의 비율이 급속도로 줄어드는 현상

167쪽의 인구 추계 표를 한번 볼까요? 2017년부터 2018년까지 인구가 계속 증가합니다. 통계청의 데이터에 따르면 2031년까지 증가한다는군요.

장래 인구 추계

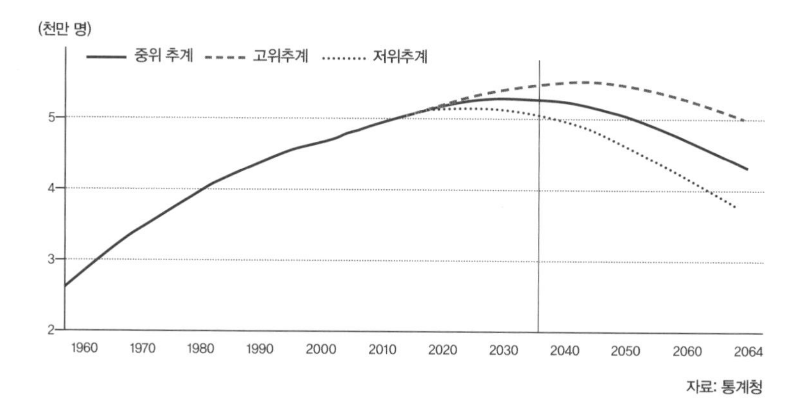

자료: 통계청

앞서 상승률과 가격을 비교해서 설명했듯이 인구의 증가와 인구 증가율의 증가는 다른 말이에요. 정확하게 말하면, 인구의 증가율이 둔화되는 거예요. 인구의 증가 속도가 점점 줄어드는 것일 뿐 인구는 늘어나고 있어요. 인구절벽이 없다는 얘기입니다.

또 중요한 것은 2030년 이후부터 인구가 감소할 것으로 전망한다는 것입니다. 선들을 보세요. 감소하더라도 완만하게 감소하죠. 인구절벽이라는 표현은 그렇게 어울리지 않아 보입니다.

또 한 가지, 중요한 사실이 있습니다. 아파트를 '인구'가 사나요? 그렇지 않습니다. '가구'가 사죠. 만약 인구가 줄어든다고 하더라도 가구 수는 늘어날 수 있지 않습니까? 이런 이유로 인구절벽 때문에 부동산시장은 폭락한다는 주장은 설득력이 떨어지는 것입니다.

가구 규모별 가구 추계

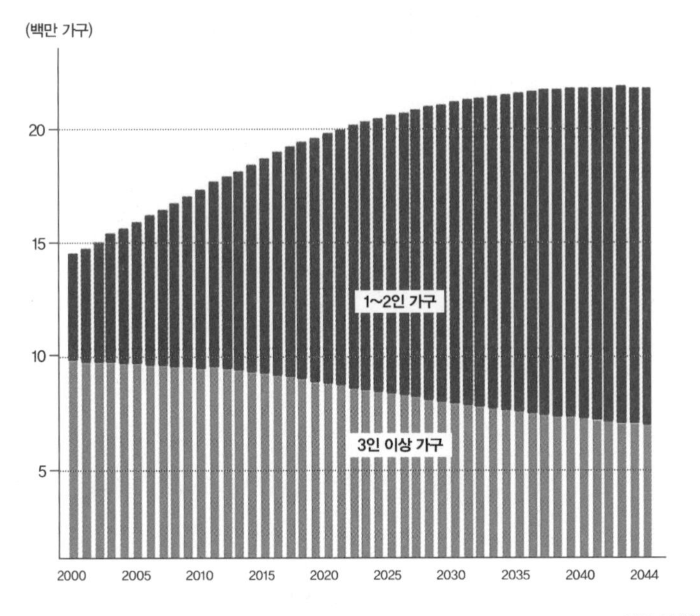

자료: 통계청

부동산 수요에서 인구수보다 중요한 것은 가구 수

위의 그래프를 보면 2000년부터 2044년까지 가구 수가 어떻게 되나요? 한 번도 줄지 않고 계속 늘어나고 있습니다. 이처럼 인구는 줄어들더라도 가구는 늘어날 수 있어요. 왜냐하면 3인 이상 가구가 줄어들고 그 대신 1인, 2인 가구가 늘어나기 때문입니다. 3인 이상의 가구가 줄어드는 속도보다 1인, 2인 가구의 증가 속도가 더 빠른 거예요. 이 점은 부동산을 볼 때 아주 기본적이면서도 굉장히 중요한 팩트입니다.

'가구는 늘어난다. 그중에서도 1, 2인의 가구가 늘어난다.' 여기까지 이해했다면 '소형 주택이 괜찮겠구나' 하는 생각도 해볼 수 있을 겁니다.

가구가 늘면 부동산 가격에 좋은 걸까요? 일단은 좋습니다. 그것만 보면 말이죠. 하지만 가구가 주택을 구매할 여력이 있는지를 봐야 합니다. 가구 수도 중요하지만, 주택을 구매할 여력이 있는 가구가 느는지를 봐야 한다는 얘기예요.

주택 구매 여력

—

주택 구매력을 볼 수 있는 중요한 잣대로 PIR이라는 지수가 있습니다. 주택 가격과 가구의 소득을 비교하는 거예요.

PIR(Price to Income Ratio, 소득대비주택가격비율)

연소득을 모두 모아 주택을 구입하는 데 걸리는 기간으로,

주택 가격을 가구 소득으로 나눈 수치

PIR이 올라간다는 이야기는 소득의 증가 속도보다 주택 가격의 증가 속도가 더 빨라진다는 뜻입니다. 소득 대비 주택 가격이니까 우리나라 국민의 소득 증가 속도보다 부동산 가격의 증가 속도가 빨라졌다는 의미가 됩니다.

PIR 상승의 의미

소득 증가 속도 〈 부동산 가격 상승 속도

아래 그래프에서 확인할 수 있듯이, 특히 서울은 PIR이 매우 가파르게 상승했습니다. 전국적으로 보면 가파른 정도는 아니지만 상승세를 유지하고 있죠. 이는 곧 소득이 증가하는 속도보다 주택 가격이 상승하는 속도가 더 빠르다는 뜻이므로 주택을 구매할 여력이 점점 줄어드는 거죠.

아래의 그래프를 아주 간단하게 보면, 서울에 사는 사람의 경우 소득을 한 푼도 안 쓰고 11.5년 동안 모으면 집을 살 수 있다는 뜻이 됩니다. 전국적으로 보면 5.7년이 걸리고요. 점점 기간이 늘어나고 있기 때문에 어쩌면 5.7년 후에 PIR 지표를 다시 보면, 그때쯤에는 또 10년이 남았다고

PIR과 주택담보대출 금리 추이

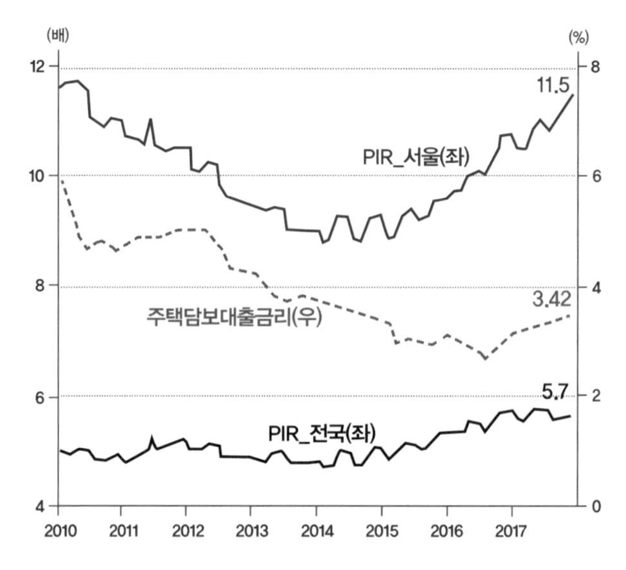

※ PIR = 평균 주택 가격/3분위 가구 연소득

※ 주택담보대출 금리는 신규 취급액 기준 예금은행 가중평균금리임

자료: KB국민은행, 한국은행

할 수도 있어요. 결국은 주택을 구매할 여력이 줄어든다는 것입니다.

이제 주택담보대출 금리를 살펴볼까요? 주택담보대출 금리가 2016년의 최저점에서 벗어나 상승세로 전환됐습니다. 이런 상황에서는 담보대출에 의존해서 집을 사기도 부담이 됩니다. 그 전보다 부담이 더 늘어나는 거예요. 이 지표 역시 주택 구매 여력이 점점 줄어들고 있음을 보여주고 있습니다.

주택 구매 여력을 보는 또 하나의 잣대로 HAI가 있습니다. 주택 구매 여력이 얼마나 되는지를 보는 지표인데 이 지표도 하락하고 있어요.

HAI(House Affordability Index, 주택구매력지수)

연소득 대비 주택담보대출의 원리금을 상환할 수 있는

능력을 나타내는 지표

이상의 지표들을 보면, 전반적으로 구매 여력이 저하되고 있음을 알 수 있습니다.

내 집 마련 수요

구매 여력과 함께 중요한 것이 '내 집 마련 수요'입니다. 현재 전세를 살고 있는 사람이 내 집 마련으로 이동할지 어떨지를 보는 지표입니다. 언론에서 많이 오르내리는 지표들인데, 그중 하나가 '전세/매매 비율'이에요. 굉장히 중요한 지표입니다. 전세가격과 매매가격을 비교한 거예요.

아파트 평균 전세/매매 비율

매매가격이 10억 원인 집에서 전세로 거주하는데 전세가격이 9억 원이라면 전세/매매 비율이 90퍼센트가 되는 거예요.

전세/매매 비율이 70~80퍼센트에 육박하다가 2017년 들어서 떨어지고 있어요. 2017년까지만 하더라도 전세대란이라고 이야기했었죠. 전세 수요가 매우 많았던 데 비해 공급이 부족했기 때문입니다. 현재는 그 현상이 완화되고 있으며, 시장 전체적으로 봤을 때 전세대란 현상이 많이 꺾였습니다.

2017년까지 전세대란 때문에 전세를 못 구하자, 수도권 전세 거주 가구가 어쩔 수 없이 경기도의 매매 수요로 전환됐어요. 내 집 마련 수요가 증가한 겁니다. 경기도에 아파트 분양물량도 많았고요. 그동안 많이 이

주했는데, 그 영향으로 지금 전세가격의 하락이 일어나고 있죠.

부동산에 관한 이론 중에 '전세가격이 계속 떨어지면 매매가격이 이어서 떨어지기 시작한다'라는 것이 있습니다. 그게 근거가 없지는 않아요. 이른바 갭투자자들이 전세 수요가 없고 전세가격이 떨어지니까 집을 급하게 내놓기도 합니다. 그러다 보니 급매가 발생하고, 그러면서 가격이 조정될 수 있습니다.

실제로 전세수급지수를 보면 공급이 많은지 수요가 많은지, 공급이 과다한지 수요가 과다한지를 볼 수 있어요. 전세수급지수가 높다는 이야기는 전세 수요가 엄청나다는 거예요. 그러다가 떨어지고 있어요. 즉, 전세 공급이 충분해지고 있다는 얘기입니다.

전세수급지수 추이

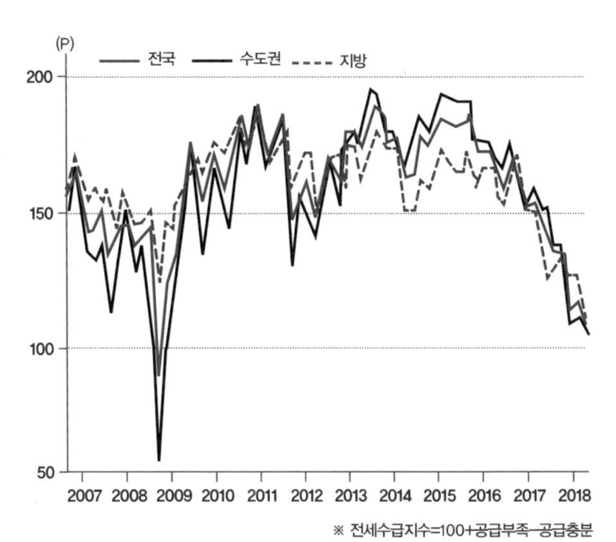

※ 전세수급지수=100+공급부족−공급충분

※ 0~200 이내의 값을 가지며, 100을 넘으면 '공급부족 현상'을 나타냄

자료: KB국민은행

전세수급지수

매달 공인중개사들을 대상으로 전세 수요에 비해

공급물량이 어느 정도인지를 조사한 지표. 기준치 100을 넘어 수치가 클수록

전세 공급이 부족하다는 응답이 많다는 뜻

앞의 그래프는 100을 기준으로 읽어야 하기 때문에 아직까지는 전세 공급이 과다한 게 아니라 수요가 과다한 거라고 볼 수 있습니다. 2018년 3월 기준으로 봤을 때, 아직까지는 말이죠. 그러나 예전의 전세대란 현상은 많이 꺾였음을 확인할 수 있어요.

지금까지 이야기한 내용을 정리해보면 다음과 같습니다. 첫째, 그동안 전세 살던 사람이 내 집 마련으로 많이 이동했다. 둘째, 이미 많은 사람이 내 집 마련으로 이동했으니 앞으로 내 집 마련 수요는 그렇게 많지 않다. 셋째, 전세 공급에 여유가 생겨 전세대란이 꺾였다.

부동산 시장 현황

1. 전세 거주자의 자가 주택 구입 증가

2. 자가 주택 구입 수요 감소

3. 전세 공급의 여유분 발생

앞으로 매매가격이 떨어질 것으로 전망한다면, 굳이 내 집을 사려고 하지 않을 것입니다. 전세를 선호하는 거죠. 따라서 전세 선호 현상이 다시 생길 수 있다는 겁니다. 그런 측면에서 '전세에서 내 집 마련으로의 전환'

과 같은 현상이 앞으로는 가파르게 일어나기 어려워질 수 있습니다.

여기까지 본 것이 수요 측면입니다. 수요 측면을 잠깐 정리해봅시다.

첫째, 인구수는 아직 감소하지 않는다. 특히 2031년까지는 감소하지 않는다. 인구 증가세가 줄어드는 것뿐이다.

둘째, 인구가 감소한다 하더라도 가구 수는 여전히 늘어나고 있다. 이는 부동산에서 그렇게 부정적인 측면은 아니다.

셋째, 중요한 것은 구매 여력이 떨어지고 있다는 것이다. 또한 전세에서 내 집 마련으로의 전환이 이미 많이 진행되어서 추가적인 내 집 마련 수요가 많지는 않을 것이다.

수요 측면에서는 이렇게 정리할 수 있습니다. 이 밖에도 공급 측면과 정책(제도) 측면을 고루 들여다봐야 합니다. 이에 대해서는 Economic Issue에서 이야기하겠습니다.

ECONOMIC ISSUE

문재인 정부의 부동산 정책 기조

•••

정부는 2017년 '8·2 부동산 대책'을 통해 부동산 정책의 기조를 정확히 제시했다. 투기 지역을 지정하고, 분양 대상을 실거주자 중심으로 유도하며, 대출 규제를 강화하는 등의 정책이다. 실거주 목적이 아닌 투자 수요를 억제하여 부동산 매매가격을 안정화하고자 하는 방향성이 뚜렷하게 나타났다.

그래도 서울 강남권을 중심으로 수도권의 부동산 매매가격이 잡히지 않자, 최근에는 초과이익환수제나 새로운 재건축 규제 등을 도입하기에 이르렀다. 2017년 10월에는 '가계부채 종합 대책'을 발표해 대출 규제를 강화하기로 했다.

주요 정책에는 신DTI(Debt To Income, 총부채상환비율)를 도입하고, 금융권 여신관리 지표로 DSR(Debt Service Ratio, 채무상환비율)을 단계적으로 도입하는 것 등이 있다. 과도한 대출에 의존해 주택을 매수하려는 투자 수요를 억제하고자 하는 것이다.

2017년 11월에는 '주거복지 로드맵'을 발표했다. 무주택 서민과 실수요자들의 내 집 마련이 쉽지 않고, 공적 규제가 없는 전·월세 주택에 거주하는 비율이 높아 주거 안정성이 취약하다는 판단이 바탕이 됐다. 청년·신혼·고령층 등에 대한 맞춤형 임대주택을 늘리겠다는 것이 본 정책 로드맵의 주요 골자다.

결국 주택 매매가격을 안정화하고, 취약계층에게 안정적인 주택 공급을 확대해 임대사업 수요를 떨어뜨리고자 하는 것이다. 2018년 들어서는 4월에 가계부채 관리 방안을 발표했고, 이후에도 지속적으로 부동산 정책 후속 조치가 공표될 예정이다. 보유세 도입, 분양가상한제 등 강도 높은 다양한 부동산 규제책이 마련될 것으로 전망된다.

수요 위축이 진행 중인 부동산 시장

•••

모든 가격은 수요와 공급의 법칙에 따라 정해진다. 물건의 가격인 물가뿐만 아니라 국제원유의 가격인 유가, 주식의 가격인 주가, 원화의 가격인 환율 등 모든 가격은 공급에 비해 수요가 많으면 오르고, 공급에 비해 수요가 적으면 내리기 마련이다.

나의 노동력에 대한 가격인 연봉도 나를 찾는 데가 많으면 오를 것이고, 나를 찾는 데가 적으면 내릴 것이다. 나를 찾는 데가 아예 없다면 0이 된다. 다만, 부동산 매매가격은 수요와 공급에 정책이 직간접적인 영향을 준다. 앞서 부동산 정책 기조를 살펴본 바와 같이, 부동산 수요를 억제하는 정책들은 매매가격에 부정적으로 작용한다.

부동산시장의 수요가 위축되고 있는데, 먼저 수요 측 요인들을 보자.

우선, 가계의 주택 구매 여력이 축소되고 있다. 소득대비주택가격비율(PIR)이 2014년 이후 상승세를 나타내고 있다. 2017년 12월 기준으로 전국 PIR이 5.7배이고, 수도권은 11.5배에 이르렀다. 즉, 수도권에서는 중산층이 한 푼도 쓰지 않고 11.5년을 모아야 집을 살 수 있다는 뜻이다. 이 값이 계속 커진다는 것은 집을 살 수 있는 시점이 점점 늦춰진다는 의미이고, 집을 구매할 여력이 줄어든다는 것을 나타낸다. 주택담보대출 금리마저 2016년 중반에 반등 추세로 전환되어, 빚에 의존해 집 사기도 쉽지 않은 상황이 됐다.

국민이 주택을 구매할 수 있는 여력이 얼마나 되는가를 나타내는 주택구매력지수(HAI)를 봐도 소득의 증가 속도보다 자산 가치의 증가 속도가 더 빨라 집을 구매할 여력이 축소되는 모습이다.

한편, 구매 의사도 꺾이고 있다. 대출 규제와 투기 억제 정책 등으로 부동산 투자 의지가 주춤해진 것이다. 부동산 투자를 꺼리는 주된 이유는 가격의 불확실성인데, 부동산 가격이 하락할 거라는 기대가 확산됨에 따라 주택 수요가 둔화되고 있다.

공급 측면에서도 주택 매매가격이 조정될 여지가 있어 보인다.

첫째, 신규 공급물량이 크게 증가했다. 2013년 이후 수직증축 리모델링 허용 및 각종 부동산 규제 완화로 주택건설 인허가 실적이 크게 증가했다. 주택건설 인허가 실적은 2013년 44만 116호 수준에서 2015년 76만 5,328호 수준으로 증가했다. 이후 2016~2017년에도 2015년 이전의 주택 공급량 수준보다 월등히 많았다.

둘째, '주거복지 로드맵'을 통해 발표된 대로 취약계층을 위한 공공주택을 확대해나갈 계획인바 공급물량이 수요에 비해 큰 것으로 보인다. 지역별 미분양주택 추이를 보면 수요에 비해 공급이 많음을 확인할 수 있다. 미분양주택은 2008년 12월 16만 6,000호에서 2015년 7월 3만 3,000호로 크게 감소했으나, 이후 크게 증가하여 2018년 3월 9만 8,000호를 기록했다. 주목할 만한 점은 수도권은 미분양주택이 크게 감소한 반면, 비수도권의 미분양주택은 크게 증가했다는 점이다.

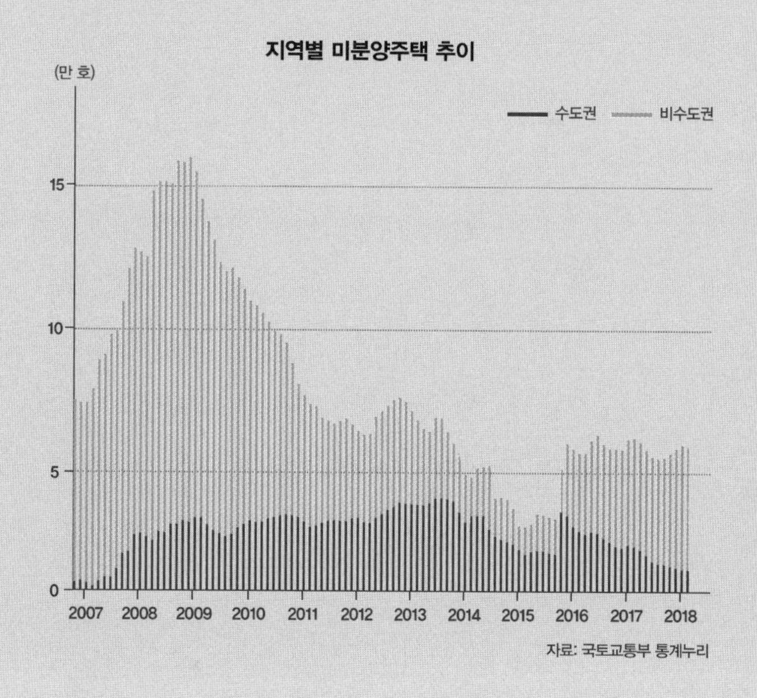

부동산,
지금 살까? 미룰까?

•••

부동산 정책 후속 조치가 발표됐지만, 2018년 연초까지만 해도 아파트 매매가격 상승세가 꺾일 줄 모르고 치솟는 모습을 보였다. 그러나 3월부터 전세가격이 몇 주 연속 조정되더니, 4월 들어 서울시 매매가격이 조정된다는 보도가 나오기 시작했다. 평균적인 아파트 매매가격은 2018년 중반까지 완만한 상승세를 지속하고 있다. 다만, 지방권의 아파트 매매가격지수는 2017년 하반기부터 하락세가 뚜렷해졌다. 주로 산업 구조조정이 활발히 일어나는 지역들을 중심으로 부동산 매매가격이 조정된 것이다.

한편, 송파구와 강남구를 비롯한 강남 4구를 중심으로 서울 및 수도권 매매가격은 상승세를 지속해왔다. 강남 주요 지역의 매매가격이

국내 권역별 아파트 매매가격지수 추이

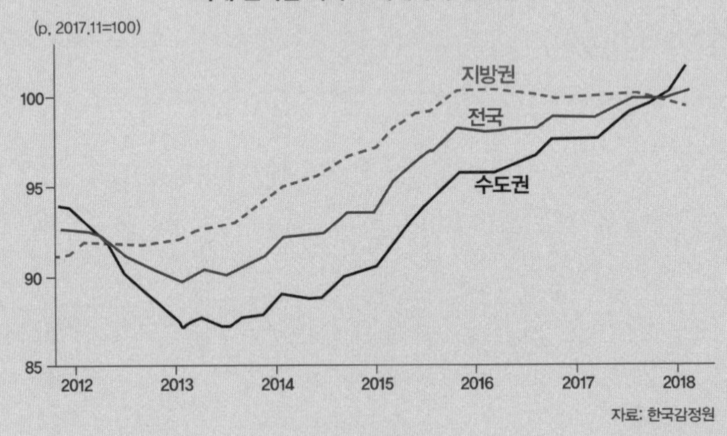

자료: 한국감정원

하락세로 전환했다는 보도가 많이 나오고 있지만, 가격이 하락한 것이 아니라 매매가격 상승률이 둔화된 것임을 유의해야 한다.

일각에서는 보유세 인상론을 제기하기도 하고, 대출 규제를 더욱 강화해야 한다는 주장도 나오고 있어 앞으로 강도 높은 정책들이 추가 도입될 가능성이 크다.

그런 한편으로, 2018년에는 금리 상승세가 지속될 것으로 보여 전반적으로는 부동산 가격이 조정될 여지가 있다. 미국 연방준비제도는 기존 발표대로 2017년에 기준금리를 3회 인상했고, 2018년과 2019년에도 3회 인상할 계획이라고 발표했다. 한국 경제도 2017년 들어 회복세가 나타나면서 기준금리를 인상했고, 2018년에도 인상할 가능성이 커진 상황이다. 그 영향으로 가계의 부동산 매수 심리가 크게 위축되면서 재건축 등의 특수가 없는 지방권을 중심으로 매매가격이 조정될 가능성이 크다.

부동산시장이 전환기를 맞이한 듯하다. 이런 전환의 시점에는 기업이든 가계든 상당한 주의를 기울여야 한다. 먼저, 건설사들은 아파트 공급 이외에 다양한 영역으로 사업을 다각화할 방안을 모색할 필요가 있다. 기업형 임대사업이나 부동산 플랫폼 확보를 통한 부동산 중개 및 금융 서비스 등 다양한 영역에 관심을 가져볼 시점이다. 부상하는 스마트홈 산업에 진출하거나 인테리어 리모델링 시장 선점 등도 검토해볼 사업 다각화 영역으로 판단된다.

부동산시장의 전환기에는 부동산 투자에 유의해야 하는 사항이 많다.

첫째, 금리가 상승하고 대출 규제가 까다롭기 때문에 과도한 부채에 의존하는 투자보다는 자기자본 의존도를 높여 중장기적 시각하에서 투자 의사결정을 해야 한다.

둘째, 수도권과 비수도권 간의 부동산시장 양극화 현상 등을 비롯하여 기존과 다른 특징들에도 유의해야 한다. 국내 부동산시장 동향 등과 같은 매크로(macro)한 접근법보다는 지역적 특성을 자세히 살피는 마이크로(micro)한 접근법이 요구된다.

셋째, 주택 구입 실수요자들의 경우 정책적 지원을 적극적으로 활용할 필요가 있다. 실수요자들을 대상으로 한 장기저리의 금융 지원, 실수요자 중심의 신규 주택 분양, 취약계층에 대한 공공주택 공급 등의 기회를 활용하기 위해 다양한 부동산 후속 대책을 적극적으로 모니터링해야 한다.

상황별 부동산 투자전략

•••

2018~2019년에는 전반적으로 주택 매매가격이 조정되는 기조라고 볼 수 있지요. 그러므로 매수에 신중을 기해야 합니다.

신중을 기하려면 객관적인 자료를 기준으로 판단해야 합니다. 국토교통부 홈페이지에는 부동산과 관련한 다양한 자료가 올라와 있으니 자주 방문하는 것이 좋습니다. 국토교통부에서는 주요한 자료가 발행될 때면 보도자료를 냅니다. 이걸 바탕으로 기사를 쓰라고 기자들에게 보내는 거죠. 보통 기자들은 기사가 나가기 전날이나 전전날에 보도자료를 받습니다. 기사가 나오는 날 홈페이지에도 자료가 올라오고요. 전 재산에 관한 의사결정을 하는 정보인 만큼 부동산 관련 기사에 관심을 가질 필요가 있습니다. 기사가 나오면 국토교통부 홈페이지를 방문하여 더 꼼꼼히 읽어보는 것이 좋습니다.

부동산 투자 전략 1

국토교통부 보도자료 꼼꼼히 읽기

두꺼울 때는 200페이지가 될 때도 있습니다. 전체적으로 기조가 어떻게 흘러가는지를 관심 있게 보면 도움이 됩니다. 부동산시장 후속 대책으로 어떤 것들이 마련되는지 등을 관심 있게 보고 매매 판단에 활용해야 합니다.

부동산 정책 기조에도 변화가 생길 수 있습니다. 박근혜 정부 때도 2016년 들어 변화가 생겼습니다. 주택 매매가격이 급격히 조정되면 큰 문제가 일어날 수 있기 때문입니다. 부동산 버블 또는 깡통 주택 등 여러 가지 문제가 발생할 수 있어요.

부동산 정책 기조가 변화하는지, 아니면 기조가 더 강도 높게 유지되는지 등을 확인해야 합니다. 관련 기사들을 꼼꼼히 챙겨 읽고 국토교통부 홈페이지에 올라온 보도자료를 다운받아 보는 등의 노력이 필요합니다.

그런데 거주 목적일 때는 어떻게 해야 할까요? 투자가 아니라 들어가 살 집을 매수하고자 하는 경우에는 가능한 한 분양 기회를 계속 모색하는 것이 좋겠습니다.

부동산 투자 전략 2

거주 목적이면 분양 기회 모색

물론 분양을 받았는데 주택 가격이 떨어지는 경우도 있습니다. 지방의 경우가 그렇습니다. 하지만 그렇더라도 기존 주택을 사는 것보다는 주택을 분양받는 것이 시세에 비해 더 저렴하게 살 수 있기 때문에 떨어지더라도 덜 떨어집니다.

그렇다면 주로 어떤 지역에 관심을 기울여야 할까요? 가장 중요한 점은 부동산시장 회복세가 나타나는 지역이어야 한다는 점입니다. 떨어질 집을 사지 말라는 뜻이죠. 특히 분양을 받더라도 투자 목적이 어느 정도 있다면, 기왕 '내 전 재산'을 이용해서 자산을 마련할 거라면 가치가 올라가는 상품에 관심을 갖는 게 좋지 않을까요? 특히 1인 가구나 2인 가구, 많게는 3인 가구에 초점을 둔 소형 아파트에 관심을 갖는 게 좋습니다.

또한 투자를 하더라도 '가치 투자'를 해야 합니다. 즉, 가치 상승 지역을 중심으로 중장기적인 방향성을 가지고 분양을 받아야 한다는 뜻입니다. 전반적으로 주택 매매가격이 조정되는 흐름이기 때문에 기존 주택보다는 시세 대비 저렴한 분양에 관심을 가지고, 중장기적 목적으로 투자해야 한다는 뜻입니다.

부동산 투자 전략 3

중장기적 방향성을 가지고 가치 상승 지역의 분양에 주목

특히 지방은 조정 기조가 강하게 나타나고 있습니다. 그에 비해 수

도권은 평균적으로 상승세가 유지되거나 하락세가 약하게 나타나고 있는데요, 그 이유는 가치 상승 지역이 있기 때문입니다.

부동산 투자 전략 4

조정되는 시기에 가치 상승 지역을 찾아서 투자

가치가 하락하는 지역도 있어요. 인구가 이동하면 더는 수요가 없으니까 가치가 하락하는 겁니다. 지방의 모습이 바로 그겁니다. 가치가 하락하는 대표적인 지역이 어디일까요? 실제로 주택 매매가격이 엄청나게 조정되는 지역, 바로 산업 구조조정이 본격화된 지역입니다. 철강, 조선 등의 업종이 집중되어 있는 창원이나 거제에서는 산업이 철수하고 있습니다. 산업이 철수하자 그 지역에 살던 근로자들이 철수하고, 자영업자들도 철수합니다. 장사가 안되니까요. 그래서 부동산 매매가격이 떨어지는 것입니다. 현재 대표적인 가치 하락 지역이 그곳입니다.

가치가 상승하는 지역도 있습니다. 지금은 별 볼 일 없으나 앞으로는 별 볼 일 있을 것으로 기대되는 지역입니다. 인구가 유입되는 지역, 허허벌판이었는데 개발이 많이 이루어지는 지역, 지금은 교통이나 편의시설이 부족하지만 도시계획상 그런 시설이 많이 들어설 만한 지역 등을 중심으로 가치가 상승합니다. 현재의 가치가 아니라 미래의 가치를 봐야 합니다.

마이크로 투자 팁

•••

마이크로 투자 팁이 왜 필요할까요? 부동산시장 기조가 지역별로 편차 없이 동행한다면 마이크로 투자 팁이 필요하지 않겠지요. 그런데 지역별로 뚜렷하게 다른 양상을 보여요. 이른바 '탈동조화 현상'이라고 하죠. 이는 곧 지역별로 투자 방법이 달라야 한다는 거예요.

첫째, 다주택자라면 똘똘한 부동산을 선별해서 보유하세요. 한마디로, 가치 상승 지역을 중심으로 부동산을 소유해야 한다는 뜻입니다. 현 정권의 부동산 정책 기조하에서는 다주택자보다는 단주택자가 되는 것이 유리합니다. 단주택자가 될 경우 어떤 주택을 소유할지 선별하는 것이 중요하죠.

예를 들어 내가 특정 지역에 살아야만 한다고 해봅시다. 직장과의 거리가 가까워서, 즉 직주근접성 때문에요. 그렇지만 이 지역의 가치 상승이 기대되지는 않아요. 그러면 가치 상승 지역에 내 집을 마련하여 전세를 주고, 현재 지역에서는 전세로 사는 겁니다. 이렇게 하면 여전히 나는 단주택자이고, 내가 원하는 지역에서 거주할 수 있죠. 다주택자 보유세 적용에 따른 세 부담을 완화할 방법도 필요하다는 겁니다.

마이크로 부동산 투자 팁 1

괜찮은 부동산을 선별해서 보유하라.

둘째, 부동산 공인중개사무소 방문을 취미로 삼으세요. 가치 상승 지역을 주요 관심 지역으로 선정하고 그 지역 중개사무소를 방문하세요. 커피숍에서 커피 마시지 말고, 중개사무소 가서 마시는 겁니다. 이 이야기를 하는 이유는 가치 상승 호재를 보려면 비교를 할 수 있어야 하기 때문입니다. 공인중개사무소를 방문하면 어디든 이 지역이 제일 좋다고, 옆의 지역은 안 좋다고 말합니다. 송파구에 가면 여기가 최고라 하고, 강남구 자곡동은 안 좋다고 합니다. 강남구 자곡동에 가서 물어보면, 여기가 최고이고 송파구는 안 좋다고 합니다.

가치 상승 호재를 비교해야 하는데, 그러려면 반드시 그 지역을 방문해봐야 하죠. 이때 공인중개사무소를 방문하면 자세한 설명을 들을 수 있어요. 같은 지역에서도 여러 곳의 중개사무소를 방문해야 합니다. 왜냐하면 같은 지역에 있다 하더라도 자신들이 가지고 있는 물건을 중심으로 설명하는 경향이 있기 때문입니다. 그 정보들을 모두 모으면 관심 지역 중에서도 어느 곳의 가치 호재가 더 큰지를 판단할 수 있게 됩니다.

또한 매수세와 매도세를 체감해야 합니다. 보통 사람들은 경제 전문가들처럼 다양한 부동산 통계를 수시로 접하지는 않습니다. 이때 체감하는 방법으로 실제 그 지역에 가서 매물이 얼마나 많은지를 알아보는 것이 가장 좋습니다. 공인중개사무소에 가서 "요즘 손님 많으세요?" 하고 물어볼 수도 있습니다. 사무소가 바쁘게 움직이는지 분위기도 읽을 수 있고, 매도세가 많은지 매수세가 많은지도 알 수 있죠.

매도세가 급격히 일어나는 시점에는 급매물이 나옵니다. 주로 갭투자자들이 견디다 못해 파는 겁니다. 급매물이 급격히 늘어날 때는 가격 하락폭이 확실하게 나타나는 경향이 있습니다. 지방 같은 경우에는 급매물이 많아요. 갭투자자가 전세 세입자를 못 찾아 자기 돈으로 대출이자를 부담하다가 도저히 감당할 수 없는 상황이 되자 급하게 팔려고 내놓는 거죠.

급매물이 많이 등장하는 시점이 체감적으로는 부동산 매수 시점이라고 볼 수 있습니다. 가격 하락폭이 강하게 나타나는 시점, 그즈음에 급매물을 사면 투자에 적합한 판단이 아닐까 생각합니다. 단, 앞서 전제했듯이 가치가 하락하는 지역이 아니라 가치 회복이 나타나는 지역이어야 합니다.

마이크로 부동산 투자 팁 2

관심 지역의 공인중개사무소를 자주 방문하라.

셋째, 적절한 대출상품을 고르세요. 초저금리를 지나 금리 상승기로 들어섰기 때문입니다. 보통 거주 목적이든 투자 목적이든 자기 돈 갖고만 집을 구입하진 않죠. 대부분 대출상품을 이용하는데, 정확히 이야기하면 대출 서비스를 소비하는 겁니다.

요즘엔 정수기나 공기청정기를 사기보다는 렌트를 많이 하죠. 매달 얼마씩 2~3년간 렌트비를 내면서 이용합니다. 그럴 때 어떤 정수기가 좋은지, 어떤 공기청정기가 좋은지는 열심히 따져보는데 대출상품을 그만큼 따져보는 사람은 많지 않습니다. 이건 최소 10년 만기인데 말입니다. 이자가 금융 서비스의 비용인 만큼 대충 판단하면 안 됩니다.

마이크로 부동산 투자 팁 3

금리 상승기의 적절한 대출상품을 선정하라.

대출상품을 똘똘하게 골라야 할 텐데, 우선 금리가 변동이냐 고정이냐를 선택해야 해요. 지금 정부는 고정금리를 선택하라고 합니다. 근데 저는 주택담보대출에 의존하고 있지만 변동을 선택했어요. 사람마다 다르다는 거예요. 다만, 평균적으로 고정금리가 좋다고 말할 수 있습니다. 시장금리가 최저점을 지나 상승세로 전환되고 있기 때문입니다.

그리고 앞으로 금리가 어떻게 움직일지를 알기 어렵습니다. 그 위험 부담을 내가 안고 가는 것보다는 은행이 안고 가는 게 낫겠지요. 그게 고정금리입니다. 다만, 처음 시작할 때의 금리는 변동금리가 더 낮고 고정금리가 더 높아요. 금리 변동에 대한 리스크(위험)를 은행이 부담하기 때문입니다. 쉽게 말해 위험에 대한 비용을 받는 것입니다.

변동금리는 처음 시작하는 금리가 낮다는 장점이 있습니다. 이른 시일 안에 대출을 상환할 자신이 있다면 변동금리도 나쁜 선택이 아닙니다. '10년 만기이지만 2년 안에 갚을 수 있다'라고 한다면 변동금리를 선택하는 것도 좋은 방법입니다. 변동금리라고 해도 은행이 금리를 조정할 수 있는 주기와 폭이 정해져 있어요. 그래서 일찍 갚을 수 있다 싶으면 변동금리를 선택하는 것도 하나의 팁이 됩니다.

그다음에는 만기상환 또는 분할상환을 선택해야 하는데, 이것은 재론의 여지 없이 분할상환을 추천합니다. 정부의 가이드라인이기도 합니다. '빚을 지자마자 조금씩 갚아나가시라' 하는 얘기입니다.

중도상환 수수료도 따져볼 필요가 있습니다. 은행마다 대출상품마다 중도상환 수수료 기준이 조금씩 다릅니다. 중도상환 수수료가 많으면 불리할 수도 있겠지만, 일반적으로 금리보다 중도상환 수수료율이 더 저렴해요. 중도상환 수수료가 이자 부담보다 작기 때문에 갚을 수 있으면 빨리 갚는 게 낫습니다. 중도상환 수수료를 내더라도 만기 이전에 갚을 수 있다면 갚는 게 이득이라는 겁니다. 대신, 같은 금리의 대출이라도 중도상환 수수료가 저렴한 은행과 상품을 고르기 위해 노력할 필요는 있습니다.

그다음에는 은행을 선택해야 해요. 가장 먼저 전국은행연합회라는 기관의 홈페이지를 방문하세요. 그 많은 은행이 어떤 정도의 금리로 금융상품 서비스를 제공하는지 모르잖아요. 전국은행연합회 홈페이지에는 우리나라에 있는 모든 시중은행의 금리가 제시되어 있습니다. 이곳에서 전체적인 금리 현황을 보고 어느 은행을 방문해야 할지 판단하면 됩니다.

외국계 은행과 국내 은행을 비교해보면, 보통 외국계 은행은 담보대출 금리가 더 낮습니다. 그런데 신용대출 금리는 국내 은행이 더 저렴한 경향이 있습니다.

신용대출도 받고 담보대출도 받아야 한다면, 신용대출은 국내 은행에서 받고 담보대출은 외국계 은행에서 받으면 됩니다. 저도 그렇게 대출을 받았습니다. 외국계 은행은 담보대출 상품을 저렴한 금리로 많이 팔고 싶어 하지, 남의 나라에 와서 높은 위험을 감수하고 싶어 하지 않는 겁니다. 신용대출을 잘 해주지도 않습니다. 반면, 국내 은행들은 신용대출도 잘 해주는 편입니다. 전반적으로 그런 경향이 뚜렷하다는 거고, 개별 은행의 특징은 직접 발품을 팔아 확인해야 합니다. 그냥 한 군데 방문해서 대출받고 끝내는 것이 아니라 몇 군데 은행을 찾아가서 대출상품을 확인해보는 것이 좋습니다.

어떤 직장에 다니느냐에 따라서도 금리가 달라집니다. 예를 들어 KB국민은행을 보면, 그들만의 기업 리스트가 있습니다. 그 리스트에 속하면 대출폭이 크지만, 리스트에 없으면 대출 잘 안 해줍니다. 그에 비해 우리은행은 기업 리스트를 바탕으로 대출 가능 여부나 대출액 규모를 판단하는 것이 아니라, 원천징수영수증을 기준으로 판단합니다. 이런 식으로 은행마다 제도가 달라요.

어떤 직장에 다니는지, 그 직장에 1년 이상 근무했는지 또는 2년 이상 근무했는지. 회계사나 변호사 자격을 취득하고 있는지 등에 따라서도 대출 규모와 금리가 다 다릅니다. 10년짜리 금융 서비스를 구매하는 순간이니까 조금 더 신중하게 여러 은행을 방문해서 선택하는 것이 좋습니다.

:: 제 7 강 ::

남북관계

블랙 스완이 나타났다

• • •

종전선언을 필두로 남북경협, 통일, 경제통합, 남북경협주, 통일주 등이 투자자와 가계, 기업들 사이에서 커다란 이슈가 되고 있습니다. 종전이 어떤 의미가 있고 특히 경제적으로 미래 한반도의 모습은 어떻게 되는지, 어떤 분야에 투자해야 하는지를 전반적으로 알아보겠습니다.

2018년 4월 27일, 남북 정상회담이 있었습니다. 이후 남북 정상회담이 한 차례 더 마련됐고, 6월 12일에는 북미 정상회담이 개최됐습니다. 매우 역사적인 일입니다.

누구도 예상하지 못했던 일이 발생했을 때 우리는 보통 '블랙 스완(Black Swan)이 나타났다'라는 표현을 씁니다. 대개 백조는 흰색인데, 검은 백조가 나타난 거예요. 블랙 스완은 이례적인 일, 예상하지 못한 일을 가리킵니다. 그런 일들이 종종 발생했죠.

2016년에 유럽연합에선 브렉시트(Brexit, 영국의 유럽연합 탈퇴)가 발생했고, 미국에선 트럼프 대통령이 당선됐죠. 2017년에는 한국에서 대통령 탄핵이 일어났어요. 박근혜 전 대통령을 선출할 당시에는 전혀 상상하지 못했던 일이 벌어진 겁니다. 게다가 불과 2018년 초까지만 해도 "이러다 전쟁 나는 거 아냐?"라고 할 정도로 우리를 위협했던 북한 때문에 주가도 폭락하고 다사다난했는데, 4월 27일 남북 정상회담이라는 엄청난 블랙 스완이 나타났어요.

남과 북 두 정상이 판문점 선언문을 읽었습니다. 이 내용은 말 그대로 지금까지의 경제구조와 달라지는 미래 경제구조의 방향타 같은 것이기에 모두가 주목하고 있습니다. 많은 사람이 부동산 투자나 주식 투자 영역에서 이미 그 방향으로 옮겨가고 있는 모습도 뚜렷하게 나타나고 있습니다.

남북 정상회담의 역사를 살펴보면, 먼저 2000년에 김대중 대통령과 김정일 국방위원장의 2박 3일에 걸친 회담이 있었습니다. 이어서 2007년에 노무현 대통령이 평양을 방문해 김정일 국방위원장을 만났고요. 그리고 약 10년 만에 문재인 대통령과 김정은 국무위원장의 남북 정상회담이 성사됐습니다.

김정은 위원장 시절 최초의 정상회담이라는 점에서 기록할 만한 일이고, 특히 판문점 남측에서 정상회담을 개최했다는 것 또한 역사적인 일입니다. 정상회담은 지금까지 평양에서만 이뤄졌잖아요. 북측 정상 입장에서는 안보나 국방상의 위협적인 요소들 때문에 두려움을 느낄 수밖에 없었을 거예요. 그런데 이번에는 판문점 남쪽에서 정상회담이 이뤄졌으니 그야말로 블랙 스완인 거죠.

역대 남북 정상회담 개최 현황

구분	남한	북한	장소	결과
2000.6.13~15 (2박 3일)	김대중 대통령	김정일 국방위원장	평양	6 · 15 공동선언 (5개 기본조항)
2007.10.2~4 (2박 3일)	노무현 대통령	김정일 국방위원장	평양	10 · 4 공동선언 (8개 기본조항)
2018.4.27 (1일)	문재인 대통령	김정은 국무위원장	판문점 남측 '평화의 집'	한반도의 평화와 번영, 통일을 위한 판문점 선언 (전문 및 3조 13개 항)

평화 선언 이후 한반도는 어떤 변화를 겪을까

• • •

2018년 정상회담에서 한반도의 평화와 번영을 선언했고, 공존한다는 계획에 서로 동의했습니다. 통일을 위해 여러 가지를 함께 노력해나가겠다는 점을 양국 대표가 만천하에 선언한 것입니다.

그날 저는 지방에 강의를 나갔어요. 강의를 마치고 KTX를 타고 서울로 돌아오는데 〈전자신문〉의 한 기자가 전화해서 묻더군요.

"이 역사적인 일로 인해 앞으로 한반도에는 어떤 미래가 펼쳐질까요?"

서울에 도착할 때까지 한 시간 정도 통화를 하면서 제 의견을 이야기했습니다.

그의 질문을 스텝 모델(S.T.E.E.P Model)을 활용하여 여기서 다시 한번 답변하겠습니다. 스텝 모델은 사회, 기술, 환경, 경제, 정치 등 다섯 가지 측면에서 일어나는 메가트렌드를 분석하는 데 활용되는 분석 방법론입니다.

스텝 모델의 구성 요소

S: Society(사회)

T: Technology(기술)

E: Environment(환경)

E: Economy(경제)

P: Politics(정치)

남과 북이 평화적으로 활발한 경제교류를 이어간다는 점을 전제로 한반도의 미래가 어떻게 전개될지 살펴볼까요?

첫째, 사회적인 관점입니다.

그동안 따로 살던 남과 북은 이제 '어떤 면에서는' 함께 살아야 합니다. 그래서 기존에는 없던 갈등이 일어날 수 있어요. 우리 사회에는 이미 얼마나 많은 갈등이 있습니까. 지역 갈등, 세대 갈등, 빈부 갈등, 노사 갈등, 갑과 을의 갈등, 진보와 보수의 갈등 등 말이죠. 이미 그런 갈등들이 있는 사회에서 살고 있는데, 남과 북이 만남으로써 또 다른 크고 작은 갈등이 생겨나겠죠. 이를 어떻게 조율해나갈까에 대한 관심이 증폭되리라고 봅니다. 사회적으로 다양한 변화가 있겠지만, 가장 큰 변화는 갈등 해소를 위한 움직임이 커지리라는 것입니다.

둘째, 경제적인 관점입니다.

경제적인 관점에서는 남북경협이 활발해질 것입니다. 남북경협에 머무르지 말고 더 나아가 경제통합을 하자는 이야기도 나오고 있죠. '무역' 부분에서 자세히 다뤘듯이, 경제통합에는 네 단계가 있습니다.

그중 가장 낮은 단계가 FTA입니다. 쉽게 말해서 경제통합이 안 되어 있는 남한과 북한 간에 지금은 수출입을 하고 있는데, 이제 그냥 거래하자는 거예요. 국내에서 거래하듯이 말이죠. 그런 경제통합을 이루자는 얘기도 나오고 있습니다. 물론 '경제통합은 아직 너무 이르다. 남북경협을 우선 잘 해보자' 하는 이야기도 있고요.

경제통합에서 한발 더 나아가 정치적인 통합까지 이루어지면 뭐가 될까요?

그게 바로 통일입니다.

경제통합 + 정치통합 = 통일

통일까지 간다면 한반도의 미래는 더 밝아지겠지만, 지금 단계에선 경제적인 통합 또는 남북경협 관계에서 여러 가지 경제적인 효익이 나올 수 있다 정도입니다.

가장 주목받는 영역이 인프라 개발입니다. 한국과 북한을 잇는 TKR(Trans Korean Railroad, 한반도종단철도) 건설이 그 핵심에 있는데요. TSR(Trans Siberian Railway, 시베리아횡단철도)과 TKR이 연결되면, 우리나라가 유럽으로 수출할 때 해운 물류를 이용할 필요가 없어집니다. 상당 부분의 화물을 열차를 이용해 이동시킬 수 있으니까요. 물류비용이 엄청나게 절감되겠죠. 그러면 당연히 기업들의 수출 경쟁력도 훨씬 높아지고요.

북한과 경제협력을 할 때 가장 두드러지는 영역이 풍부하고 값싼 노동력, 그리고 풍부한 자원입니다. 남한은 그 두 가지가 부족한 대신 기술과 자본이 있습니다. 이게 합쳐지면 엄청난 힘을 발휘할 것으로 보입니다.

관광자원 개발 과정에서 생기는 도로와 철도 인프라, 그리고 에너지 개발도 주목받는 분야입니다. 이런 분야에 기술 R&D 예산이 더 많이 확보돼 집중적인 연구개발과 상용화가 이뤄질 것입니다.

그렇다면 북한은 개방을 어떻게 진행할까요? 북한이 택할 만한 개방 모델로는 중국식과 베트남식이 있습니다. 많은 이들이 예상하고, 언론을 통해서도 여러 차례 공개된 바와 같이 베트남식 개방 모델을 택할 거라는 전망이 우세합니다.

북한이 중국식 개방 모델에 한계가 있다고 판단하기 때문입니다. 북한 입장에서는 '중국은 우리를 속국으로 취급하기 때문에 중국의 틀에 갇혀서 고도성장을 이루기 어려울 것이다'라고 판단하는 것입니다. 더욱이 근래 들어 중국의 대북 제재를 여러 차례 받으면서 반감이 싹트기도 했고요.

북한이 베트남식 개방 모델을 택한다는 이야기는 외국 자본을 적극적으로 수용하겠다는 것입니다. 북한이 자기자본을 들여서 인프라를 구축하는 것이 아니라 외국 자본이 북한에 들어와 각종 인프라를 개발하고 그에 대한 효용을 나눠 갖는 방식이죠. 이게 바로 베트남식이에요.

베트남식 개혁 모델을 다 설명하긴 어렵지만 한 가지 꼭 강조하고 싶은

베트남의 개혁개방 과정

1976년	베트남 사회주의공화국 수립
1979년	중·베트남 국경 분쟁에서 베트남 승리
1986년	'도이머이(쇄신)' 정책 도입
1991년	중국과 수교, 국영기업 민영화 개시
1992년	외국인 투자법 개정, 한국과 수교
1995년	미국과 수교, ASEAN 가입
2007년	WTO 가입
2015년	오바마 미국 대통령 베트남 방문

것은, 바로 도이머이(Doi Moi)입니다. 도이머이는 쇄신 정책을 말합니다. 베트남은 도이머이를 도입한 1986년 이후 연간 평균 성장률이 7.6퍼센트에 달하는 고도성장을 계속하고 있어요. 그런 베트남 모델을 따라가겠다는 건 결국 외국 자본을 적극적으로 유치하겠다는 뜻이죠.

그러려면 무엇이 필요할까요? 미국의 지원과 지지가 필요합니다. 그래서 최근 미국과 어떤 일이 있었나요? 6·12 북미 정상회담을 추진하는 과정에서 주한미군 철수에 대해 전혀 거론하지 않았습니다. 과거 미국과 한국을 적으로 두던 당시 주한미군은 강력한 적이었습니다. 그런데 미국과 친해지고 중국과 멀어진다면 주한미군이 보호장치, 보호막이 됩니다. 그래서 북한은 주한미군 철수를 원하지 않는 경향이 강합니다. 북한은 베트남식 개방 모델을 택하면서 미국과의 관계를 개선하고자 하고, 주한미군에 대한 태도에도 변화를 보이고 있습니다. 상대적으로 중국과의 관계는 약해지는 모습이 나타나고 있고요.

결국 금강산 관광이나 이산가족 상봉 등 여러 가지 경로를 통해 남북경협을 확대하고자 하는 방향성이 명확하죠.

개성공단 재개에 쏟아지는 기업들의 관심

•••

종전에 대해서 이야기를 마쳤으니 이제 남북경협에 관한 내용 중에서 개성공단에 집중해보겠습니다.

개성공단 하면 저는 CU 편의점이 가장 먼저 떠오릅니다. 국내 편의점 업계에서 유일하게 북한에 진출한 편의점이거든요. CU는 개성공단에 입주하고 있었는데 개성공단 폐쇄가 결정되면서 울며 겨자 먹기로 철수해야 했습니다.

최근 남북 정상회담과 북미 정상회담, 신경제지도, 종전에 관한 여러 가지 이야기가 공개되면서 편의점 업계는 엄청난 희망을 품고 또 다른 기회를 엿보고 있습니다.

사실 개성공단 내에 점포 몇 개를 둔다 해서 엄청난 매출을 올릴 수 있는 건 아닙니다. 하지만 이것을 통해 기대할 수 있는 게 많습니다. 지금은 여기 입주한 약 150개 기업의 편의시설이라는 역할을 강조하고 있습니다. 그런데 앞으로 남북경협이 더 활발히 이루어지고 관광산업이 더 활성화된다면 북한의 다른 지역으로도 진출할 수 있으리라는 기대를 갖고 있어요.

다음은 우리은행입니다. 우리은행 개성공단 지점은 2004년에 개점했습니다. 우리나라에서는 유일한 개성공단 입점 은행인데, CU와 마찬가지로 개성공단 폐쇄와 함께 철수해야 했습니다.

개성공단에서 금융회사는 무슨 일을 할까요? 개성공단에 상주하는 150여 개 기업 5만 5,000명에 달하는 북한 근로자들의 임금 지불과 관련한 금융 서비스를 담당합니다. 그 밖에 개성공단 상주 기업들에 자금 지원, 보험 서비스 제공 등 여러 금융 서비스가 있습니다. 기업이 진출하는 과정에서는 금융사가 반드시 필요하기 때문에 개성공단 재가동과 그에 따른 재입점을 놓고 관심이 쏠리고 있습니다. 최근 IBK기업은행이 '우리도 진입하겠다. 개성공단 입주 기업 대부분이 우리를 주거래은행으로 하고 있다'라는 주장과 함께 개성공단 입점 전략을 발표하기도 했습니다. 이렇게 개성공단에 입점하기 위한 경쟁 양상도 나타나고 있습니다.

애초에 개성공단이 폐쇄된 이유는 뭘까요?

2000년대에 현대아산이 북한 측과 협의하에 개성공단을 개발하려는 목표를 가지고 그림을 그려내기 시작했습니다. 개성공단이 수년간 운영되다가 2016년 1월 4차 핵실험이 실시됐고, 2월에는 장거리 미사일이 발사됐습니다.

그 상황에 대한 경고가 필요했죠. 경제적 효용보다 더 중요한 것은 국민의 안전이니까요. 그런 연유로 "철수합시다"라는 특단의 대책을 발표한 것입니다. 이후 정부 협의를 거쳐 개성공단 가동을 중단하기로 결정했죠.

이때 많은 사람이 거의 울면서 나오는 모습이 언론에 공개됐기에 개성공단을 재가동한다 해도 과연 누가 입점하겠느냐고 생각하는 사람도 많을 겁니다. '나라도 거긴 안 들어가' 하는 마음이죠. 하지만 재입점 의사를 물었을 때 의외의 결과가 나왔습니다. 개성공단 기존 입점 기업의 96퍼센트가 재입점을 희망하고 있어요. 왜 그럴까요?

중단 과정에서 놓고 온 자산, 기자재, 여러 가지 시설물 때문일까요? 아마 그렇진 않을 겁니다. 이런 것들을 정부에서 보상하지 않았을 리가 없으니까요. 정부는 이미 직접적 피해에 대해서 5,000억 원 이상을 지급했습니다. 약 150개 기업이니까 얼마씩 돌아갔을지 상상해보세요. 물론 이것으로 기업의 피해를 모두 보존해주진 못했을 것입니다. 그러나 피해

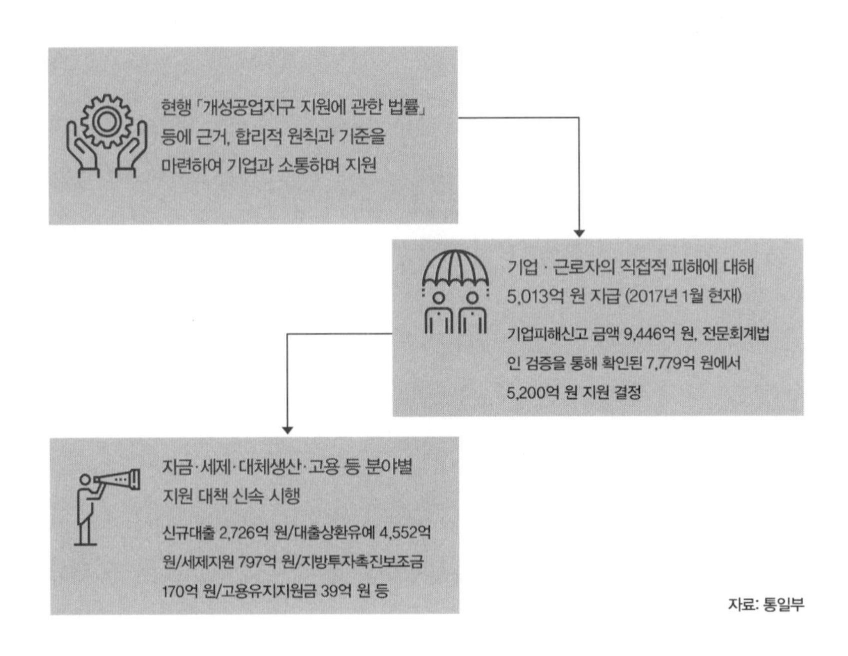

자료: 통일부

액이 입증되는 부분에 대해서는 다 보존해주고 그 밖의 자금, 세제, 대체 생산, 고용 등 분야별 대책을 신속하게 시행했습니다. 여기서 대체생산이란 개성공단이 아닌 다른 지역의 생산시설을 이용하여 제품 공급에 차질을 빚지 않도록 하는 보완하는 생산 방식을 의미합니다. 그래서 다시 입주해도 우리는 손해 볼 게 없다는 이야기를 하는 거죠.

게다가 중소기업에는 인력 부족이 심각합니다. 어망 만들고, 섬유 만들고, 플라스틱 제조하고 이런 중소기업들은 인력난이 심각합니다. 그래서 주로 베트남과 같은 동남아로 진출해 현지 인력을 많이 활용하는데, 동남아 인력은 언어 소통이 잘 안된다는 문제가 있습니다. 그런데 북한 사람들은 언어 문제가 없음은 물론 인건비도 저렴해요.

또한 기업은 개성공단 입점에 따른 특구 혜택, 세제 지원, 자금 지원 등 여러 혜택을 누릴 수 있습니다. 이는 곧 기업의 경쟁력으로 이어지지요.

주식시장은 남북경협에 어떻게 반응하나

•••

또 한 가지 이슈는 남북경협 관련 투자입니다. 주요 남북경협주를 살펴보겠습니다. 현재 동향을 기준으로 대표적인 테마와 해당 기업은 다음과 같습니다.

먼저 광물자원입니다. 광물자원을 캐내기 위해서는 중장비가 필요하므로, 중장비를 공급하는 두산인프라코어가 많은 관심을 받고 있습니다. 남북경협에서 중요한 인프라 중 하나는 통신입니다. SK텔레콤이나 LG

유플러스 같은 기업들이 통신 인프라 측면에서 굉장한 관심을 받고 있습니다.

다음은 건설 부문입니다. 상업용·주거용 등 많은 주택 건설이 필요합니다. 그 밖에 철도나 도로 인프라 건설도 있지요. 건설에는 시멘트가 필요하기 때문에 쌍용양회와 삼표시멘트 등이 주목받고 있고, 시설과 관련해서 현대엘리베이터에 관심이 쏠리고 있습니다.

개성공단을 최초로 합의한 주체가 어디인가요? 현대아산입니다. 한국 정부가 아닙니다. 현대아산이 처음 합의를 했고 그 이후에 나름대로 계획안을 만든 거예요. 현대엘리베이터는 현대아산의 지분을 가지고 있다는 점에서도 주목받고 있습니다. 금강산 개발이나 개성공단과 관련하여 거의 독점권을 가지고 있는 현대아산은 상장기업이 아닙니다. 그래서 현대아산의 지분을 가진 현대엘리베이터가 우회적으로 관심의 대상이 된 것입니다.

그 밖에 철강도 필요합니다. 교통 인프라를 마련하고 철도, 송유관 등

남북경협 관련 주목받는 기업들

분야	기업
광물자원	두산인프라코어
통신	SK텔레콤, LG유플러스
건설	쌍용양회, 삼표시멘트, 현대엘리베이터
인프라	포스코, 현대제철, 현대로템
식료품 및 식량 개발	오뚜기, 농심, LS

을 깔아야 하니까요. 에너지를 주고받으려면 송유관이 필요합니다. 에너지, 교통 인프라 건설이 확대되리라는 기대 속에 제철 기업들에 관한 관심이 집중되고 있습니다.

마지막으로 식료품을 적극적으로 공급해야 합니다. 빈곤한 북한 주민들이 많잖아요. 그런 측면에서 오뚜기나 농심 같은 기업도 주목받고 있습니다. '물고기'를 주는 것보다 '물고기 잡는 법'을 가르쳐줘야 한다는 목소리가 커지면서 대북 지원 사업으로서 트랙터 등의 농기계 생산 기업들도 주목받고 있습니다.

ECONOMIC ISSUE

종전과 경제

●●●

블랙 스완이 나타났다. 근래 들어 블랙 스완이 종종 나타나는 것 같다. 2016년에는 브렉시트가 결정되고, 트럼프가 당선되는 등 아무도 예측하지 못한 일들이 일어났다. 2017년 박근혜 전 대통령의 탄핵 역시 몇 년 전만 해도 누가 예상했겠는가.

2018년 4월 27일, 역사적인 블랙 스완이 등장했다. 남북 정상회담이 개최됐고, 두 정상은 '판문점 선언문'을 통해 한반도의 평화와 번영 및 통일을 위해 노력할 것을 다짐했다. 불과 얼마 전까지만 해도 김정은 국무위원장과 미 트럼프 대통령 간에 핵을 둘러싼 논쟁이 고조되며 전쟁 가능성까지 부각됐는데, 전혀 예상치 못한 일들이 벌어지고 있는 것이다. 북미 정상회담, 신경제지도 등과 관련하여 주요 경제적 현안들을 중심으로 미래를 그려보기로 한다.

다섯 가지 측면에서 전망하는 한반도의 미래

•••

스텝 모델을 이용해 종전 이후의 한반도 내 주요 메가트렌드를 도출해보자. 스텝 모델은 사회, 기술, 환경, 경제, 정치 각각의 측면에서 일어나는 메가트렌드를 분석하는 데 활용되는 정성적 분석 방법론이다.

자료: 통일부

첫째, Society(사회) 관점에서는 사회적 합의를 도출하기 위한 움직임이 강하게 나타날 것으로 전망된다. 분절된 상황에서는 차이를 좁히는 노력이 필요 없었으나, 교류가 빈번해지면 그런 노력이 요구되기 때문이다. 남북의 관계를 떠나서 현재도 지역 간 갈등뿐만 아니라 빈부, 세대, 성별에 따른 갈등이 팽배한 상황 아닌가. 정치적 이념 및 문화의 차이에 따른 갈등이 심화될 수 있고, 동시에 사회적 합의를 이루기 위한 캠페인이나 공동체 문화 교육 등이 확대될 것으로 전망된다.

스팁 모델을 통한 한반도 미래 전망

부문	메가트렌드
Society (사회)	– 정치적 이념 및 문화 차이 등에 대한 사회적 합의를 이루기 위한 캠페인이나 교육 확대
Technology (기술)	– ITS(Intelligent Transport System), Smart Grid + ESS (Energy Storage System), 5G 등의 인프라 기술들에 R&D 집중 – 우주·위성 기술, 자원 탐사 기술 고도화
Environment (환경)	– 관광특구 조성 및 핵처리 안전화, 환경 이슈 제기 등 다양한 현안 등장
Economy (경제)	– 남북경협 재개와 개성공단 재가동 – 건축(상업용, 주거용), 인프라 개발(교통, 통신, 물류, 에너지 등) 활성화 – 교육 시스템 및 의료 서비스 공급 확대 – 육상물류(TKR+TSR) 확대에 따른 국내 기업들의 물류 효율화
Politics (정치)	– 새로운 조류의 국제정치 기조 형성 – 평화 및 사회통합을 강조하는 방향의 국내 정치 기조 강화

둘째, Technology(기술) 관점에서는 주요 인프라 관련 기술들에 R&D가 집중될 전망이다. 북한의 인프라 개발 산업을 중심으로 산업 활성화가 진전되고, 해당 산업을 중심으로 더욱 선진화된 기반기술들이 확산 적용될 가능성이 크기 때문이다. 대표적으로 ITS(Intelligent Transport System, 지능형 교통 시스템)나 Smart Grid+ESS(Energy Storage System, 에너지 저장 시스템), 5G 등 교통·에너지·통신 인프라 기술들에 R&D가 더욱 집중되고 산업이 활성화될 것으로 기대된다.

셋째, Environment(환경)에서는 관광특구 조성 및 핵처리 안전화, 환경 이슈 제기 등의 다양한 현안이 등장할 것으로 보인다. 금강산 관광지뿐만 아니라 비무장지대나 개성공단 등 관광특구가 조성되고, 그에 따라 국내외 관광객이 증가할 것으로 전망된다. 비핵화 추진 과정에서 핵무기 및 핵폐기물 처리에 관한 논의가 진전되고, 강도 높은 개발로 야생동물 및 산림의 보존이나 수자원 보호 등 다양한 환경 이슈도 제기될 것이다.

넷째, Economy(경제) 관점에서는 북한 경제특구 조성 등에 따라 세계의 관심이 집중될 것이다. 남북경협이 재개됨에 따라 개성공단이 재가동되고, 주요 기업들의 리쇼어링이 이어질 것으로 보인다. 법인세 절감이나 규제 완화 지역 조성 등 다양한 리쇼어링 정책이 전개될 것이다. 북한의 노동력이 인력 부족에 어려움을 겪고 있는 중소기업들에 활용됨으로써 생산성이 제고되고, 경쟁력이 강화될 것이다. 북한의 주요 저개발 지역을 중심으로 상업용·주거용 건축이 활발히 이루어지고, 다양한 인프라 개발(교통, 통신, 물류, 에너지 등)이 제2의 전성기를 맞이할 것으로 보인다. 그 밖에 교육 시스템이나 의료 서비스 공급이 확대되고, 육상물류(TKR+TSR) 확대에 따른 국내 기업들의 물류 효율이 높아질 것으로 기대된다. 여기서 TKR(Trans Korea Railroad)은 한반도종단철도를, TSR(Trans Siberian Railroad)은 시베리아횡단철도를 의미한다. 유럽으로 수출하는 주요 화물을 철도를 이용해 운송하므로 물류비가 절감되는 것이다.

TSR, TCR, TMR, TKR

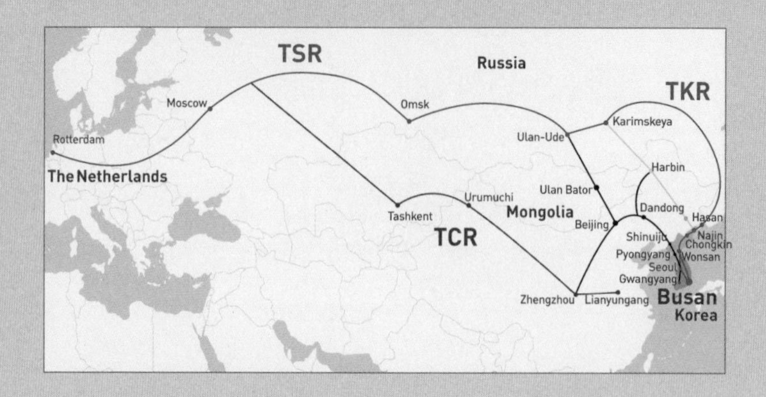

다섯째, Politics(정치) 관점에서는 새로운 국제정치 기조가 형성되는 등 엄청난 변화가 이루어질 것이다. 북-중-러를 중심으로 한 정치동맹과 한-미-일을 중심으로 한 정치동맹 간의 대립구조가 허물어질 것으로 보인다. 이는 북한의 개방 모델이나 북미 정상회담 추진 현황 등에서 어느 정도 윤곽이 나타나고 있다. 이런 과정에서 북한과 중국의 전통적 동맹 관계가 약화될 것으로 보인다. 국내 정치 기조도 다양한 정책 공약을 통해 밝혀지겠지만, 평화와 사회통합을 강조하고 북한과의 경제협력을 지원하는 정치 기조가 강화될 전망이다.

북한의 개방 모델

●●●

북한의 개방은 어떤 식으로 이뤄질까? 수차례의 언론 보도를 통해 방향성이 어느 정도 드러난 듯하다. 김정은 국무위원장은 중국식보다는 베트남식 개방 모델을 선호하고 있음이 드러났다. 중국과만 교류해온 김정일 국방위원장과 달리, 김정은 위원장은 스위스 유학 경험을 바탕으로 서유럽의 발전상을 체감하면서 서구식 제도를 도입할 필요가 있다고 생각한 것으로 추정된다. 중국의 경우도 개혁개방을 전개해왔지만, 경제적 여건 등을 고려할 때 베트남식 개방이 북한에 현실적으로 적정한 모델이라는 평가도 있다.

베트남식 개방 모델은 1986년 '도이머이' 정책으로 요약된다. '쇄신'을 뜻하는 이 용어는 사회주의 기반의 시장경제적 목표를 달성하기 위해 주창한 개혁 개념이다. 베트남은 도이머이 정책 실시 이후 외국자본이 급격히 유입됐고, 연평균 7.6퍼센트의 고도성장을 경험했으며, 2006년 12월 세계무역기구(WTO)의 150번째 회원국이 됐다. 베트남식 개방 모델의 주요 특징은 시장 개방을 통해 해외 자본을 적극적으로 유치함으로써 경제를 성장시키는 것이다. 이는 미국과의 관계 개선이 전제된 거라고 할 수 있다. 한편, 중국과의 교류 경험이 거의 없는 김 위원장은 '혈맹'임을 위시해 북한을 속국으로 인식하는 중국에 대한 거부감을 가졌던 것으로 평가된다.

북한이 비핵화 의지를 표명한 이래 주한미군 철수를 거론하지 않았다는 점도 주목할 만하다. 종전을 선언하고 미국과의 관계를 개선해나가는 과정에서는 주한미군이 위협의 대상이 아니라 오히려 우군이 될 수 있기 때문이다. 이를 계기로 북한은 미국을 통해 중국을 견제할 장치를 갖추게 된 것이다.

개성공단 재가동

•••

개성공단 개발은 2000년 8월 현대아산과 북한 간 '공업지구 개발에 관한 합의서'가 채택되면서 시작됐다. 2004년 6월 15개 기업이 시범 단지 입주 계약을 체결했고, 2015년 12월 말까지 125개 기업이 입주했다. 당시 북측 근로자는 5만 5,000여 명에 이르렀고, 2005년 3월부터 2015년 12월 말까지 누적 생산액이 약 32.3억 달러에 달했다. 그러나 2016년 1월 북한이 4차 핵실험을 진행하고, 2월에 장거리 미사일을 발사함에 따라 개성공단 가동 중단이 결정됐다.

정부는 입주사들의 직접적 피해에 대해 지원금을 제공했고, 그 밖에도 자금·세제·대체생산·고용 등 분야별 지원 대책을 시행해왔다. 사람들은 개성공단 철수에 관한 언론 보도 내용을 기억하고 있기 때문에 기업들이 개성공단에 재입점하기를 꺼릴 거라고 생각하는 경향이 있다. 그러나 중소기업중앙회와 개성공단기업협회가 공동으로 조사한 결과에 따르면 개성공단 입주 기업 중 96퍼센트가 재입주 의향을 밝혔다. 기업들로서는 개성공단 재입점이 두고 온 자산을 찾는 것일 뿐 아니라 저렴한 인건비의 노동력을 활용할 좋은 기회이기 때문이다.

제조 기업들뿐만 아니라 다양한 산업에서 개성공단 입주 및 재입주를 희망하고 있다. 기업들이 경영활동을 하기 위해서는 보험, 자금 마련 등의 금융 서비스가 필요하다. 우리은행은 2004년 개성공업지구에 지점을 개점했으나, 현재 철수 후 임시영업점을 운영하고 있다.

IBK기업은행도 개성공단에 입점하기 위해 전략을 마련하고 있다. 개성공단 입점 기업을 대상으로 한 금융 서비스도 있지만, 무엇보다 상징성이 매우 높고 추후 남북경협이 이루어지는 과정에서 다양한 기회를 선점할 수 있으리라는 기대 때문이다. 남북경협에서 경제통합으로 발전하거나 통일이 이루어질 때의 기대 가치는 더욱 높다고 하겠다.

국내 편의점 업계에서 유일하게 북한에 입점해 있는 CU도 영업 재개 가능성에 높은 관심을 보이고 있고, 제조 기업을 지원하는 편의시설로서의 역할을 희망하고 있다.

북미 정상회담과 '신경제지도' 발표

•••

북미 정상회담이 6월 12일 싱가포르에서 개최되었다. 북미 정상회담의 주요 의제나 성공적 개최 여부 등을 놓고 세계의 관심이 집중된 바 있다. 향후에도 추가적인 북미 정상회담이 성공적으로 진행되고 양측 실무진의 적극적인 논의가 전개될 경우 북한의 개방과 남북경협이 매우 빠른 속도로 진행될 것으로 전망된다.

특히, 문재인 대통령이 공약집 등을 통해 밝혀왔던 신경제지도가 현시점에 맞게 재설계되어 공개될 것으로 보인다. 북한과의 합의가 담긴 신경제지도를 통해 다양한 관광자원 개발, 물류 및 에너지 인프라 조성뿐만 아니라 산업 지구 조성 등에 걸쳐 경제적 기회의 윤곽이 명확히 드러날 것으로 보인다. 실제로 금강산 관광을 추진했던 현대

신경제지도

자료: 서울경제

아산의 현정은 회장의 북한 방문 등 다양한 비즈니스적 교류가 진전되고 있다.

종전과 남북경협은 한국 경제에 상당한 영향을 미치고 있다. 이런 관점에서 국내외 투자자들은 주요한 남북경협주에 집중하거나, 파주 등의 지역에 부동산 투자를 하는 등의 움직임을 보이고 있다.

기대감이 높은 것은 사실이지만 위험도 있다. 정부는 최악의 상황에 대비하는 안전장치 마련에 심혈을 기울여야 하고, 기업들은 개성공단 입주와 다양한 지원책을 고려해야 하며, 가계는 기대만을 고려한 '투기'가 아닌 위험을 고려한 합리적인 수준의 '투자'를 해야 할 것이다.

:: 제 8 강 ::

국제유가

국제유가는 어떤 이유로 오르내리나

• • •

세계경제를 자주 들었다 놨다 하는 이슈 중 하나가 바로 '국제유가'입니다. 알다시피 모든 가격은 수요와 공급에 의해서 정해집니다. 가격은 인건비 때문에 올라가는 게 아닙니다. 오직 수요와 공급에 따라 결정됩니다. 간단히 말하자면, 국제유가 역시 원유에 대한 수요와 공급에 의해 정해진다고 할 수 있습니다.

그렇다면 수요는 무엇일까요? 2017년 이전의 상황을 먼저 살펴보겠습니다. 2016년까지는 세계경제가 불황을 겪었습니다. 특히 중국의 경제성장률이 계속 하락하면서 원유에 대한 수요가 줄어들었지요. 수요가 부족한 상태였습니다. 더욱이 세계적으로 대체에너지, 신재생에너지, 풍력, 태양력 등 석유 외의 에너지 자원에 대한 의존도가 높아지면서 원유에 대한 수요가 더 줄어드는 구조적 변화도 일었습니다.

반면 공급은 늘었습니다. 미국에서 셰일가스(shale gas)와 셰일오일

(shale oil)이라는, 기존에는 채굴하지 않던 오일을 채굴하기 시작했습니다. 셰일가스와 셰일오일은 퇴적암의 한 종류인 셰일층에 형성되어 있는 가스와 오일을 가리킵니다. 원유에 비해 더 깊게 작업해야 하고 심부까지 시추하기 위해서는 많은 기술이 필요한 탓에 기존에는 제한적으로 생산됐습니다. 즉 석유는 석유인데, 캐내는 데 비용이 너무 많이 들어갔던 거지요. 채굴기술이 발달하면서 셰일가스와 셰일오일이 개발된 거라고 볼 수 있습니다. 그러면서 원유 공급량이 늘어난 것입니다.

더 중요한 것은 가격이 떨어지다 보니까 오직 원유만 팔아서 먹고사는 나라들이 생산량을 늘리기 시작했다는 겁니다. 참 아이러니하죠. 왜 그럴까요?

가령 우리 가족이 한 달을 살려면 100만 원이 필요해요. 제가 빵을 만들어 파는 사람이라고 합시다. 빵 하나가 1만 원이에요. 그럼 100개를 팔아야 우리 집 경제가 유지되겠지요. 세금도 내고 밥도 먹고 말이죠. 그런데 만약 빵 가격이 1만 원에서 5,000원으로 떨어진다면 어떻게 될까요? 이제는 100개가 아니라 200개를 팔아야 생활이 유지됩니다.

그래서 산유국들이 그런 행동을 한 겁니다. 국제유가가 떨어지다 보니까 자국 경제를 유지하기 위해서 원유를 더 공급하는 거예요. 공급이 늘어나니 가격은 더 떨어지고요.

산유국에서는 국가가 국민에게 기본 소득을 제공합니다. 원유는 공동재산이에요. 공동재산을 팔았으니 기본 소득을 주는 겁니다. 예를 들어 한 가정당 200만 원씩 준다고 합시다. 부자든, 저소득층이든 동등하게요. 그런데 공급이 늘어나 유가가 하락하다 보니 기본 소득이 줄어드는 거예요. 아예 없어질 수도 있어요. 기본 소득에만 의존해서 살던 저소득층에게는 날벼락이 따로 없죠. 그 때문에 국가경제, 가계경제를 보조하기 위해 원유를 더 공급하는 겁니다. 이렇게 2016년까지는 수요 요인과 공급 요인이 맞물려 국제유가가 하락했다고 정리할 수 있습니다. 유가 하락에 못 이겨 2016년 11월 말 러시아와 OPEC(석유수출국기구)가 석유 감산 합의를 했습니다. 공급량이 조절되면서 유가 하락세는 진정됐습니다.

2017년 이후로는 세계경제가 회복세를 보이면서 국제유가도 반등하기 시작합니다. 세계경제의 회복은 곧 원유 수요의 증가이기 때문입니다. 원유 공급량이 다소 조정되어가는 상황에서 원유 수요가 늘어나니 회복세가 나타난 것입니다.

미국의 핵협정 탈퇴와 유가에 미치는 영향

•••

2018년 들어 미국 트럼프 대통령은 석유시장을 뒤흔드는 또 하나의 선언을 합니다. 바로 2018년 5월 8일에 이란 핵협정(JCPOA, 포괄적 공동행동계획) 탈퇴를 선언한 것인데요. 이번 선언으로 경제적으로 큰 동요가 있을 것으로 보입니다. '핵'과 '경제' 간에 대체 무슨 관련성이 있기에 이렇게 떠들썩한 걸까요?

우선 이란 핵협정이 무엇인지 알아봅시다. 유엔(UN) 안전보장이사회가 있고, 상임이사국들이 있습니다. 상임이사국은 미국, 영국, 프랑스, 독일, 중국, 러시아 등 총 6개국입니다.

이란이 핵 프로그램을 지속하자 6개국은 이란에 경제적 제재를 가하는 데 동의했습니다. 이란과는 수출도 하지 말고, 이란으로부터 석유도 수입하지 말라는 내용이었어요. 이후 이란이 핵 프로그램을 종결하겠다고 선언하자 그 대가로 제재를 상당히 풀어줬어요. 이것을 이란 핵협정이라고 합니다. 즉, 핵 프로그램을 중단하는 대가로 보상 차원에서 경제 제재를 풀어주기로 협정한 것이지요.

그런데 트럼프가 "난 그거 반댈세! 그건 우리 입장에서 봤을 때 좋지 않아"라면서 "우린 이란 핵협정을 탈퇴할 거야"라고 선언한 거예요.

이게 왜 문제냐. 미국이 핵협정을 탈퇴함에 따라 이란의 원유 공급량이 줄어들기 때문입니다. 핵협정을 탈퇴한다는 것은 경제 제재 완화에 동의하지 않는다, 즉 이란으로부터 석유를 수입하지 않겠다는 얘기거든요. 이란의 원유 공급량은 굉장합니다. 그런데 미국이 수입하지 않아 공급이 줄어드니 국제유가가 어떻게 되겠어요. 반등하겠죠? 게다가 유가가 회복세를 지속하고 있는 시기이기 때문에 회복세가 더 가파르게 진행돼 원유 가격이 고공행진을 하게 될 수도 있습니다. 최악의 경우 오일쇼크로까지 이어질 수 있다는 불안감이 조성된 겁니다.

원유 수입국인 대한민국으로서는 국제유가에 특히 민감할 수밖에 없습니다.

그런데 핵협정 탈퇴를 선언한 날 오히려 유가가 떨어졌네요?

—

네, 일단 유가가 떨어졌습니다.

국제유가에는 크게 세 종류가 있습니다. 미국을 중심으로 한 서부 텍사스유(WTI, Western Texas Intermediate), 영국 북해를 중심으로 한 브렌트유(Brent Crude Oil), 중동을 중심으로 한 두바이유(Dubai Crude Oil)입니다. 세 가지 원유에 대해 알아두는 것만으로도 상식적으로 큰 도움이 될 거예요.

그런데 최근 미국 거래소의 WTI 가격이나 영국 거래소의 브렌트유 가격이 미국의 핵협정 탈퇴 선언과 동시에 오히려 하락했어요. 일반적으로는 급등을 예상했는데 오히려 떨어졌다니 고개가 갸우뚱해질 밖에요.

유가의 종류

미국: WTI

영국: 브렌트유

중동: 두바이유

그 이유는 핵협정 탈퇴와 동시에 경제 제재가 즉각적으로 이행되는 것이 아니었기 때문입니다. 90일에서 180일 정도, 즉 3개월에서 6개월 정도의 정도 유예기간을 두는 절차가 있거든요.

유예기간 내에 핵 프로그램이 중단된다든가 여러 가지 조치가 충분히 나올 경우에는 경제 제재를 바로 취소할 여지가 있습니다. 그래서 국제유가가 급등하지 않은 것입니다.

미국의 나 홀로 제재는 효력이 있을까

—

일반적으로 국제유가는 OECD 산하의 IEA(International Energy Agency, 국제에너지기구)나 미국 정부 산하의 EIA(Energy Information Administration, 에너지정보청) 같은 전문기관들의 전망치를 준용합니다. 저도 IEA 회의에 가본 적이 있습니다. 세계 각국의 통계 담당자들이 모여서 국제 통계 고도화를 논의하는 회의였습니다. OECD 산하 기관이기 때문에 프랑스 파리에 본부가 있으며 그곳에서 유가를 전망합니다. 국내 대부분의 경제기관에서도 그런 국제기관들의 전망치를 준용하여 경제가 어떻게 흘러갈지를 판단합니다.

여기서도 같은 방법으로 전망해보겠습니다. 2015~2016년에 국제유가는 이미 저점을 기록하고 반등을 시작했습니다. 2018년 이후에는 이 회복세가 조금 더 가팔라질 것으로 예견하고 있죠. 특히 이란발 원유 공급이 중단될 가능성이 있어서 국제유가가 더 오를 것으로 예측하고 있습니다. 배럴당 5~10달러 정도 오를 거라는 의견이 있습니다.

하지만 여기에는 한 가지 함정이 있습니다. 이란 핵협정에서 탈퇴한 나라가 미국 하나뿐이라는 거죠. 그러니까 미국이 '나 홀로 탈퇴'했는데, '나 홀로 제재'가 정말 국제적인 교역에 영향을 미치겠느냐 하는 것입니다. 더욱이 이란과 미국 간에는 원래 교역량이 그렇게 많지도 않아요. 미국은 원유를 자급하기도 하잖아요. 이미 자국 내에서 원유 공급을 시작했습니다. 앞서 말한 것처럼 셰일가스, 셰일오일이 있으니까요. 즉 미국의 나 홀로 제재가 바로 먹히진 않는다는 얘기입니다.

이란산 원유를 주로 수입하는 나라들이 있습니다. 대표적으로 중국과 인도를 들 수 있고, 우리나라도 일부 수입합니다. 이런 나라들이 제재에 동참할 때 충격이 커지겠지만, 나 홀로 제재만으로는 그렇게 큰 충격은 없다고 볼 수 있습니다. 만약 미국의 제재를 시작으로 여러 나라가 이란 제재에 동참한다면, 국제유가가 배럴당 5~10달러 정도 상승할 것으로 보입니다.

유가 상승이 우리 경제에 미치는 영향

●●●

두 가지 경로가 있습니다.

첫 번째, 경제 성장에 영향을 줄 수 있습니다.

우리나라는 원유를 100퍼센트 수입합니다. 우리나라에서 원유가 나지 않으니 전량 수입해서 정제합니다. 우리나라는 원유를 수입하여 석유 제품을 수출하는 나라예요. 즉 석유 수출국인 거죠.

우리나라는 석유 수입량보다 수출량이 훨씬 많습니다. 원유를 수입하여 고부가가치 석유 제품을 수출하는 구조니까요. 원유 가격은 결국 우리나라의 제조비용이에요.

그런데 국제원유 가격이 올라가면 수입하는 비용이 커지겠죠? 그러면 수입물가가 상승해요. 수입물가가 상승하면 제조물가가 상승하고, 제조물가가 상승하면 완제품의 가격이 상승합니다. 그러면 결국 소비자물가가 상승합니다. 높은 물가 상승이 예견된다는 얘기죠.

앞서 봤듯이, 물건의 가격인 물가가 오르면 소비가 위축될 수 있죠. 그러면 투자도 위축될 수 있습니다. 이렇게 경제 성장에 악영향을 줄 수 있어요. 적정한 물가는 경제 성장에 필요하지만 과도하게 높은 물가는 걸림돌이 될 수 있습니다. 그런 측면에서 한 가지 우려할 점이 있고요.

유가 상승에 따른 흐름

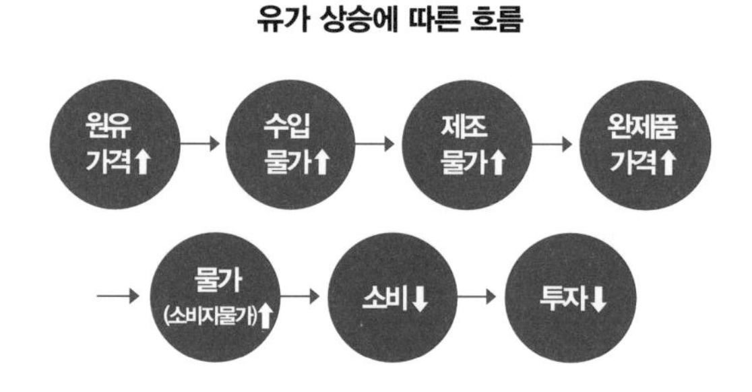

두 번째, 달러 자금이 자국으로 회귀할 수 있어요.

국제유가가 상승하면 일반적으로 달러 가격이 떨어집니다. 반비례 관계에 있어요. 그런데 현재는 달러 강세가 다시 예견되고 있으며, 이미 진행 중입니다.

미국의 기준금리 인상을 비롯해 그 밖의 원/달러 환율에 대한 압력이 가해지고 있어요. 최근 달러화의 가치가 올라가면서 한국에 투자했던 외국인 자금이 미국으로 회귀하는 현상이 벌어지고 있고요.

자금 유출이 단기에 심각하게 이루어지면 어떤 일이 생길까요? 1997~1998년에 겪었던 IMF 외환위기를 다시 겪을 수도 있어요. 현재 우리 국가경제의 구조가 외환위기를 겪을 만큼 취약하지는 않지만, 자금 유출은 기업에 상당한 자금난을 초래할 수 있고, 그것이 한국 경제의 회복에 걸림돌이 될 수도 있습니다. 이런 측면에서도 국제유가의 추이를 눈여겨봐야 합니다.

ECONOMIC ISSUE

미국의 핵협정 탈퇴,
나비 효과 일으키나

•••

미국의 기상학자 에드워드 로렌츠는 대기 현상을 설명하기 위해 기온과 기압, 기압과 풍속 등을 나타내는 방정식을 만들어 컴퓨터 시뮬레이션을 했다.

그런데 이상한 결과가 나타났다. 무시할 수 있을 만큼 작은 수치의 차이가 전혀 엉뚱한 그래프를 그려놓은 것이다. 0.506127 대신 0.506이라고 입력하면 전혀 다른 그래프가 그려졌다. 1961년 당시 로렌츠는 무시할 수 있을 만큼의 작은 변수도 기상 현상에서는 엄청난 변화를 가져온다는 것을 알게 됐다. 브라질에서 나비 한 마리의 날갯짓이 텍사스에 토네이도를 부를 수 있다는 것이다. 이때 탄생한 용어가 나비 효과(butterfly effect)다.

로렌츠의 나비 효과

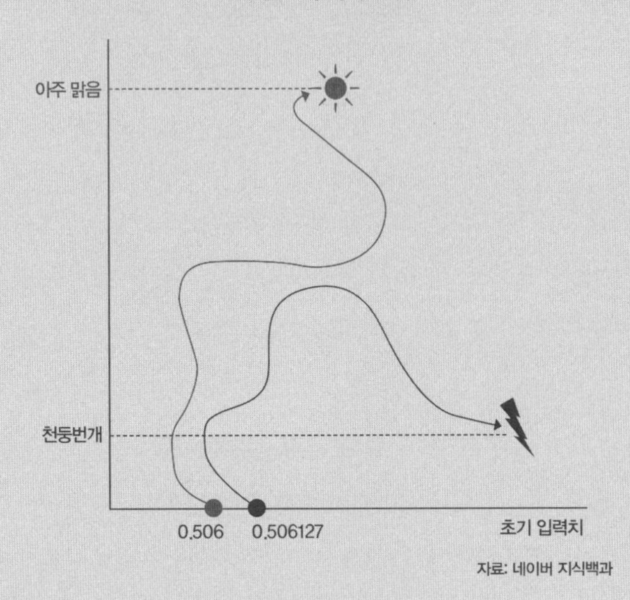

자료: 네이버 지식백과

나비 효과가 일어나고 있다. 트럼프의 핵협정 탈퇴 선언으로 세계 경제가 들썩인다. 주요국의 고위급 회담이 이뤄지고, 굴지의 세계적 기업들이 사업 전략을 변화시키고 있다. 핵협정은 무엇이고, 세계경제에 어떤 영향을 미치며, 우리나라에는 어떻게 토네이도를 몰고 오는지 살펴보자.

이란 핵협정은 유엔 안전보장이사회 상임이사국인 미국, 영국, 프랑스, 중국, 러시아, 독일 등 6개국이 참여해 이란이 핵 프로그램을 중단하는 대가로 서방 국가들이 경제 제재를 일부 풀어주기로 한 협정을 말한다. 트럼프 대통령은 본 협정을 '나쁜 거래'라고 규정하며 2017

년 1월 취임 이후 미국의 핵협정 탈퇴를 수차례 언급해왔다. 급기야 2018년 5월 8일에는 '이란 핵협정 탈퇴'를 공식적으로 선언했다.

이란 제재와 중동 정세 불안

트럼프 행정부의 '이란 핵협정' 탈퇴 선언은 대(對)이란 경제 제재로 이어진다. 물론 곧바로 제재가 시작되지는 않지만, 90~180일의 유예기간을 두고 제재가 재개될 수 있다. 이런 움직임을 놓고 국제유가는 상승하고 있다. 뉴욕상업거래소(NYMEX)에서 6월 인도분 서부 텍사스산 원유(WTI)는 71.49달러에 거래를 마쳤고, 런던 ICE 선물거래소의 7월물 브렌트유는 비슷한 시각 배럴당 79.14달러에 거래됐다(2018년 5월 16일 기준).

국제유가는 2016년 저점을 벗어나 상승세를 지속하고 있다. 이란 제재뿐만 아니라 중동 정세 불안, 미국 재고 감소 등 다양한 이유로 원유 공급이 축소됨에 따라 원유 가격이 상승한 것이다. 가자지구(Gaza Strip)는 중동 지역의 정세 불안이 유혈 사태로 번지고 있는 지역이다. 이스라엘군의 팔레스타인 시위대에 대한 유혈진압으로 60여 명의 사망자와 3,000여 명의 부상자가 발생했다. 8개월짜리 여아가 이스라엘군이 쏜 최루탄에 질식사했다는 언론 보도는 세계 70억 인구의 가슴을 치게 했다.

세계 석유시장은 OPEC(석유수출국기구)가 쥐고 있다고 해도 과언이

국제원유 현물 가격 추이

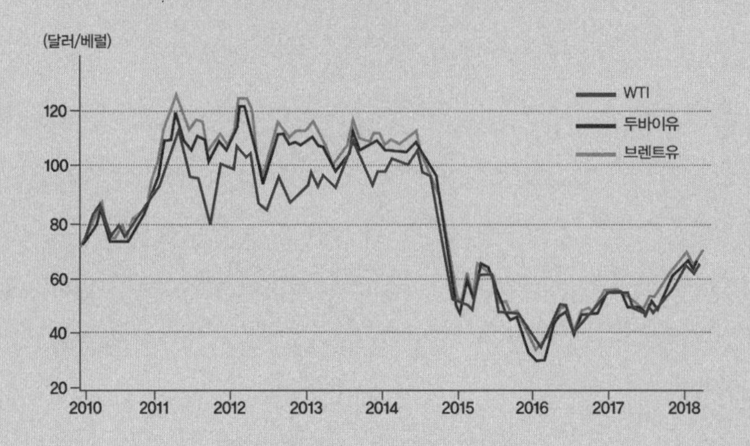

아니다. 세계 석유시장은 OPEC와 Non-OPEC로 나뉜다. OPEC 진영에는 사우디아라비아·베네수엘라·이란 등이 있고, Non-OPEC에는 미국·러시아·브라질 등이 있다. OPEC는 세계 원유 매장량의 약 81.5 퍼센트를 차지한다. 2017년에는 OPEC와 러시아가 석유 감산 합의를 하면서 국제유가가 급등한 바 있다. OPEC가 움직이면 세계 석유시장이 움직인다.

이란은 OPEC 회원국 가운데 세 번째로 원유 생산량이 많은 국가다. 이란산 석유에 대해 수출 제재가 가해지면 글로벌 원유 공급이 줄어들면서 유가가 급등할 것이다. 외신은 이란을 둘러싼 지정학적 리스크 탓에 국제유가 상승세가 당분간 지속될 것으로 내다봤다.

OPEC와 Non-OPEC별 원유 매장량 현황

(단위: 10억 배럴)

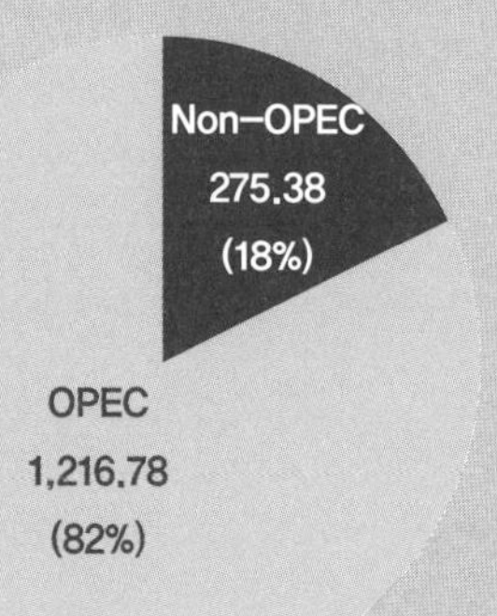

자료: OPEC Annual Statistical Bulletin 2017

OPEC 회원국의 원유 매장량 현황

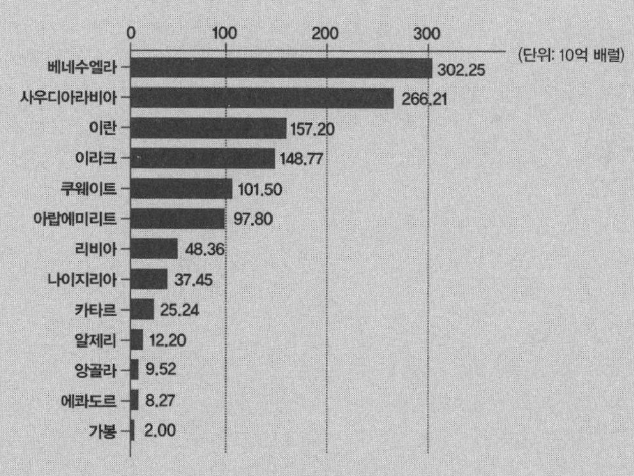

자료: OPEC Annual Statistical Bulletin 2017

정말 궁금한
트럼프의 속마음

—

트럼프의 생각이 궁금하다. 단순히 북미 정상회담을 앞두고 북한을 대신하여 이란에 핵 제재에 대한 의지를 표명한 건 아닐까? 또는 노벨 평화상 후보로서의 독보적(?) 지위를 굳건히 하고자 핵 제재 의지를 세상에 보이고 싶었던 것일까? 국제유가가 상승해야 미국의 셰일오일 수출에 따른 경제적 이익이 더 생길 수 있다고 판단한 것일까? 이런 궁금증은 트럼프가 한국어로 쓰인 '경제 읽어주는 남자'를 매주 읽지 않을 거라는 판단하에서의 '합리적 의심' 아닐까.

트럼프 행정부의 '나 홀로 제재'는 국제적인 동참을 끌어내기 어렵다는 분석도 나온다. 이란과 경제교류를 확대해나가고 있는 다른 국가들이 강력히 반발할 것이기 때문이다. 이란 핵협정에 참여한 7개국 중 하나인 독일은 이란에 대한 수출액이 2013년 20억 달러에서 2017년 35억 달러로 증가했다.

이란과 경제적 교류가 많은 주요 유럽 국가들은 제재를 받아들이기 어렵다. 외신은 이란과 유럽연합(EU)이 핵협정을 지키기 위한 경제보호 계획 개발에 돌입했다고 전하기도 했다. 이란 외무장관과 유럽연합 외교·안보 고위대표 및 독일, 프랑스, 영국의 외무장관은 2018년 5월 16일 회동해 핵협정을 유지하는 방안을 모색했다.

미국은 '세컨더리 보이콧(secondary boycott)'을 시사했다. 제재 대상은 이란이지만 이란과 거래하는 제3국의 기업과 개인도 제재하겠다는 것이다. 이란과 거래하는 기업들의 대규모 철수가 이어질 수 있다. 일례로 프랑스 정유업체 토탈(Total)은 이란 사우스파르스 가스전 개발과 관련하여 모든 사업을 중단하겠다고 밝혔다. 토탈의 자금 조달은 미국 은행들이 90퍼센트 이상을 관여하고 있고, 미국에서 상당히 많은 주주를 보유하고 있다. 그랬기에 미국의 제재를 견디기 어려웠을 것이다. 그 밖에 에어버스, 지멘스, 르노, 폭스바겐 같은 기업들도 이란 사업에 압박을 받고 있는 것으로 나타났다.

한국 경제에 불어온 '나비 효과'

•••

한국과 이란은 우호적 관계를 지속하고 있다. 한국 경제의 성장 배경에도 이란의 역할은 무시할 수 없다. 1973년 오일쇼크 때 한국에 석유를 공급해준 유일한 중동 국가가 이란이다. 이런 뜻에서 1977년 한국의 수도 '서울'과 이란의 수도 '테헤란'이 길 이름 교환 합의서를 체결했다. 아직까지 서울에 있는 유일한 외국의 수도 이름을 딴 도로가 '테헤란로'다. 1970년대 베이비붐 세대는 중동 지역의 건설특수를 통해 소득을 증대시켰고, 석유화학산업 육성을 위해 이란과 외교 관계를 체결했다. 석유 한 방울 나지 않는 한국은 이제 석유 제품의 수출 대국이 됐다. 1962년 한국과 이란이 수교를 맺었고, 2016년에는 정상회담을 통해 경제교류를 더욱 확대했다.

국제유가 상승과 대이란 교역 제재는 한국 경제에 상당한 부담이 된다. 원유 수입 의존도가 높은 한국은 유가 상승에 상대적으로 더 취약하기 때문이다. 한국은 세계 6위 원유 수입국이다. 거의 모든 산업에서 원유를 이용하기 때문에 생산비용이 늘어나는 것이다. 제조업은 물론이거니와 서비스업 종사자들도 교통이나 전기를 이용해야 생산이 가능하다. 대이란 교역 제재는 한국의 대이란 수출에 걸림돌이 될 수 있기 때문에 또 다른 측면에서 부담이 된다. 이란에 수출을 늘려온 기업들이 그 부담을 떠안아야 하는 상황이다.

국제유가 상승은 한국의 물가 상승을 유도한다. 국제유가 상승은 한국의 수입물가 상승을, 수입물가 상승은 생산자물가 상승을, 이어서 소비자물가 상승을 초래한다. 생산자물가와 소비자물가는 변동폭이 달라 직접 비교하기는 어렵지만, 국제유가가 반등한 2016년 이후 생산자물가가 가파르게 상승했다. 소비자물가 또한 0퍼센트대 상승률을 기록하던 2016년의 초저물가 시대를 벗어나 2퍼센트를 향해 상승하고 있다. 물가 상승은 서민에겐 크나큰 부담이다. 물가 상승세만큼 소득이 증가하지 못하기 때문이다.

정부는 원유 수급에 차질이 없도록 에너지 안보 노력을 강화해야 한다. 혼란한 시점에 기업들이 어떻게 대응해야 할지 적절한 가이드라인도 마련해야 한다. 세계적으로 기업들이 이란 철수를 고려하고 있는 상황에서 잘 마련된 대응 정책은 오히려 한국 기업에 기회가 될 수도 있다.

생산구조에서 원유에 대한 의존도가 높은 기업들은 세계기구 등이

물가상승률 추이

자료: 한국은행

발표하는 유가 전망에 관심을 갖고 주요 지표들을 지속적으로 모니터링해야 한다. 이란을 비롯하여 중동 지역과 교역이 많은 기업은 이란 제재 및 중동 불안에 대응해 신시장 개척의 기회를 찾고 수출 대상국을 다변화하기 위해 노력해야 한다.

:: 제 9 강 ::

가계부채

빚 권하는 사회

• • •

여기에 4개의 그림이 있습니다.

첫 번째는 빚 권하는 사회를 의미합니다. 저 역시 빚을 권하는 사람입니다. 빚을 권하지만 '적정한 빚'을 권합니다. 적정하지 않은 빚을 권하지는 않죠.

두 번째 그림은 가계부채에 대한 이야기를 하기 위한 것입니다. 가계부채는 서민의 주거와 밀접히 연결되어 있습니다. 전세자금 마련을 위한 부채가 서민의 부담이 되고 있는 것이지요.

세 번째 그림은 가계부채에서 가장 많은 비중을 차지하는 것이 전세자금대출과 주택담보대출임을 이야기하기 위한 것입니다. 가계부채, 빚이라는 단어는 부동산과 떼려야 뗄 수가 없죠.

마지막 사진은 무엇을 의미할까요? 바로 소비를 제약한다는 의미입니다. 경제와 가계부채의 연관성을 보여주는 가장 중요한 개념이 바로 소비입니다. 그런 의미에서 소비라는 단어를 먼저 짚어보겠습니다.

소비에 영향을 미치는 요소

소비를 결정하거나 영향을 미치는 여러 가지 요소가 있습니다. 가장 중요한 요소가 뭘까요? 가계부채일까요? 아닙니다. 바로 소득입니다. 소득이 소비를 결정하죠. 국가경제의 소득수준이 개선되면 자연스럽게 그 나라 국민의 소비수준도 개선됩니다. 물론 100퍼센트는 아니에요. 그 밖의 여러 요인이 있기 때문이죠.

그럼 소득 말고 무엇이 소비에 영향을 미칠까요?

소득이 없어도 소비를 열심히 하는 사람들이 있어요. 자산가들입니다.

이들은 소득이 있는 게 아니라 자산이 있는 겁니다. 자산도 소비에 영향을 미치는 중요한 변수예요. 둘을 비교하자면 소득은 유량(flow) 변수이고, 자산은 저량(stock) 변수입니다. 유량 변수는 수도꼭지에서 흐르는 물처럼 일정 기간에 흐르는 물의 양을 말하고, 저량 변수는 양동이에 채워진 물처럼 일정 시점에 채워진(누적된) 물의 양을 말합니다. 소득은 매월 발생하는 것이고, 자산은 이미 축적되어 있는 것이잖아요.

소비에 영향을 미치는 요소가 또 있습니다. 바로 부채, 가계부채입니다. 가계부채는 특히 마이너스 영향을 주죠. 가계부채를 짊어지는 순간, 소비 심리가 위축됩니다. 또한 '내가 벌어들인 소득' 중 일부를 원금과 이자로 상환해야 하기 때문에 소득 중에서 지출할 수 있는 규모가 줄어들겠죠. 부채는 그런 식으로 소비에 영향을 줍니다. 즉, 100만 원의 소득이 발생했다고 할 때 20만 원은 원금을 상환하는 데, 10만 원은 이자를 상환하는 데 써야 하기 때문에 소비할 수 있는 규모가 70만 원으로 줄어든다는 겁니다.

중요한 요소 또 하나가 있습니다. 마트에 방울토마토를 사러 갔어요. 평소에는 3,000원이었는데 오늘은 5,000원이라네요. 그렇다면 평소처럼 구매할까요? 아마 구매하지 않기가 더 쉬울 겁니다.

일반적으로 가격은 소비에 영향을 미칩니다. 그러나 거시경제에서는 가격이라고 부르지 않고 물가라고 합니다. 즉, 물가는 소비에 영향을 줍니다. 그 외에도 많이 있어요.

소득에 영향을 미치는 요소

—

이제 한 단계 더 나아가 소득을 결정하는 요소를 보자면, 가장 중요한 변수로 고용이 있습니다. 고용이 개선될 때 소득수준이 올라갑니다.

고용에는 또 두 가지 중요한 변수가 있죠. 하나는 양이에요. 그러니까 취업자가 많아져야 합니다. 다른 하나는 고용의 질입니다. 일자리가 많이 늘어나도 '반쪽짜리 일자리'만 자꾸 늘어나면 소득으로 연결될 가능성이 작죠. 물론 일자리가 아예 없는 것보다 반쪽짜리나마 있는 것이 긍정적인 영향을 주겠지만, 양과 질이 동시에 소득수준을 결정하는 겁니다.

고용이 늘어야 소득이 늘어납니다. 그리고 소비로 연결됩니다. 이 인과관계가 대략 80퍼센트를 차지할 겁니다. 결국 이렇게 해서 소비가 늘면 기업들은 '내가 생산하는 제품에 소비가 느네?'라고 생각하겠죠. 그런 생각이 들면 더 적극적으로 투자합니다.

여기서 투자의 의미는 기계 설비를 추가하거나 공장을 더 짓는 것을 말합니다. 사업 규모를 확대하거나 새로운 사업을 시작하는 것, 그게 투자의 개념이에요. 쉽게 말하면 생산 용량을 늘리는 거죠. 그렇게 투자가 많아지면 자연스럽게 일자리가 늘어납니다. 이것이 또다시 고용에 영향을 미쳐요. 이를 경제의 선순환 구조라고 합니다. 그래서 우리가 고용, 고용하는 겁니다.

이 경제구조 속에서 중요하게 다룰 주제가 바로 가계부채입니다.

"아니, 고용 여건도 개선되고 자산 수준도 느는데 왜 이렇게 소비가 안 늘어?"

경제의 선순환 구조

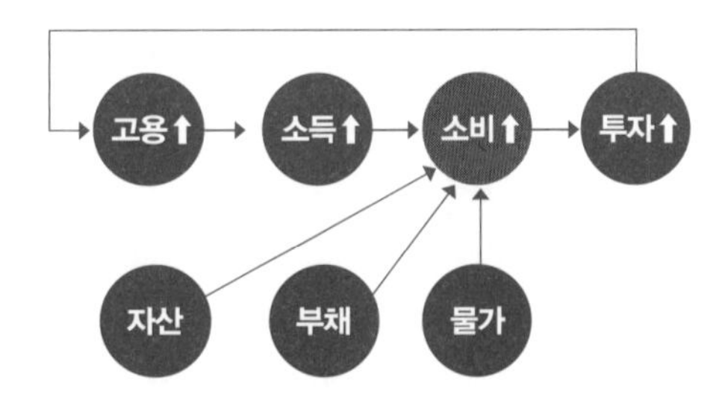

소비 심리를 제약하는 중요한 변수 중 하나가 바로 가계부채이기 때문입니다. 그래서 경제를 이해하는 데 가계부채를 중요하게 고려해야 합니다. 앞서 봤던 4개의 그림 중 신용카드를 묶어놓고 있던 자물쇠 그림이 이제 정확히 이해됐으리라 생각합니다.

가계부채의 파급 경로

•••

내수 부진을 야기하는 여러 가지 원인이 있는데, 그중에서도 특히 걸림돌이 되는 것이 바로 가계부채입니다.

강의를 다니다 보면 가계부채가 왜 이렇게 증가하는지, 늘어난 부채가 경제에 어떤 영향을 미치는지 궁금해하는 사람이 많습니다. 그래서 저는 큰 그림을 그리고 싶었습니다. 어떻게 하면 쉽게 이해할 수 있는 플로 차트를 그릴 수 있을까 고민한 끝에 다음과 같은 그림을 완성했습니다.

"가계부채 현황과 시사점이라는 논고를 통해 발표한 것인데요, 포털에서 검색하거나 국회예산정책처 홈페이지에서 파일을 다운받아 볼 수 있어요.

가계부채가 증가하는 배경에는 크게 세 가지가 있습니다.

가계부채 증가 배경과 파급 효과

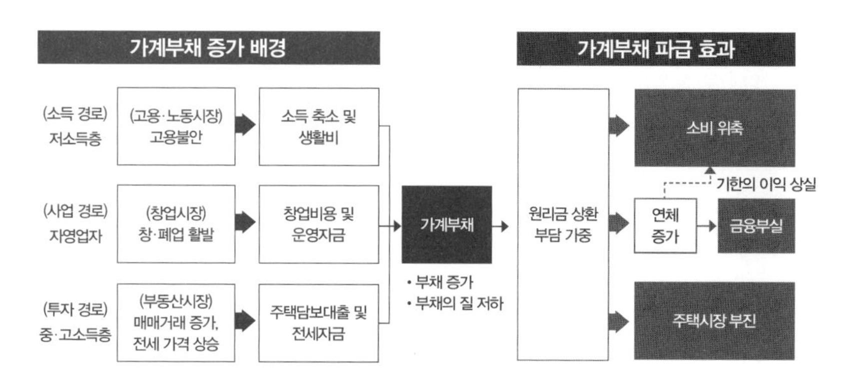

자료: 김광석(2015), "가계부채 현황과 시사점", 국회예산정책처, 예산춘추 VOL.38, pp. 35-42

첫 번째는 소득 경로입니다.

이것은 저소득층의 부채입니다. 저소득층은 노동시장이 불안정하고 근로 조건이 좋지 못하다 보니, 소득이 축소되고 생활비가 부족해집니다. 생활비 마련을 위해서 부채에 의존하죠. 그런 경로가 바로 소득 경로입니다. 이번 달에 생활비가 부족해 빚을 졌는데, 다음 달에는 충분하지 못한 소득으로 원금과 이자를 상환해야 하기 때문에 생활비가 더 부족해지는 겁니다. '부채 악순환의 고리'에 머무는 저소득층을 설명해주는 경로입니다.

두 번째는 사업 경로입니다.

자영업자의 부채입니다. 자영업자의 창·폐업이 활발히 일어나는 시점에는 창업비용이나 운용자금을 마련하기 위해 부채에 의존하죠. 최근 베이비붐 세대의 퇴직이 시작되면서 창업이 활발하게 이루어지고 있습니다. 대부분이 과도하게 밀집되어 있는 치킨집, 빵집, 식당, 호프집 등의 업종으로 창업을 시도합니다. 이미 과밀 상태에서 경쟁하고 있는 업종에 더 큰 경쟁이 유발돼, 결국 경쟁에서 밀려나는 자영업자가 속출하게 되죠.

세 번째는 투자 경로입니다.

주로 중소득층, 고소득층의 부채라고 볼 수 있어요. 특히 부동산시장에서 매매거래가 활발히 일어날 때 주택담보대출 또는 전세자금대출을 받아 생기는 부채입니다. 2018년 이후 가계부채의 증가 속도가 다소 줄어든 이유는 부동산 매매거래가 줄었기 때문입니다.

이렇게 세 가지 경로로 부채가 증가하게 됩니다. 부채가 이렇게 증가하면, 우리 경제에는 어떤 영향이 미칠까요?

우선, 원리금 상환 부담이 가중됩니다. 원리금은 원금과 이자를 말하죠. 부채 규모가 늘어나니 상환해야 하는 원리금 규모가 늘어나고, 상환 부담이 가중되다 보니 소비가 위축되는 겁니다.

그리고 원리금 상환 부담이 가중되다 보면 연체가 증가할 수 있습니다. 연체가 증가한다는 이야기는 결국 못 갚는 사람이 생겨난다는 거죠. 하나의 경제 울타리 안에서 빚을 못 갚는 사람들이 많아지면 금융부실이 발생할 가능성이 커집니다.

마지막으로, 이미 부채에 의존해서 부동산을 매수했기 때문에 앞으로의 부동산시장이 긍정적일 수가 없습니다. 추가적인 부동산 매매가 일어나기 어려운 상황이 되기 때문입니다. 가계부채가 소득보다 너무 빨리 증가했다면 '앞으로 부동산 경기가 좋지 않겠구나'라고 추론할 수 있어요. 미래에 살 부동산을 미리 산 거라고 해석할 수 있는 겁니다.

우리나라 가계부채
안전한가?

•••

'가계부채 얼마 넘었다, 얼마 넘었다'라는 보도가 나올 때마다 당장 무슨 일이라도 일어날 것처럼 세상이 소란스러운데요. 가계부채가 어느 정도일 때 안전한 수준인지 진단해보겠습니다.

가계부채 규모에 대해 그래프를 그릴 때면 매번 놀랍니다. 그림에서 막대그래프가 가계부채를 나타내는데, 그 규모가 줄어든 적이 있나요? 심

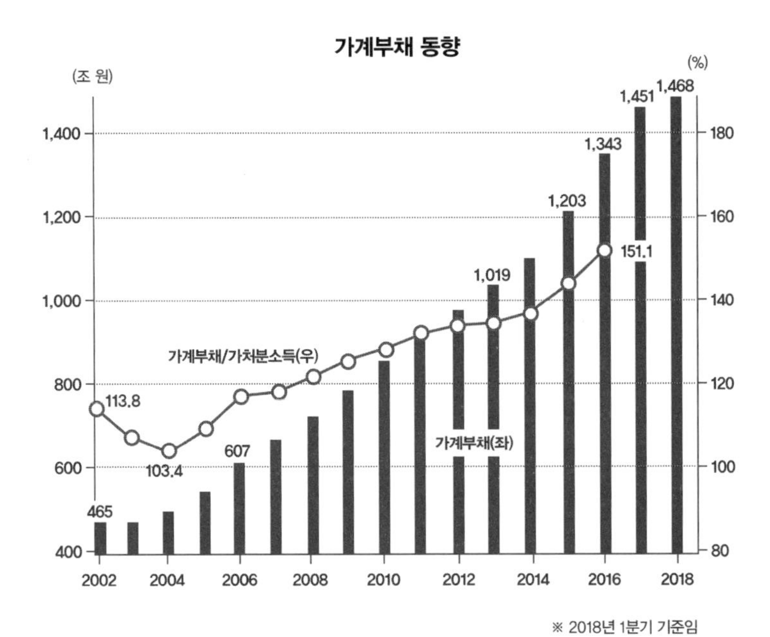

※ 2018년 1분기 기준임

자료: 한국은행(가계신용, 국민계정)

지어는 2008년 글로벌 금융위기 때에도 여전히 늘었어요. 2012년 유럽발 재정위기가 있을 때도 늘었습니다. 가계부채 규모는 줄어든 적이 한 번도 없어요.

가계부채가 2018년 1분기 기준으로 1,468조 원에 다다랐습니다. 2018년 내에 1,500조 원을 돌파하지 않을까 예상될 만큼 현재도 계속 증가하고 있어요. 언론에서는 항상 '가계부채 문제다'라고 떠들어댑니다. 왜냐, 1,000조 원이 넘었으니까요. 그렇지만 1,000조 원을 넘어선 것은 이미 2013년의 일입니다. 저는 그때부터 가계부채 문제를 깊이 연구했습니다. 1,000조 원을 돌파하면 뭔가 문제가 있는 것처럼 자꾸 보도가 됐거든요.

그런데 정말, 문제인가요?

1,100조 원 돌파했어요. 문제인가요?

1,200조 원, 1,300조 원 돌파했어요. 문제인가요?

뭐가 문제인가요?

인구는 증가하지 않나요? GDP는 어떻고요? 나무 숫자도 증가하고, 아파트 숫자도 증가합니다. 어쩌면 돌멩이 숫자도 증가할지 몰라요.

그런데 가계부채는 늘면 안 되나요? 가계부채 규모만 가지고 '늘어나서 문제다'라고 보도하면 기사의 논리가 떨어지는 겁니다.

그러면 뭐가 필요할까요? 가계부채가 느는 만큼 그걸 갚을 수 있는지를 봐야 하는 거죠. 이를 판단하는 데는 여러 가지 기준이 있는데, 가장 흔하게 쓰이는 기준이 '소득 대비 부채'입니다.

물론 인구 대비 부채도 괜찮은 지표일 수 있습니다. 인구가 느는데 가계부채가 더 가파르게 늘거나 인구는 줄어드는데 가계부채만 는다면 문제일 수 있죠.

분모에 자동차 대수를 넣어도 됩니다. GDP를 넣어도 되고요. 경제 규모가 증가하는 속도보다 가계부채의 증가 속도가 더 빠른지를 판단하는 것이 타당하며, 단순히 가계부채 규모만 봐선 안 된다는 겁니다.

지금 보고자 하는 건 소득 대비 부채예요. 분모에 소득을 놓고 분자에 가계부채를 놓습니다. 그 값이 앞의 그래프에 나타낸 회색 선입니다. 그 선이 어떻게 움직이고 있나요? 계속 상승하고 있죠. 이는 소득의 증가 속도보다 가계부채의 증가 속도가 더 빠르다는 겁니다. 소득은 줄어드는데 부채가 그대로이거나 늘어날 때도 그 값이 상승합니다. 반면, 부채의 증가 속도가 소득의 증가 속도보다 느리다면 상승하지 않죠.

이 지표를 이용하면 '소득의 증가 속도보다 부채의 증가 속도가 빠르니 언젠가 못 갚는 부채가 생길 수도 있겠구나!' 하고 예상할 수 있습니다. 다시 말해, '가계부채 규모가 굉장히 빠른 속도로 늘어나고 있구나!'라고 진단할 수 있다는 겁니다.

가계부채 부담 정도를 진단하는 지표, DSR

가계부채 규모를 진단하는 데 매우 유용한 잣대가 하나 있습니다. 바로 DSR(Dept Service Ratio)입니다.

DSR(Debt Service Ratio, 채무상환비율)

$$= \frac{\text{원리금 상환액}}{\text{가처분소득}} \times 100$$

우선 가처분소득을 분모에 두고, 분자에는 원리금 상환액을 둡니다. 그리고 100을 곱합니다. 이게 DSR이에요. 전혀 어렵지 않습니다.

그렇다면 가구의 가처분소득을 어떻게 구할까요? 가처분소득이란 월급쟁이의 경우 '월급 날 통장에 찍히는 돈'이라고 생각하면 편합니다. 어느 일정 기간에 개인이 획득하는 소득과 그가 이를 실제로 자유롭게 소비할 수 있는 소득 간에는 차이가 있습니다. 연봉은 획득하는 소득이요, 통장에 찍히는 돈이 가처분소득입니다. 즉 연봉에서 세금이나 보험료, 대출이자 등을 제외한 소득이 자유롭게 소비(처분)할 수 있는 소득인 겁니다.

가처분소득(Disposable Income)

처분(소비 또는 저축)할 수 있는 소득,

즉 연봉에서 세금과 대출이자 등을 제외한 소득

그 돈을 혼자 번다면 그대로, 맞벌이라면 2명의 가처분소득을 합하세요. 우리 집의 가처분소득이 가령 나 200만 원, 배우자 200만 원이라면 우리 가구의 가처분소득은 400만 원이 됩니다. 이걸 분모에 놓으면 됩니다.

그런 다음 분자에 원금과 이자 상환액을 넣어요. 매월 갚고 있는 원금과 이자 말입니다. 예를 들어 매월 원금 40만 원을 갚고 이자 10만 원을 낸다고 합시다. 그러면 이 둘을 합한 금액인 50만 원이 분자에 놓여요.

원리금 상환액

매월 갚는 원금 + 매월 내는 이자

우리 집 가처분소득이 400만 원이고 매월 원금과 이자 50만 원을 상환한다고 할 때, 채무상환비율을 계산해봅시다.

채무상환비율 계산하기

50/400×100

= 12.5퍼센트

400만 원 중에 50만 원이니까 DSR이 12.5퍼센트로군요. 이게 바로 우리 집 채무상환비율입니다.

이 수치는 부동산에서도 매우 중요합니다. 부동산 대출 규제에도 DSR이 도입됐기 때문입니다. DTI와 LTV 규제를 강화해나가는 과정에서 DSR까지 적용해 대출을 까다롭게 심사하겠다는 겁니다. DSR이 높으면 대출을 안 해주겠다는 뜻이죠. DSR은 채무상환능력을 진단하는 매우 범용화된 지표라고 볼 수 있습니다. 금융권에서는 이 채무상환비율이라는 지표가 40퍼센트를 넘어서면 고위험군으로 분류합니다. 그리고 30~39퍼센트는 위험군, 20~29퍼센트는 안정군으로 분류합니다.

채무상환비율별 분류

40% 이상	고위험군
30~39%	위험군
20~29%	안정군

즉, 빚을 질 때는 채무상환비율이 40퍼센트를 넘지 않게 해야 한다는 얘기입니다. 그래야 빚을 져도 위험하지 않다는 뜻이에요.

지금 빚이 없다면 채무상환비율이 '0'이죠. 거기서 내가 1억 원의 빚을 진다 했을 때 매월 얼마를 상환해야 하는지 따져보면 수치를 쉽게 구할 수 있습니다. 가계의 소득을 분모에 두고 원리금 상환액을 분자에 놓고 100을 곱하면 되니까요. DSR이 40퍼센트를 넘기지 않는 선에서 부채에 의존하는 것이 가계를 안정적으로 운영하는 방법입니다. 물론 이것은 저의 기준이 아니고, 일반적인 금융권에서의 잣대입니다.

정말 시급한 문제는 생계형 부채가 급증한다는 것

•••

247쪽 그래프에서 1분위는 쉽게 말해 하위 20퍼센트 가구, 저소득계층입니다. 5분위는 가장 잘사는 20퍼센트를 말하죠.

1분위 가구의 DSR을 살펴봅시다. 채무상환비율이 60퍼센트가 넘어요. 100만 원 벌어 60만 원을 빚 갚는 데 쓰고 있다는 뜻이니 얼마나 부담이 되겠습니까? 물론 1분위 가구는 부채 규모가 작아요. 생활비 마련을 위한 생계형 부채니까요. 많아야 몇천만 원 수준이죠.

5분위 가구의 부채는 투자형 부채예요. 보통 억 단위로, 부채 규모가 상당히 큽니다. 주택담보대출이 대부분이며, 1,000만 원 벌어 200~300만 원을 빚 갚는 데 씁니다. 고소득층의 부채는 규모는 크지만, 부담이 크지 않아요. 저소득층의 부채와는 구조적으로 매우 다릅니다.

소득 5분위별 채무상환비율 추이

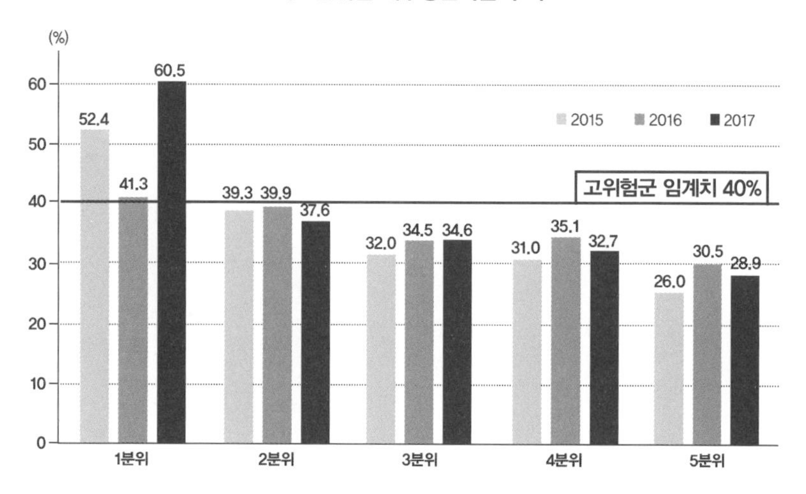

※ 금융부채 보유 가구를 대상으로 각 지표 추계

자료: 통계청 가계금융복지조사

2016~2017년에 부채가 갑자기 엄청나게 늘어났습니다. 채무 상환 부담이 엄청나게 가중된 거예요. 특히 1~2분위 저소득층을 중심으로 채무 상환 부담이 가중됐는데, 이것은 굉장히 중요한 이슈라고 볼 수 있습니다.

금리 부분에서 다뤘듯이, 금리는 2017년 말부터 저점을 지나고 있습니다. 2017년 하반기는 우리나라에서 역대 최저금리 수준이라고 볼 수 있었어요. 그런데 이제 금리가 반등하기 시작했습니다.

특히 변동금리에 의존하는 저소득층의 원리금 상환 부담이 급격히 커지고 있습니다. 고소득층의 대출은 보통 주택담보대출이기 때문에 금리가 높지 않습니다. 그래서 상대적으로 부담이 적을 수 있어요. 많은 경우 1금융권에서 고정금리 방식으로 대출을 받았기 때문에 이자 상환 부담이 크게 늘지 않습니다. 하지만 저소득층은 보통 신용대출을 받는데 신용

수준도 좋지 않아 2금융권, 3금융권까지 갑니다. 그러다 보니 금리 상승에 따른 이자비용 부담이 클 수밖에 없는 겁니다.

그래서 가계부채 규모를 줄이고자 하는 정책보다는 채무상환능력이 현저히 떨어지는 저소득층을 대상으로 채무상환능력을 키우는 방향의 정책이 더 시급하게 요구되는 겁니다.

ECONOMIC ISSUE

부채는 늘고, 소득은 줄고 저소득층의 고충

•••

2018년 들어 한국 경제는 대외적으로 빛나는 일들을 많이 이루어내고 있는 것 같다. 저성장에서 벗어나 3퍼센트대의 경제 회복을 이끌었고, 평창동계올림픽을 성공적으로 개최했으며, 남북 정상회담을 통해 종전과 남북경협 가능성을 세계에 알렸다.

그런데 언론도 정치도 한국 경제의 대외적 성과만을 주목하는 동안 대내적 나라 살림이 외면받은 건 아닐까? 특히 저소득층의 삶에 대한 관심이 다소 부족한 듯하다.

대내 경제 여건을 들여다보자.

늘어만 가는 가계부채

•••

가계부채는 2002년 465조 원에서 2017년 1,451조 원으로 증가했다. 2018년 1분기에는 1,468조 원을 기록했다. 가계의 가처분소득 대비 부채의 비중도 2002년 113.8퍼센트에서 2004년 103.4퍼센트로 하락한 이후에는 줄곧 상승하여 2016년 151.1퍼센트를 기록하고 있다. 가계부채 증가 속도가 소득의 증가 속도보다 빠른 것이다.

가계부채의 증가 속도보다 더욱 주목해야 할 부분은 채무상환능력이다. 즉, 채무를 변제할 수 있는 능력이 충분한가가 중요하다. 아무리 부채가 늘어도 갚을 능력이 충분하다면 문제가 아니기 때문이다. 채무상환능력을 평가하는 보편화된 지표로 채무상환비율(DSR)이 있다. 가처분소득 대비 원리금 상환액을 나타내는 지표로, 개별 가구의 채무불이행 가능성을 판단할 수 있을 뿐만 아니라 개별 가구의 생계부담 정도를 파악할 수 있다는 장점을 지니고 있다. 국제 금융기관들은 통상적으로 채무상환비율이 40퍼센트를 넘는 채무자를 채무불이행 가능성이 큰 '고위험군'으로 분류하며, 한국은행은 '과다채무 가구'로 정의한다.

가계부채의 문제가 저소득층에 집중되고 있다. 저소득층의 채무상환능력이 크게 떨어지고 있기 때문이다. 저소득층에 해당하는 소득 1분위 가구는 채무상환비율이 2017년 60.5퍼센트로, 소득의 60퍼센트 이상을 빚 갚는 데 쓰고 있다. 2016년에는 41.3퍼센트 수준이었으나 엄청나게 상승했고, 채무불이행 가능성이 큰 '고위험군'이 급증했다. 그에 비해 2분위 이상은 채무상환비율이 낮고, 2017년 들어 채무상환비율이 오히려 안정화되는 경향을 보였다.

금리가 상승하기 시작하면서 상환 부담이 더욱 가중되고 있다. 고소득층은 1금융권을 중심으로 주택담보대출 등의 고정금리 대출에 의존하고 있으나, 신용도가 낮은 저소득층은 2금융권을 중심으로 신용대출 등의 변동금리 대출에 의존하고 있다. 금리 상승기에 상환 부담은 저소득층에게 더 크게 체감되고 있다.

소득도
저소득층만 줄어

•••

저소득층에게 이자 상환 부담이 더 심하게 가중되는 상황에서 소득마저 줄고 있다. 2018년 1분기 평균 소득은 2017년 1분기와 비교해도(전년 동기 대비), 2017년 4분기와 비교해도(전기 대비) 늘었다.

평균적으로는 소득이 증가했으나, 저소득층은 감소했고 고소득층은 증가했다. 믿기 어려운 통계여서 여러 차례 분석하고 재검해봤다. 1~5분위의 하위 소득계층은 월평균 소득이 감소했으나, 6~10분위의 상위 소득계층은 증가했다. 전년 동기와 비교해도, 전기와 비교해도 그 현상은 일치했다. 더욱 주목할 만한 점은 1분위 가구인 극빈층은 소득 감소폭이 엄청나게 컸고, 10분위 가구인 '억대 연봉 계층'은 소득 증가폭이 가장 컸다는 점이다.

자세히 살펴보면, 저소득층인 1분위 가구의 2018년 1분기 월평균 소득은 84만 1,203원으로 전년 동기 대비 11만 7,368원 줄었다. 중산층에 가까운 5분위 가구의 소득이 같은 기간 3만 2,279원 줄어든 것에 비하면 얼마나 크게 줄어든 것인지 쉽게 판단이 선다. 반면 10분위 가구는 122만 5,065원이나 늘었다.

소득의 선행변수는 고용이다. 즉, 저소득층의 소득 감소는 일자리 불안에서 비롯된 것이다. 저소득층의 일자리 불안에 영향을 미친 변

소득 10분위별 가구당 월평균 소득 추이

(단위: 원)

	2017 1/4	2017 2/4	2017 3/4	2017 4/4	2018 1/4	전년동기대비	전기대비
전체 평균	4,593,284	4,346,509	4,537,192	4,445,156	4,762,959	169,675	317,803
1분위	958,571	994,891	966,337	1,067,385	841,203	-117,368	-226,182
2분위	1,837,549	1,874,046	1,862,735	1,941,831	1,731,175	-106,374	-210,656
3분위	2,530,820	2,575,254	2,562,685	2,624,880	2,406,564	-124,256	-218,316
4분위	3,140,850	3,146,164	3,148,268	3,199,279	3,039,058	-101,792	-160,221
5분위	3,721,860	3,690,888	3,775,625	3,765,826	3,689,581	-32,279	-76,245
6분위	4,330,089	4,205,722	4,348,164	4,310,972	4,379,817	49,728	68,845
7분위	4,984,437	4,830,309	4,973,795	4,932,953	5,125,591	141,154	192,638
8분위	5,818,919	5,555,982	5,782,799	5,696,558	6,099,272	280,353	402,714
9분위	7,096,999	6,700,774	7,083,488	6,841,298	7,588,038	491,039	746,740
10분위	11,492,400	9,872,360	10,823,870	10,056,619	12,717,465	1,225,065	2,660,846

※ 소득 10분위별 가구랑 가계수지(전국, 2인 이상)

자료: 통계청, 가계동향조사

수는 셀 수 없이 많겠지만, 2017년 이후 있었던 가장 큰 변화인 최저임금 인상을 빼놓을 수 없다. 최저임금은 마땅히 인상해야 하고 저소득층이나 취약계층을 위해, 그리고 소득 양극화 해소를 위해 필요한 정책이라는 점에는 동의한다. 그러나 인상 속도와 방법에 대해서는 더 고민이 필요했던 것이 아닐까?

최저임금 인상에 적용될 만한 근로자는 저소득층일 가능성이 크다. 중·고소득층은 이미 최저임금 이상의 조건으로 근로하고 있기 때문이다. 최저임금을 적용받는 임시·일용 근로자를 고용하는 업체들의 경영 환경을 먼저 이해해보자. 이들의 경영설계 안에는 이미 정해둔 인건비 항목이 있다.

예를 들어, 인건비 항목으로 1,000만 원을 정해두었다고 해보자. 100만 원 근로자 10명을 고용할 수 있다. 이제 최저임금이 인상되어 110만 원의 임금을 제공해야 한다면, 10명이 아니라 9명만 고용할 수 있다. 결국 1명은 직장을 잃고 취약계층으로 전락하고 마는 것이다.

취약 계층을 위한 대책이 절실하다

•••

저소득층을 위한 실질적인 정책 대안이 요구되는 시점이다.

첫째, 가계소득을 확충해야 한다. 공공근로사업이나 사회복지 서비스 등을 대폭 확충하여 저소득층이 근로소득을 통해 생계를 유지하고 대출 원리금을 상환할 수 있는 환경을 조성할 필요가 있다. 근로 능력이 없는 이들에게는 기초노령연금, 조손 가정(만 18세 이하 손주와 65세 이상 조부모로 구성된 가정) 정부보조금 등의 공적 이전지출을 확대하여 사회안전망을 조성해야 한다.

둘째, 재무건전성이 취약한 가구 대상의 금융 지원이 확대되어야 한다. 높은 대출 문턱을 넘기 어려워 고금리 대부업체에 의존하는 가구를 대상으로 서민 금융 지원을 확대하고, 채무불이행 저소득층에 대한 채무 감면 대책과 신용 회복 지원을 통해 자립기반 마련과 생활 안정을 도모하도록 기회를 부여할 필요가 있다.

셋째, 최저임금 인상은 기업들의 고용 규모 축소로 연결될 수 있다는 점을 고려하여, 기업들이 고용 규모를 유지하는 동시에 근로 조건을 개선하는 방향의 고용 정책이 필요하다. 예를 들어, 중소기업들의 신규 채용 시 고용분담금을 지원한다면 근로 여건을 개선함과 동시에 고용 규모를 축소시키지 않아도 될 것이다. 9명만을 위한 근로 조건 개선보다 10명 모두의 고용 안정성이 중요하다.

빚을 정리하는 3가지 기술

•••

어떻게 하면 빚에 현명하게 의존할 수 있을까요? 가계부채에 의존하는 전략적인 접근법을 살펴보겠습니다.

첫 번째, 적정 부채에 의존하세요.

채무상환비율이 30퍼센트를 넘지 않아야 합니다. 만약 현재 부채가 없고, 앞으로 1억 원을 대출받아야 하는 상황이라면 먼저 채무상환비율을 계산해보세요. 자신의 월평균 가처분소득이 얼마인지는 알고 있을 겁니다. 그런데 원리금 상환액이 얼마나 발생할지는 잘 모르니까 은행에 가서 반드시 상담해야 합니다.

보통은 고정금리에 분할상환 방식을 택하라고 이야기할 텐데요. 그러면 월평균 원리금 상환액이 얼마 정도 되는지 예상할 수 있을 겁니다. 즉, 은행 직원에게 매월 원금과 이자를 얼마만큼 상환해야 하는지 반드시 알려달라고 해야 합니다. 그 액수와 자신의 가처분소득을 놓고 채무상환비율을 계산하여 그 비율이 30퍼센트를 넘지 않도록 해야 합니다.

채무상환비율(DSR)이 30퍼센트가 넘지 않도록 하라.

이미 5,000만 원의 부채가 있고 원리금 상환액이 현재 매월 20만 원씩 발생한다고 할 때, 추가로 부채에 의존하려면 앞으로 발생할 원리금 상환액을 반드시 물어봐야 합니다. 그 금액을 더해서 채무상환비율을 다시 계산하면 됩니다. 분모에 들어가는 것은 가구의 소득입니다. 맞벌이 가구라면 두 사람의 소득을 합치는 거죠. 적정부채를 결정하는 데에는 여러 가지 지표가 있지만, 그중에서 가장 쉽고 유용한 지표가 채무상환비율입니다.

두 번째, 대출상품을 현명하게 고르세요.

원리금 상환 방식에는 균등분할상환이 있고 만기일시상환이 있습니다. 예를 들어 10년 만기라고 할 때, 10년 동안 이자만 지급하고 만기에 원금을 다 갚는 것이 만기일시상환 방식입니다. 이런 시나리오는 좋지 않습니다. 빚을 짐과 동시에 이자와 원금을 함께 상환하는 방식, 균등분할상환 방식이 좋습니다. 하루라도 빨리 갚아나가야 한다는 의미입니다. 저만이 아니라 정부에서 추천하는 방식이기도 합니다.

또 중요한 것은 고정금리냐, 변동금리냐입니다. 고정금리는 앞으로 금리가 어떻게 될지 모르니 그 책임과 위험을 은행에 넘기는 겁니다.

반면 변동금리는 그 책임을 내가 진다는 뜻이에요. 두 방식에서 출발점의 금리에는 차이가 있어요. 당연히 변동금리가 더 낮습니다. 왜냐하면 금리 변동의 부담을 소비자가 지는 것이니까요. 안정적으로 대출을 받고자 하는 가구라면, 고정금리가 좋을 겁니다. 매월 갚아야 할 원리금이 얼마나 되는지 미리 알고 있는 것이 중요하니까요.

고정금리가 좋은 또 다른 이유는 지금이 저금리 시점이기 때문입니다. 이 이상 저금리로 가기에는 어려운 상황이라고 생각합니다. 2017년이 우리나라 역사상 최저금리 시점이었다고 봅니다. 앞으로 금리가 상승할 가능성이 크기 때문에 고정금리에 의존하는 것이 더 유리하다는 뜻입니다.

마지막으로, 투자 관점에서 반드시 1금융권에 의존하라는 것입니다. 2금융권까지 가지는 말라는 뜻입니다. 그렇게 해서까지 투자하면 안 됩니다. 자신의 신용과 담보 수준보다 과도한 부채에 의존하다 보니 2금융권으로 가는 것이고, 그러다 보면 상환해야 하는 이자 때문에 부담이 말도 못하게 증가합니다. 그 때문에 부실이 생기는 거예요.

만기일시상환보다는 균등분할상환을 택하라.

변동금리보다 고정금리가 낫다.

세 번째, 어쨌든 최저금리를 사수하세요.

어떻게 사수할 수 있을까요? 우선 전국은행연합회 홈페이지에 들어갑니다. 거기서 '은행업무정보'를 보면, 국내 주요 은행들의 등급별 금리가 다 제시되어 있어요. 국내 은행들의 금리 현황판이라고 할 수 있습니다. 물론 금리는 매일 바뀌니, 자신에게 대출이 필요한 최근 시점에 확인해봐야 합니다.

최저금리를 사수하기 위한 두 번째 지침은 '발품을 팔아라'입니다. 은행을 모두 방문해야 한다는 이야기입니다. 저는 정수기와 공기청정기를 렌탈해서 쓰고 있는데요. 3년간 그 서비스를 이용하기 위해서 한 달에 몇만 원씩 내는 겁니다. 그런데 대출은 10년 만기인 경우가 많죠. 또는 30년 만기도 있고요. 그런 어마어마한 금융상품을 사는데 그냥 은행 한 군데만 가서 결정하면 안 된다는 거예요. 여러 은행을 방문하세요. 어떤 은행은 프로모션 기간이어서 특별히 더 쌀 때가 있습니다. 금융상품을 패키지로 구매할 경우 금리 혜택을 주는 경우도 있습니다. 은행에서 발행하는 신용카드를 이용한다거나 작은 규모의 저축통장을 개설한다거나 할 경우 금리 혜택을 주는 경우도 많습니다. 그래서 발품을 팔아 많은 은행을 방문해 상담해야 한다는 것입니다.

10년짜리, 20년짜리, 30년짜리 금융 서비스를 구매하는 상황입니다. 매달 내야 하는 이자가 어마어마합니다. 은행마다, 지점마다, 또 은행에 아는 사람이 있느냐 없느냐에 따라 다 다르기 때문에 부지런히 발품을 팔아야 합니다.

발품, 손품을 팔아라.

전국은행연합회 홈페이지(www.kfb.or.kr)에서 최저금리를 찾아라.

모든 은행을 방문하라.

:: 제 1 0 강 ::

추경

경제성장률을 믿지 않게 됐다?

●●●

자료: 〈이코노미스트〉

세계경제에, 한국 경제에, 그리고 (나의) 가계경제에 커다란 '물음표'가 있습니다. 앞으로 어떻게 될지 모른다는 거죠. 우리 앞에 놓인 물음표가 클수록 더욱 관심을 가지고 물음표를 줄여나가야 합니다.

이쯤에서 퀴즈를 하나 내볼까요?

근래에 세계적인 경제저널 〈이코노미스트〉는 'Managing ○○○'라는 주제의 발간물을 내놓았습니다.

여기서 ○○○는 무얼까요? 앞에서 이야기한 '물음표'를 약간 유식하게 표현한 단어라고 볼 수 있습니다. 혹시

답할 수 있나요?

정답은 바로 'Uncertainty(불확실성)'입니다. Managing Uncertainty, 즉 불확실성을 관리해야 한다는 이야기죠. 이것은 당신의 가계 또는 당신의 기업이 생존하는 데 중요한 기술이 될 수 있습니다.

자료: 〈이코노미스트〉

그렇다면 불확실성을 어떻게 관리할 것인가.

한 가지 중요한 방법은 미래 경제의 흐름을 먼저 짚어보는 거라고 생각합니다. 그런 의미에서 경제 전망은 매우 중요합니다.

불확실성 관리와 경제 전망

•••

경제 전망을 하는 주요 기관들이 있죠. 정부, 즉 기획재정부도 경제 전망을 하고 정부 산하 기관인 한국개발연구원(KDI)이나 산업연구원(KIET)도 경제 전망을 합니다. 한국은행도 경제 전망을 하고 현대경제연구원, LG경제연구원, 삼정KPMG경제연구원 등 주요 민간 경제연구원들도 경제 전망을 합니다. 불확실성을 줄이기 위해서죠. 경제가 앞으로 어떻게 펼쳐질지를 내다보고 먼저 준비하기 위함입니다.

저도 매년 경제 전망을 하고 있습니다. 경제 전망 시즌에는 관련 부서 연구원들이 한 달가량 모여서 내년 경제에 주요 현안이 될 것들을 짚어 보고, 내년 경제가 어떻게 흘러갈지를 예상합니다.

그런데 언제부턴가 정부가 제시한 경제성장률 전망치를 믿지 않는 경향이 생겼어요. 기획재정부는 우리에게 걷은 세금으로 예산을 편성하고 내년 예산을 계획합니다. 그 밖에 여러 가지 일이 있지만, 예산 관련 업무가 기획재정부의 가장 중요한 일이라 할 수 있습니다.

기획재정부는 매년 경제성장률 전망치를 너무 높게 제시하는 경향이 있습니다. 그 수치가 무려 3퍼센트 이상이니 전망치인지 목표치인지 모르겠습니다.

더 중요한 것은 경제성장률 전망치를 너무 높게, 너무 낙관적으로 제시하다 보니 경제 주체들에게 혼란을 준다는 겁니다. 그 전망치에 의존해서 투자나 소비 등의 의사결정을 하는데 그 의사결정이 혼란스러워지는 거죠.

그런데 실제로 경제 전망을 했던 그 시점에 다가서면 계속 전망치를 하향조정합니다. 예를 들어, 2018년 10월에 2019년 경제성장률 전망치를 발표한다고 가정하겠습니다. 아주 낙관적인 전망치를 제시해놓고는 2019년 5월쯤 되면 하향조정하는 것입니다.

이뿐만이 아닙니다. 여기서 더 중요한 문제점은 경제성장률 전망치를 낙관적으로 제시함으로써 예산이 소극적으로 편성된다는 데 있습니다. 왜냐하면 경기가 좋다고 전망했으니까 또는 회복된다고 전망했으니까 경기 회복을 위해 정부지출을 과하게 계획할 필요가 없기 때문이지요.

하지만 어느 정도 경제성장률을 보일 것으로 예상됐던 시기에 가서는 성장률이 그에 미치지 못하는 거예요.

그러다 보니 이제 추경(追更, 추가경정예산)을 하겠다고 합니다. 즉, 예산을 확대 편성하겠다는 겁니다. '추경'이라는 단어가 낯설 수도 있는데요, 잠시 경제정책을 살펴볼까요?

추경이 해마다 되풀이되는 이유

•••

앞의 '기준금리' 편에서 경제정책을 소개했는데, 그 자료를 다시 한번 참고하겠습니다. 다음 표를 봅시다.

경기부양책의 종류

경기부양책	세부 정책
통화정책	기준금리
	양적완화
	지급준비율
재정정책	조세정책
	재정지출정책

경기를 부양하기 위해 할 수 있는 경제정책에는 크게 통화정책과 재정

정책이 있습니다. 통화정책에 관해서는 앞에서 자세하게 알아봤기 때문에, 여기서는 재정정책에 집중하겠습니다.

재정정책은 다시 조세정책과 재정지출정책으로 나뉩니다. 쉽게 말해, 세금을 어떻게 거둘지와 세금을 어떻게 쓸지에 초점을 두는 것입니다.

세금을 일종의 '회비'라고 볼 수 있습니다. 동호회를 운영할 때 동호회 구성원들이 '공평정당'하게 회비를 내도록 운영진이 회비를 걷는 것과 마찬가지예요.

세금은 '회비'다.

'공평정당'한 방법에는 여러 가지가 있을 겁니다. 모두가 똑같이 1만 원씩 내는 방법, 소득이 많은 회원이 더 많이 내는 방법, 가끔 오는 사람보다 동호회 활동이 많은 사람이 회비를 더 내는 방법 등 동호회의 여건에 맞게 정할 것입니다. 운영진은 공평정당하게 회비를 걷는 방법을 정하고, 회비 지출 내역을 회원들에게 투명하게 공개하는 등의 역할을 수행할 것입니다. '모인 회비를 앞으로 이렇게 지출하겠다' 하고 설명하는 자리를 갖기도 합니다.

여기서 동호회는 국가이고, 회원은 국민이며, 운영진은 정부입니다. 그리고 회비는 세금인 겁니다. 기획재정부가 "현재의 경제적 여건이 이러하니, 내년에는 이만큼 예산을 지출하겠습니다. 경제에서 고장 난 부분이 이런 곳이니, 이 부분에 더 많은 예산을 지출하겠습니다"라고 내년 예산 지출 계획을 발표합니다. 여기서 현재의 경제적 여건을 잘못 진단하면 다음 해 예산 지출 계획도 잘못되겠지요? 이때 추경을 하는 것입니다. 현재의 경제적 여건을 잘못 진단해서 예산 지출 계획이 잘못됐을 때 말입니다.

추경의 사전적 정의는 다음과 같습니다. '추경(추가경정예산)이란 용도가 정해진 국가의 예산이 이미 실행 단계에 들어간 뒤에 부득이하게 필요하고 불가결한 경비가 발생했을 때 정부가 예산을 추가 변경하여 국회에 제출하고 의결을 거쳐 집행하는 예산이다.'

추경의 사전적 정의

국가 예산의 실행 단계에서 부득이하게 발생한 경비를 추가 편성하는 것

사전적 정의에 따르면, 예기치 못한 지출 요인이 발생했거나 부득이한 상황에서 추경이 필요한 것입니다. 그런데 추경이 너무 자주 편성되고 있습니다. 마치 정책을 시행하는 데 의당 거쳐야 하는 단계인 양 반복되고 있어요. 추경은 2000년 이후 5개 연도를 제외하고 매년 실시됐습니다. 추경은 정책이 아닙니다. 추경을 하는 이유는 예산 편성, 예산 계획의 실패 때문이죠. 그런 실패를 되풀이하지 않으려면 경제성장률을 객관적으로 제시해야 합니다.

잘못된 것은 잘못된 것이고, 우리가 경제를 이해하고자 할 때 추경이 무엇인지는 알고 있어야 합니다. 특히 추경이 편성될 때 어느 분야에 집중되는지를 살펴보면, 경제의 흐름을 이해하는 데 상당한 도움이 될 것입니다.

ECONOMIC ISSUE

낙관적인 경제 전망과 예견된 추경

●●●

과도하게 포장된 말에 혹해 물건을 구매해본 적이 있을 것이다. 값싸고 좋은 제품이라 생각하고 구매했지만, 금세 못 쓰게 되기도 한다. 차라리 나쁜 제품임을 알고 구매했다면 기대 없이 나름 기분 좋게 사용했을 텐데, 좋은 제품이라 생각하고 구매했다가 나쁜 제품임을 알게 되면 속도 터치고 배신감만 가득하게 된다.

정부의 낙관적인 경제 전망은 기업과 가계의 마음을 투자로 유인한다. 정부의 전망은 경제 주체의 안내판이 되기 때문이다. 경제가 회복될 것이란 믿음으로 경제 주체들은 적극적인 투자와 소비를 하게 된다. 그런데 그해 중후반이 되면 정부는 경제성장률 전망치를 하향조정한다. 처음부터 나쁜 전망을 제시했다면 기업들이 그에 맞게 투자 의사결정을 하고, 가계도 그에 맞게 지출 및 투자 의사결정을 했을 것이다. 하지만 잘못된 안내를 받았던 경제 주체들은 갔던 길만큼 다시 돌아와야 한다. 그러고 나면 다음엔 어디로 가야 할지 답답하기만 하다.

정부의 낙관적인 경제 전망

—

경제를 전망하는 기구에는 정부(기획재정부)와 주요 연구기관들이 있다. 이 중에서 기획재정부는 특히 경제를 전망하고 적절한 예산을 기획·편성하도록 만든 정부부처다. 즉, 기획재정부는 그 본연의 역할을 하도록 국민이 만들고, 국민의 세금으로 운영되는 기관인 것이다.

내가 연구라는 일에 종사한 이후로 정부의 경제 전망은 늘 낙관적이었다. 경제성장률이라 함은 전년도에 비해 다음 해의 경제 규모, 즉 GDP가 얼마나 늘었는지를 보여주는 지표이고, 경제 전망이란 이 경

국내 주요 기관의 2018년 경제성장률 전망치 현황

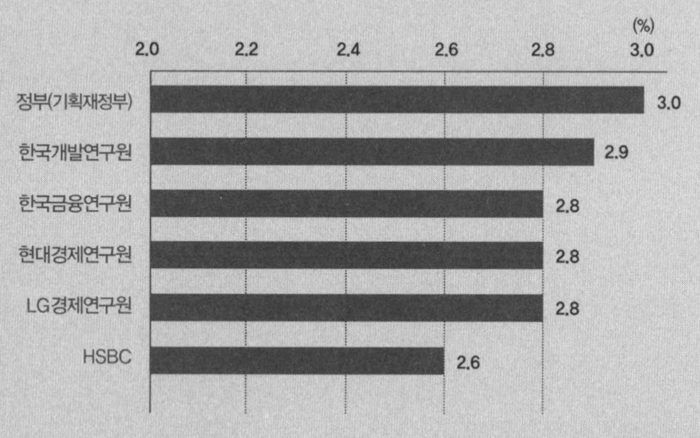

※ 각 기관의 최근 전망치 또는 수정 전망치 반영

자료: 각 기관

제성장률을 예측하는 것이다. 앞에 제시한 그래프에서 정부의 2018년 경제 전망을 다른 기관들의 전망치와 비교해봐도 확연히 낙관적임을 알 수 있다. 과거에도 그랬다. 예를 들어, 이전 정부는 2016년 경제성장률 전망치를 2015년 12월에는 3.1퍼센트로 전망했으나, 2016년 6월 들어 2.8퍼센트로 하향조정했다. 당시 주요 기관들은 2.5퍼센트 이하로 전망했다.

정부의 경제 전망은 예산 편성의 기초가 된다. 경제 전망이 비관적이면, 예산 편성은 당연히 적극적인 방향으로 이뤄진다. 올겨울에 강추위가 오리라고 예상한다면 따뜻한 옷을 준비하기 마련이다. 반대로 정부의 낙관적인 경제 전망은 예산 편성을 소극적이게 한다. 올겨울은 춥지 않다고 하니 굳이 방한 준비를 할 필요가 없는 것이다.

고장 난 경제를 고치기 위해서 쓸 만한 도구에는 크게 통화정책과 재정정책이 있다. 예산 편성은 재정정책에 해당한다. 그런데 경제를 낙관적으로 전망하다 보면, 재정정책이 상대적으로 소극적이게 된다. 연초에는 경제를 낙관적으로 봤으나, 실제 연중에는 '이미 예상했던' 위협요인들이 나타나 전망치를 하향조정한다. 이제 경제를 살리기 위해 부랴부랴 추경을 편성한다. 매년 되풀이되는 일이다. 2000년 이래로 추경은 5개 연도를 제외하고 매년 실시됐다.

추경 편성은 곧 예산 계획의 실패

—

'추경 없는 예산 계획'이 필요하다. 추경은 국가 예산의 실행 단계에서

연도별 추경 편성 규모

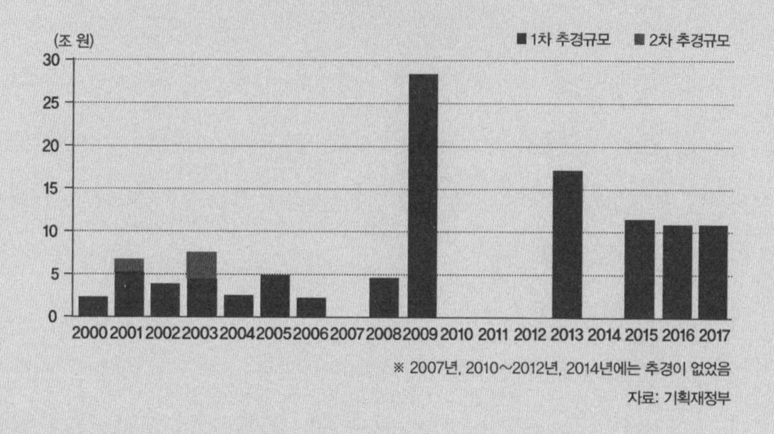

※ 2007년, 2010~2012년, 2014년에는 추경이 없었음

자료: 기획재정부

부득이하게 발생한 경비를 뜻한다. 즉, '이미 예상했던' 위협요인이 발생했을 때가 아니라 '전혀 예상치 못했던' 외부요인이 발생했을 때 편성하는 것이다. 물론 국민은 정부가 '전혀 예상치 못했던' 일들이 없는 전지적 능력을 갖추길 바라지만, 1997년 IMF 외환위기나 2008년 글로벌 금융위기 등과 같이 상당히 예외적인 일들이 있을 수 있다. 이런 예외적인 상황에서 추경이 필요한 것이다.

다시 말해, 추경 편성은 예산 계획이 실패했음을 드러내는 일이다. 추경이 반복되는 이유는 항상 경제를 낙관적으로 전망하고, 예산을 소극적으로 편성하기 때문이다. 예상 가능한 대내외 불안요인들이 충분히 반영된 객관적인 경제 전망이 요구된다. 소극적 예산안은 불안요인들이 현실화됐을 때 준비할 여력이 없기 때문에 추경이 필요해진다. 객관적인 경제 전망과 합리적인 예산 계획만이 추경을 반복하지 않게 할 것이다.

2018년
'일자리 추경'

•••

정부는 청년 일자리 대책을 위한 추경 예산안을 2018년 4월 국회에 제출했다. 현재 추경 예산안은 국회를 통과했고, 정부는 추가로 편성된 예산을 활용해 다양한 사업(주로 일자리 관련 사업)을 추진하고 있다.

추경은 '거의 매년' 실시되어왔기 때문에 이에 대한 의견은 어디까지나 정치적 색깔이 아니다. 청년 일자리 문제는 이미 지속적으로 예견해온 일이기 때문에 2018년 예산에 미리 반영되지 못한 것에 대한 아쉬움이 있다는 것이다. 이런 아쉬움이 있음에도 고용 동향을 보면 일자리 문제의 심각성을 알기에 추경이 필요하다는 판단에 동의하게 된다.

즉 왜 물을 엎질렀는지에 대한 지적이지, 엎지른 물을 닦지 말아야 한다는 뜻은 아니다. 물은 이미 엎질러졌으니, 바닥을 닦아야 하는 상황이다.

2013년 이후로 실업률은 상승세를 보이고 있다. 2013년 3.1퍼센트에서 2017년 3.7퍼센트로 상승했다. 그런데 청년 실업률은 같은 기간 8.0퍼센트에서 9.8퍼센트로 상승했다. 전체 인구의 실업률도 악화되고 있지만, 청년 실업률은 너무도 심각하다. 2018년 상반기에도 이런 추세가 나아지지 않고 있다.

2018년에는 고용시장에 불리한 요인들이 많다. 금리가 상승하면 기업들의 투자가 위축되기 때문에 신규 일자리 창출이 어려워진다.

전체 실업률과 청년 실업률 추이

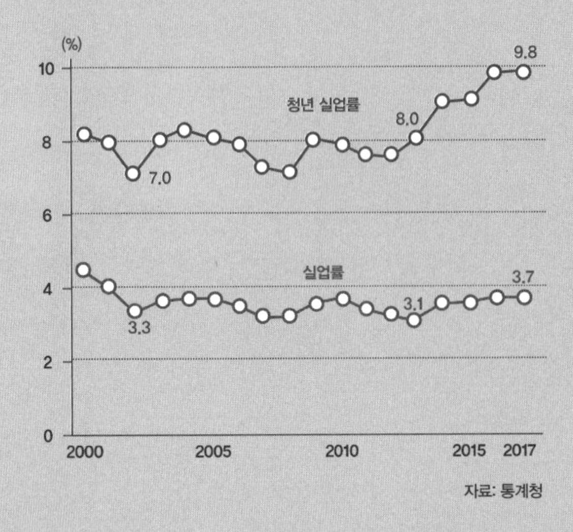

자료: 통계청

주요 산업들이 구조조정을 본격화하고 있어 인력 수요가 줄어들 것으로 전망된다.

각국의 보호무역주의 확산으로 수출 기업들의 활로가 좁아지고 생산량이 줄어들어 생산과 유통 인력을 축소해나갈 것으로 보인다. 이런 여건하에서 어떤 대책이든 마련해 청년 일자리를 마련해야 하는 상황인 것이다.

우리가 찾아가야 할 길

•••

잘못된 안내판을 보고도, 길은 맞게 찾아가야 한다.

먼저, 구직 중인 청년들은 정부가 마련한 일자리 대책을 충분히 숙지하고 취업의 기회를 잡도록 해야 한다. 중소기업들의 근로 조건을 개선하고, 해외 취업 기회를 확대하며, 창업을 지원하는 등 다양한 정책적 지원이 있다. 청년들은 자신에게 적합한 기회들을 탐색하고 준비해야 한다.

둘째, 중소기업들은 일자리 대책과 추경 편성에 포함되어 있는 세제 혜택 등의 기회를 적극적으로 활용해야 한다. 특히 인재 영입에 어려움을 겪고 있는 기업들은 정책적 지원을 통해 근로 조건을 개선할 방안을 마련해야 한다.

마지막으로, 모든 가계와 기업은 잘못된 안내판을 구분해내는 훈련을 해야 한다. 정부의 경제 전망과 주요 연구기관의 전망치에 고루 관심을 가지고, 객관적인 안내판을 찾아내야 한다. 이를 바탕으로 스스로 객관적인 경제 전망을 하고, 합리적인 투자 및 소비 의사결정을 해야 한다.

:: 제 1 1 강 ::

실업률

고용률과 실업률

• • •

우리나라 실업률이 얼마나 될까요? 꼭 스스로 답변한 다음, 이어서 읽기 바랍니다. 다시 질문하겠습니다. 실업률이 몇 퍼센트일까요?

주변에서 '일자리가 문제다. 청년 실업이 문제다'라는 이야기를 많이 합니다. 그런데 실업률이 얼마나 되느냐고 물으면 제대로 대답하지 못합니다. 보통 20퍼센트나 30퍼센트라는 답변이 돌아와요. 역으로 고용률에 대한 질문을 던지면 대략 60퍼센트라고 답합니다. 그럼 실업률이 40퍼센트여야 맞는 것 아닌가요?

2017년, 2018년에 이어서 고용절벽 현상이 지속되고 있습니다. 2019년에는 더 악화될 것입니다. 그렇다면 그 현상을 올바로 이해할 필요가 있겠지요?

OX 퀴즈입니다. 다음 문장이 맞으면 ○, 틀리면 ×라고 답해주세요.

'고용률도 오르고 실업률도 오른다.'

많은 이들이 ×를 선택합니다. 그러나 정답은 ○입니다. 이런 일이 가능할까요? 보통은 '상식적으로 일단 불가능'하다고 생각할 겁니다. 듣기에 불편하겠지만, '고용에 대한 상식'이 아직 채워지지 않았기 때문입니다. 지금부터 고용에 관한 모든 것을 정리해봅시다.

경제 읽어주는 남자로서 고용에 관한 이야기를 하다 보면 얼마나 속상한지 모릅니다. 저조차도 '무책임한 위로'를 전하고 있다는 생각에 마음이 무거워집니다. 이 책의 독자 중에는 청년 취업준비생도 있을 겁니다. 그들에게 지금의 상황을 있는 그대로 이야기하는 게 한편으로는 속상하고, 또 한편으로는 사회 선배로서 이런 사회를 만들어놓은 데 미안한 마음도 많이 듭니다. 그래서 더더욱 지금 현상을 최대한 잘 읽어드리려고 합니다.

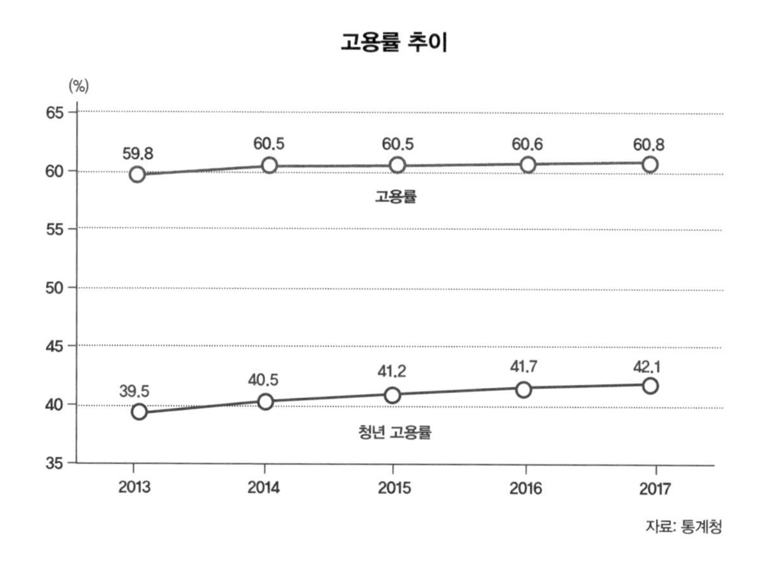

앞 페이지의 그래프는 고용률 추이를 나타냅니다. 연간 고용률이 어떻습니까? 오르고 있지요. 청년 고용률도 오르고 있습니다.

다음 그래프를 봅시다.

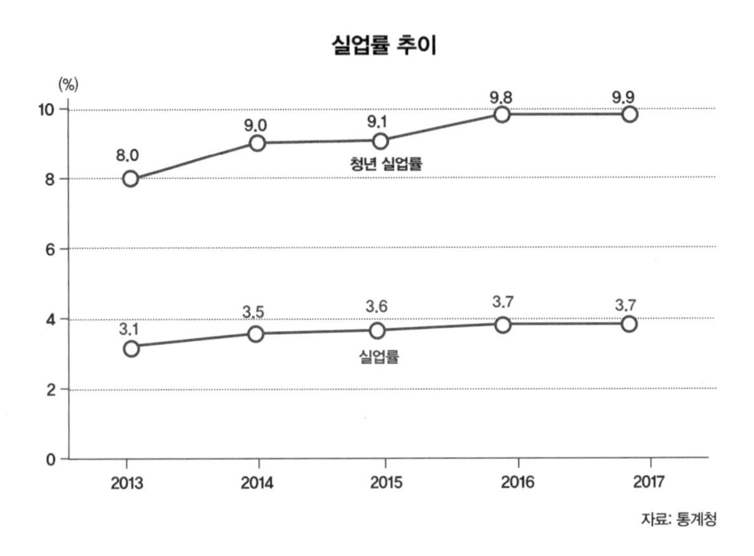

실업률도 오르고 있죠? 청년 실업률도 가파르게 오르고 있습니다. 이건 팩트입니다. 정리해보면, 고용률도 오르고 실업률도 오르고 있습니다. 고용률과 실업률이 함께 오르다니, 이게 정말 가능한 일일까요?

답은 '가능하다'입니다.

이런 일이 불가능하다고 생각하는 사람이 대부분일 겁니다. 그 이유는 실업률에 대한 정의, 실업자에 대한 정의가 아직 개념화되지 않았기 때문입니다. 먼저, 고용에 대해 정리해봅시다.

고용의 큰 그림을 이해하자

•••

생산가능인구부터 시작합시다. 생산가능인구의 정의는 간단합니다. 만 15세 이상이면 다 생산가능인구로 봅니다.

생산가능인구는 크게 두 갈래로 나눌 수 있습니다. 경제활동인구와 비경제활동인구입니다.

경제활동인구는 또 두 갈래로 나뉩니다. 바로 취업자와 실업자입니다.

비경제활동인구는 여러 유형으로 쪼개지는데 대표적인 것이 주부, 학생입니다. 그리고 '쉬었음' 인구, 취업준비자, 구직단념자, 취업무관심자가 있어요. 여기서 '쉬었음' 인구는 뚜렷한 이유 없이 구직 활동을 하지 않은 사람들을 의미는 통계청 공식 용어입니다.

취업자는 크게 두 가지로 구분하는데, 임금근로자와 비임금근로자입니다.

비임금근로자를 자영업자라고 부릅니다. 자영업자를 영어로 'self-employment'라고 표현합니다. 즉, 스스로 취업한 사람을 의미하는 거지요. 다시 말해, 봉급을 받는 것이 아니라 자신에게 봉급을 주는 사람인 것입니다.

비임금근로자(자영업자)를 또 세 가지로 구분하는데요. 고용주, 자영자, 무급가족종사자입니다.

가령 남편이 치킨집을 하는데 부인이 가게를 돕는다면, 여기서 부인은 무급가족종사자에 해당합니다. 그렇다면 이 사람을 취업자로 봐야 할까요, 실업자로 봐야 할까요? 이 경우에는 취업자로 보고 있습니다. OECD 기준으로 무급가족종사자 역시 자영업자에 포함시킵니다. 우리나라 자영업자 비중이 높다는 이야기가 나오는데요. 25퍼센트 정도가 자영업자이고, 여기에는 무급가족종사자가 포함됩니다.

자영업자 중 직원을 1명이라도 데리고 일하면 고용주라고 분류합니다. 하지만 말 그대로 '나 혼자 일한다'라고 하면 자영자예요. 고용주와 자영자는 고용원이 있는 사람과 없는 사람으로 구별됩니다.

임금근로자는 '봉급생활자'를 가리키는데, 종사상 지위에 따라 세 가지로 구분됩니다. 상용 근로자, 임시 근로자, 일용 근로자입니다.

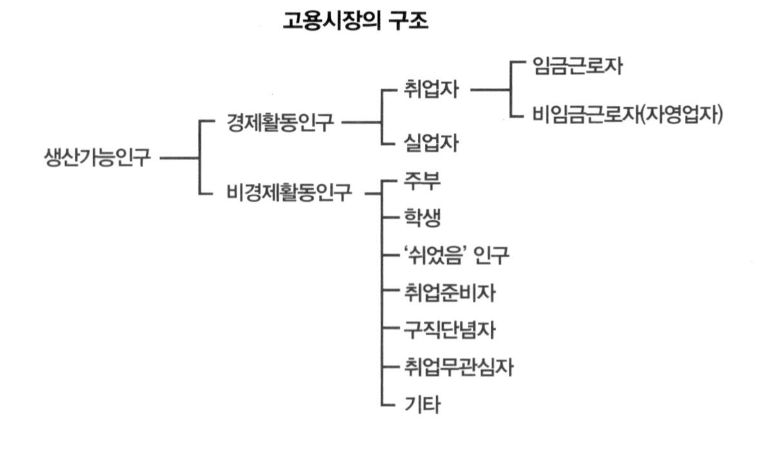

고용률과 실업률이 둘 다 오르는 이유

•••

이 정도면 고용의 큰 그림을 웬만큼 그려본 것 같네요. 복잡하게 다양한 정의를 나열했지만, 앞서 제시한 '고용시장의 구조'를 머릿속에 떠올리면서 살펴보면 도움이 될 것입니다.

우리나라의 전체 인구가 5,000만 명이라면 그중 4,400만 명이 생산가능인구입니다. 생산가능인구로 분류되는 만 15세 이상이 4,400만이니까 만 15세 미만은 약 600만 명이겠죠.

15세 이상 인구 중 경제활동인구는 약 2,800만 명입니다. 그럼 남은 1,600만 명이 비경제활동인구가 되겠죠.

경제활동인구 중에서 취업자는 약 2,700만 명, 실업자는 대략 112만 명입니다. 정확한 숫자는 아니지만 거의 그 정도라고 보면 됩니다.

고용률의 계산

$$\text{고용률(\%)} = \frac{\text{취업자}}{\text{생산가능인구}} \times 100$$

여기서 중요한 것은 고용률과 실업률을 계산하는 방식입니다. 고용률의 분모에는 생산가능인구, 즉 15세 이상 인구가 들어갑니다. 그리고 분자에는 취업자가 들어가지요. 실업률의 분모에는 생산가능인구가 아니라 경제활동인구가 들어갑니다. 그리고 분자에는 실업자가 들어갑니다.

실업률의 계산

$$\text{실업률(\%)} = \frac{\text{실업자}}{\text{경제활동인구}} \times 100$$

고용률과 실업률이 둘 다 오를 수 있는 근본적인 이유 중 하나는, 이처럼 분모가 다르기 때문입니다. 취업자와 실업자를 정의해볼까요? 우리나라 통계청은 매월 15일이 포함되어 있는 주간에 약 3,000가구를 방문해 만 15세 이상을 직접 조사하면서 이렇게 묻습니다.

"당신은 일주일 동안 생계 또는 수입을 위해서 1시간이라도 일했습니까?"

그에 대한 대답이 "네"라면 그 사람은 취업자로 분류됩니다. 쉽게 말해 일주일에 1시간만 수입을 목적으로 일했다면 취업자인 겁니다.

취업자가 되는 건 굉장히 쉬워요. 하지만 실업자가 되는 건 굉장히 어렵습니다.

실업자가 되기는 어렵다, 어딘가 논리가 꼬인 것 같죠?

일단 실업자가 되려면 통계청에서 조사를 하는 그 일주일 동안 적극적인 취업준비를 하고 있어야만 해요. 회사에 구직 전화를 한다든가 이력서를 냈다든가 해야만 실업자가 됩니다. 더욱이 일자리가 주어지면 즉시 일할 능력과 여건이 되어야 합니다. 그래야만 실업자예요.

실업자는 ① 현재 일을 하지 않는 상태이고, ② 일이 주어지면 일을 할 수 있고, ③ 지난 4주간 적극적인 구직활동을 한 사람입니다. 일을 하지 않는 상태이고 일을 희망하고 일이 주어지면 할 수 있지만, 지난 4주간 구직활동을 하지 않아 실업자 조건에 부합하지 않는 사람이 상당합니다. 이들은 비경제활동인구에 속하게 됩니다.

앞의 세 가지 조건을 충족해야만 실업자로 분류될 수 있습니다. 그러니 실업자 되기 어렵다는 말, 충분히 이해되지 않나요? 많은 사람이 실업률을 20~30퍼센트로 생각하는 이유는 방금 이야기한 사람들을 실업자의 범주에 넣기 때문입니다. 이때는 실업률보다는 체감실업률이라는 용어를 사용하는 것이 더욱 적합합니다.

통계상 실업률과 체감실업률이 차이 나는 이유

•••

체감실업률을 계산할 때는 분자에 취업준비자, 구직단념자, 취업무관심자까지 넣습니다. 체감실업률과 실제 실업률은 그래서 차이가 있는 겁니다.

체감실업률의 계산

$$\text{체감실업률(\%)} = \frac{\text{실업자} + (\text{취업준비자} + \text{구직단념자} + \text{취업무관심자}\cdots)}{\text{경제활동인구}}$$

통계청에서 정의하는 실업자의 범주에 들어가기는 매우 어렵습니다. 예를 들어 구직을 단념했다면 실업자가 아닙니다. 취업에 무관심한 사람이나 취업준비자도 포함되지 않습니다. 왜냐하면 오직 통계청이 조사하는 그 일주일 동안에 그런 액션을 취했어야만 실업자로 분류되기 때문입니다.

취업준비와 관련된 활동이 아닌 고시 공부나 토익 공부를 하고 있는 취업준비자, 특히 그 사람이 학생이라면 비경제활동인구로 분류되어 실업률에 포함되지 않습니다. 만약 대학교를 졸업한 청년이 계속 취업이 안되어 아르바이트를 시작했다면 '취업자'가 됩니다. 체감적으로는 실업자이지만, 정의상 취업자입니다. 체감실업자에 해당하는 수많은 사람이 비경제활동인구나 취업자에 속한다는 거죠.

다시 한번 생각해봅시다. 고용률이 오르는데 실업률도 오른다는 게 가능한가요? 취업자가 느는데 동시에 실업자도 늘어요. 지금까지 살펴봤듯이, 각각 느는 겁니다. 비경제활동인구가 취업자 또는 실업자로 전환되면서, 고용률과 실업률이 둘 다 상승할 수 있습니다. 실업률은 분모에 해당하는 경제활동인구가 줄어들어도 상승합니다. 고용률과 실업률이 분모가 경제활동인구로 같다면, 같이 상승할 수도 없고 합해서 100이 되겠지요. 하지만 분모가 다르기 때문에 같이 오르기도 하고 같이 떨어지기도 하는 겁니다.

취업자가 늘어나면 경제활동인구가 줄어들 수도 있어요. 취업자나 실업자 중 일부, 특히 취업자가 비경제활동인구가 될 수 있거든요. 그러면 경제활동인구가 줄죠. 그럼 실업률이 올라갈 수 있습니다. 취업자도 늘고 실업자도 같이 늘 수 있어요.

정리하자면, 고용률과 실업률이 같이 늘어날 수 있는데 그 이유는 '분모가 다르기 때문'이라는 겁니다. '실업률+고용률 = 100'이라고 생각하는 경향이 있는데 사실 그게 아니라는 거죠.

실업률 + 고용률 ≠ 100

2017년 실업률은 3.7퍼센트 정도였습니다. 같은 해 고용률은 60.8퍼센트였어요. 이 둘을 더해도 100이 되지 않습니다. 두 수치를 아무리 더

해도 100이 될 수 없습니다.

간단한 정리로 고용을 보는 눈이 좀 뜨였으리라 생각합니다. 체감실업률과 실업률의 차이, 그리고 취업을 준비하는 청년은 실업자가 아니라 비경제활동인구로 분류된다는 사실이 이해가 됐지요? 이렇게 보면 나름대로 고용시장이 크게 그려질 겁니다. 생산가능인구 안에는 경제활동인구뿐 아니라 비경제활동인구가 있고, 취업자가 비경제활동인구가 되고 비경제활동인구가 실업자가 되는 등 이동하는 과정에서 수치가 달라질 수 있다는 거죠.

청년 실업률도 잠깐 정리해볼까요? 청년 실업률도 오르고, 청년 고용률도 오릅니다. 2013년부터 고용률 70퍼센트 달성이라는 목표하에 열심히 일자리를 만들었습니다. 여기에서 만들어진 일자리는 투자에 기반을 둔 양질의 일자리가 아니라 일·학습병행제, 시간선택제, 청년인턴제 등 대부분 질 낮은 일자리였습니다.

어쨌든, 그렇게 되면 단기적으로는 취업자가 늘어납니다. 당장 청년인턴으로 고용하니 취업자가 늘어나서 고용률이 높아집니다. 단기적으로는 취업자가 되지만, 반드시 이 중 상당한 인원이 다시 실업자가 돼요. 고용을 경험하지 않았다면 계속해서 비경제활동인구에 머물렀을 사람들이 취업자가 됐다가 일자리를 잃으면서 실업자가 되는 거죠.

그래서 고용률이 오르고 실업률도 같이 오르는, 두 가지 수치가 모두 치솟는 현상이 발생한 거라고 볼 수 있습니다. 고용의 생 기초! 잘 정리됐나요?

ECONOMIC ISSUE

'장그래'에게 하는 무책임한 위로

•••

지난겨울 치러진 졸업식의 모습이 떠오른다. 주인공들의 얼굴에는 미소와 걱정이 함께 나타나 있었다. 대학을 나서서도 그들은 여전히 취업을 준비해야 하기 때문이다.

취업준비 기간이 길어져 졸업을 늦췄지만, 졸업 후에도 취업을 준비해야 한다는 걱정이 가득하다. 하늘의 별 따기라는 인턴생활도 여러 차례 경험했지만, 인턴은 인턴일 뿐 정규직은 멀기만 하다. 부지런한 청년들의 이력서는 몇 줄의 인턴 경력들로 화려하지만, 그 청년들은 고용통계상 실업자로 분류된다.

"대책 없는 희망이, 무책임한 위로가 무슨 소용이야."

드라마 <미생>에서 비정규직으로 근무하는 청년 장그래에게 상사가 한 말이다. 비정규직 신입사원에겐 정규직으로 전환될 희망이 없다는 의미였다. 종영과 함께 드라마 속 장그래는 기억 속에서 사라져 가고 있지만, 현실 속 장그래는 늘어만 가는 것 같다.

에코붐(베이비붐 세대의 자녀 세대) 막바지에 태어난 청소년들이 사회에 진입할 시기가 오면서 청년의 일자리 찾기는 더욱 경쟁이 치열해질 수밖에 없다. 더 많은 것을 준비하고, 더 긴 기간을 사회 진입을 위해 싸워야 한다. 사회 진입을 위해 싸우다가 만 30세가 되어 더는 청년도 아니게 되는 경우가 있다. 취업이 늦어지니 결혼도 늦어지고, 소득이 불안정해 출산도 부담이 된다. 저출산 문제의 고리도 사실 청년 실업에서 시작된다.

나는 얼마 전 취업을 준비하는 청년에게서 가슴 아픈 질문을 듣기도 했다.

"실업자가 더 좋은 것 아닌가요?"

실업자라도 되면 실업 수당을 받을 수 있다는 의미였다. 한 명문대학생은 "인턴이라도 되면, 바로 휴학할 수 있어요"라고 이야기했다. 인턴 자리를 차지하기가 매우 어려울 뿐 아니라 인턴 경력 하나 없이는 졸업이 곧 실업이 되기 때문이다.

고용률도 오르고 실업률도 오르는 아이러니

고용률도 오르고, 실업률도 올랐다. 2013년에서 2017년까지 전체 인구의 고용률은 59.8퍼센트에서 60.8퍼센트로 상승했다. 그러나 같은 기간 실업률도 3.1퍼센트에서 3.7퍼센트로 상승했다. 청년의 경우에는 상승률이 더욱 확연했다. 2013년에서 2017년까지 청년 고용률은 39.5퍼센트에서 42.1퍼센트로 상승했다. 그러나 같은 기간 청년 실업률도 8.0퍼센트에서 9.8퍼센트로 상승했다. 같은 기간 청년 취업자가 373만 명에서 391만 명으로 4.8퍼센트 증가했지만, 청년 실업자는 32만 명에서 43만 명으로 31.5퍼센트나 증가했다. 청년 인구가 1,006만 명에서 988만 명으로 줄어드는 가운데 실업자가 크게 늘었다는 사실은 우리 경제에 시사하는 바가 매우 크다.

청년 실업자는 왜 늘어나는가?

•••

아이러니하게도, 일자리가 실업자를 만들었다. 일반적으로 일자리는 취업자를 만든다. 그러나 불안정한 일자리는 오히려 실업자를 만든다. 2013년 이후 청년에게 많은 일자리가 공급됐지만 대부분 안정성이 낮은 일자리였다. 청년 실업 문제를 해결하기 위해 일자리의 '양'을 늘렸지만, '질'은 좋지 않았던 것이다.

청년인턴제, 시간선택제, 일·학습병행제와 같은 일자리는 청년에게 단기간에 많은 일자리를 제공했다. 사실 그 취지도 매우 좋았다. 그러나 결과적으로는 단기간에 실업자를 양산했다. 불안정한 일자리였기 때문이다. 대표적인 예로 청년인턴제가 그렇다. 청년들이 단기적으로는 취업자가 됐지만 인턴 기간이 끝나면 즉시 실업자가 되고 만다. 인

고용률과 청년 고용률 추이

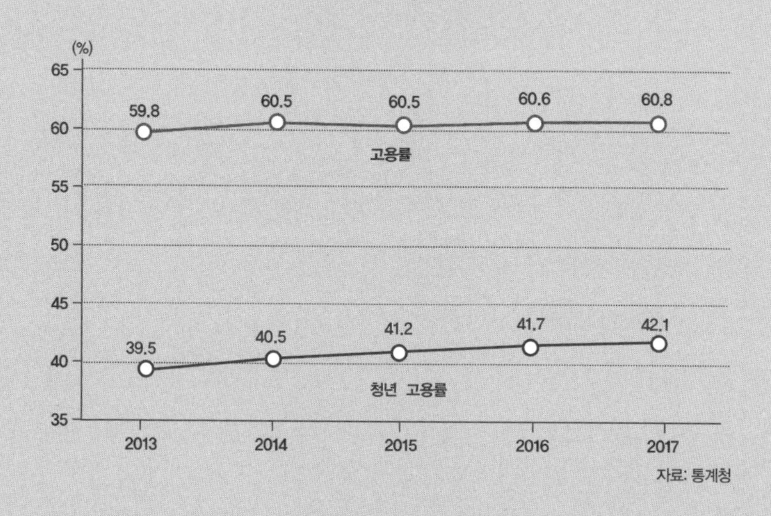

실업률과 청년 실업률 추이

턴 자리도 하늘의 별 따기이지만, 인턴 취업을 하지 않았다면 정의상 실업자가 아닌 비경제활동인구가 된다. 결국 고용률을 높이고자 했던 고용 정책이 실업률을 높인 격이다.

일자리 창출을 최우선 정책 기조로 두고, 청년 고용을 늘리기 위해 투입한 예산이 수십조 원에 달한다. 그럼에도 청년 실업이 심각한 이유가 무엇일까? 정책적 원인, 일자리 공급 측 원인, 수요 측 원인 그리고 사회적 원인이 있다.

첫째, 정책적 원인은 앞에서 살펴본 바와 같다. 청년 실업의 문제가 발생한 데는 고용 정책이 불완전한 일자리를 확대하는 데 머물렀기 때문이다.

둘째, 청년 실업의 배경에는 일자리 공급 측 원인이 있다. 세계경제가 회복세를 나타내고는 있지만, 매우 더딘 속도를 보이고 있다. 이런 와중에 미국의 기준금리 인상을 시작으로 세계경제가 긴축의 시대로 전환되는 현상이 기업들의 투자를 더욱 위축시키고 있다. 더욱이 환율전쟁과 무역전쟁 등으로 불확실성이 고조되면서 기업들의 투자 여건이 더욱 위축되고 있다.

특히 중국의 공급과잉으로 주요 산업의 제품 가격이 하락하고, 한국의 주력 산업들은 가격 경쟁력이 떨어지기 때문에 불황이 찾아올 수밖에 없다. 결국 '구조조정'이라는 선택을 취한 한국 경제는 신규 채용은 상상하기 어려운 단어가 됐다. 신규 채용을 늘리려면 구조조정을 더 확대해야 하기 때문이다. 기업들이 제 살 깎는 격으로 구조조정을 단행하고 사업 철수를 계획하고 있는 상황에서는 고용 창출력이 현저히 낮아진다.

셋째, 청년층에게도 이유가 없는 것은 아니다. 고용 정책과 일자리 공급 측 원인뿐만 아니라, 일자리 수요 측 원인도 있는 것이다. 대부분이 대학에 진학했고, 대부분이 대기업 일자리를 원한다. 실제로 일자리가 부족한 것이 아니라 대기업 일자리가 부족한 것이다. 대기업 일자리는 한정적인데, 그 일자리 하나를 두고 1,000명이 경쟁하고 있다. 중소기업들은 일자리 부족으로 어려움을 겪고 있는데 말이다. 청년들의 눈높이와 시장에서 공급하는 일자리가 미스매치(miss-match)되고 있다.

넷째, 사회적 원인도 무시할 수 없다. 청년들의 부모 세대는 자녀들을 'VIB(Very Important Baby, 매우 소중한 어린이)'로 키웠다. 이 세대는 최고급 유모차에 최고급 분유를 먹었으며, 최고의 교육 프로그램을 경험하며 자랐다. 이른바 '명함빨' 나는, '뽀대' 나는 직장만을 인정해주는 사회 분위기도 청년들과 일자리의 미스매치에 한몫한 것이다. 중소기업에 대한 사회적 인식도 개선되어야 할 뿐 아니라, 중소기업의 근로 조건도 실질적으로 개선되어야 한다.

'고용 없는 성장'에서 '성장 없는 고용'으로

•••

1970년대부터 2000년대까지는 성장률 하락폭보다 고용 하락폭이 더 컸다. 경제 성장에 따른 고용흡수능력을 의미하는 용어로 고용탄성치(elasticity of employment)가 있다. 경제가 1퍼센트 성장했을 때 고용이 몇 퍼센트 변화했는가를 나타내는 지표다. 1970년대 초반 고용탄성치가 0.40포인트를 기록한 이후 추세적으로 하락했고, 2000년대 후반에 0.25포인트를 기록했다. 즉, 경제구조상 고용 창출력이 떨어져 경제 규모의 성장폭만큼 일자리가 창출되지 못했다는 뜻이다. '고용 없는 성장'의 시대였던 것이다.

2010년대 들어 '성장 없는 고용'이 시작됐다. 고용의 증가세만큼 성장률이 크게 상승하지 않은 것이다. 고용탄성치는 통계 작성 이래 최고 수준인 0.57포인트로 급등했다. 2010년대 들어 정책적으로 일자리를 늘려왔지만, 내수 회복 등 경제 성장이 동반되지 않았기 때문이다.

투자, 소비 등 경제 성장세가 위축되면서 일자리가 늘었기 때문에 질 낮은 일자리를 중심으로 취업자가 늘었음을 유추할 수 있다. 현재

성장과 고용의 관계

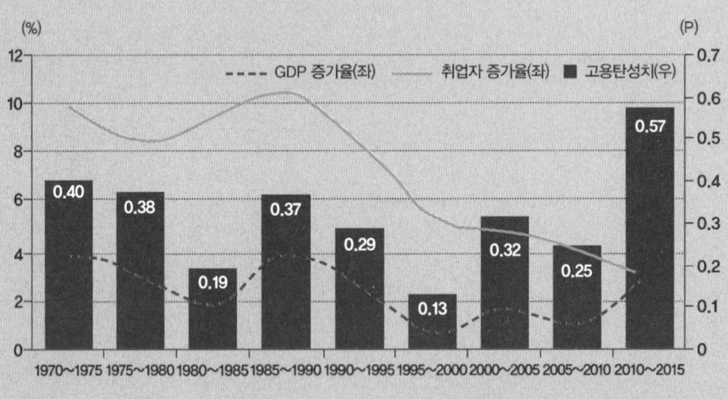

※ 고용탄성치 = 취업자 증가율/GDP 증가율

자료: 한국은행과 통계청 자료 이용 추계

의 경제 성장세가 지속된다고 할 때, 고용 규모만 늘어나는 일은 상식적으로 상상하기 어렵다. 양질의 일자리는 기업이 적극적으로 투자하고 새로운 사업을 시도할 때 마련되는 것이다.

어떻게 대응해야 하는가?

•••

청년층 일자리 문제는 정책적 한계만이 아니요, 일자리 공급 측인 기업의 문제만도 아니다. 다양한 원인이 복잡하게 얽혀 야기된 것이다. 이를 해결하기 위해서는 다각도의 원인 규명이 필요하고, 다각도의 해결책이 마련되어야 한다.

고용 정책은 양질의 일자리를 만드는 데 초점을 두어야 한다. 4개월 인턴 일자리가 아닌 40년 정규직 일자리를 마련해야 한다. 양질의 일자리는 투자가 선행될 때 만들어진다. 투자 없는 고용노동시장에서는 일자리가 많아질 순 있으나, 일자리의 질이 떨어지기 때문이다. 피자를 10명이 나눠 먹다가 20명이 나눠 먹을 수는 있다. 그러나 각자에게 돌아가는 피자의 양이 반으로 줄게 된다. 피자를 2배로 키워야 하는 것이다. 기업들이 적극적으로 투자할 수 있는 환경을 조성해야 한다. 투자가 부진한 경제에서 고용이 늘어날 수는 없다. 고용 대책은 고용에 있는 것이 아니라 투자에 있다.

기업은 유망 산업에 적극적으로 투자해야 하고, 필요하다면 정부의 인센티브와 지원책들을 적절히 활용해야 한다. 2018년 3월에 마련된 청년 일자리 대책에도 다양한 지원책이 적시되어 있다. 중소기업들은 정책을 적극적으로 활용해 근로 조건을 개선해나가야 한다.

청년층은 자신의 눈높이에 맞는 직장에 취업하는 것이 오랜 기간 지연될 경우, 견실한 중소기업에 취업해 역량을 발휘할 수 있어야 한다.

마지막으로 우리 사회도 청년 실업의 이슈를 함께 해결해야 한다. 무엇보다 중소기업 일자리에 대한 인식을 개선해야 한다. 정책적으로도 규모는 작지만 성과가 좋은 히든 챔피언을 발굴해야 하지만, 안정적이고 근로 조건이 개선된 양질의 일자리임을 인식하는 사회 분위기도 마중물이 되어야 한다. 우리 사회의 수많은 장그래에게 '대책 있는 희망과 책임 있는 위로'를 보내야 한다.

:: 제 1 2 강 ::

고령화

세계에서 가장 빠르게 늙어가는 나라, 한국

• • •

우리나라가 고령사회에 진입했다고들 얘기합니다. 고령화사회니 고령사회니 초고령사회니 하고 논의가 뜨거워요. "이미 고령사회 아니에요?" 하고 묻는 사람도 많습니다.

인구구조적으로 고령사회 진입은 중요한 의미가 있습니다. 우리나라의 고령화 속도가 꽤 빠르다고 하는데 정말 얼마나 빠른 것인지, 그렇게 된 배경은 무엇인지, 고령사회에서 비즈니스상 어떤 기회를 모색할 수 있는지를 살펴봅시다.

인구구조 변화부터 볼까요?

인구구조 변화

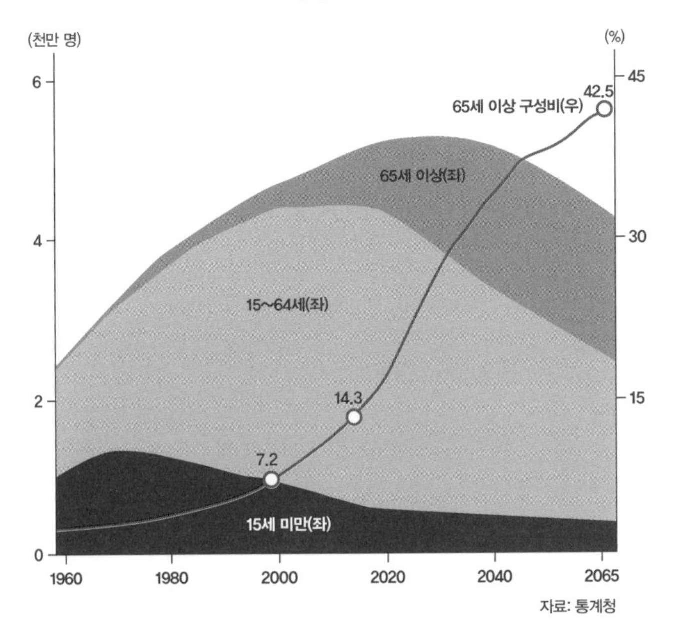

2001년에 고령화사회 진입

—

우선 우리나라 인구를 크게 쪼개볼게요.

인구는 15세 미만, 15~64세, 65세 이상 등 세 가지로 구분할 수 있습니다. 모두 만 나이 기준입니다. 앞서 봤듯이, 이 중 15~64세를 생산가능인구라고 합니다.

생산가능인구

만 15~64세

15세 미만은 생산가능인구에 들어가지 않는 계층이죠. 생산가능인구에 65세 이상을 넣기도 합니다만, 일반적으로는 15세에서 64세 사이에 있는 인구를 '생산가능인구'라고 표현합니다.

만 65세 이상이면 고령자라고 할 수 있습니다. 고령화 속도라는 것은 전체 인구에서 65세 이상 인구, 즉 고령자 인구가 몇 퍼센트를 차지하는지를 보여주는 거예요. 앞의 그래프에서 이미 2000년에 전체 인구의 7.2퍼센트가 고령자, 만 65세 이상이었습니다. 그리고 2018년에는 14.3퍼센트를 기록했습니다. 전체 인구에서 만 65세 이상 인구가 10퍼센트를 넘어선 겁니다.

UN 기준으로 고령화사회, 고령사회, 초고령사회를 나눠볼 수 있습니다. 고령화사회는 영어로 'Aging society'라고 합니다. '나이 들어가고 있는 사회'라는 느낌이고요. 고령사회는 'Aged Society', 즉 '이미 나이

고령화 과정에 따른 사회의 분류

구분	만 65세 이상 인구의 비중(%)
고령화사회	7~
고령사회	14~
초고령사회	20~

든 사회'라는 뜻이겠네요. 그리고 초고령사회는 한마디로 '매우 나이 든 사회'라고 보면 됩니다. 고령 인구의 비중이 7퍼센트면 고령화사회, 14퍼센트 이상이면 고령사회, 20퍼센트 이상이면 초고령사회로 분류할 수 있어요.

18년 만에 고령사회 집입, 초고령사회로 빠르게 이동 중

우리나라는 2018년에 고령화사회에서 고령사회로 진입했기에 정부에서도 매우 중요하게 다루고 있습니다. 기업 역시 어떻게 대응해야 하느냐를 고심합니다. 이렇게 인구구조적인 변화가 있는 시점에는 항상 대응책을 마련해야 해요.

우리나라가 고령화사회에 진입한 건 2000년입니다. 2000년에 7.2퍼센

주요 국가별 고령화 현황

구분		한국	미국	일본	독일
도달연도	고령화사회(고령 인구 7%)	2000	1942	1970	1932
	고령사회(고령 인구 14%)	2018	2015	1994	1972
	초고령사회(고령 인구 20%)	2026	2036	2006	2009
도달연수	고령사회	18	73	24	40
	초고령사회	8	21	12	37

자료: 통계청

트로 고령화사회에 진입했어요. 그리고 불과 약 8년 만에 고령사회에 진입했죠. 미국은 진작에 고령화사회를 경험했고, 일본은 더 이릅니다. 독일도 아주 이르고요.

그런데 주목할 것은 고령화사회에서 고령사회로 진입하는 속도, 즉 도달 기간입니다. 고령사회 진입 기간, 초고령사회 진입 기간이 나라마다 비교도 안 돼요. 우리나라는 18년 만에 고령사회에 진입했는데 미국은 73년, 일본은 24년, 독일은 40년이 걸렸어요. 우리나라의 진입 속도가 매우 빠르다는 거죠.

현재 인구 추계상 우리나라는 초고령사회를 목전에 두고 있습니다. 2026년에 초고령사회에 진입할 것으로 전망합니다. 고령사회에서 초고령사회로 진입한 기간이 8년이에요. 다른 나라를 다시 살펴보면 21년, 12

OECD 국가별 노인 빈곤율 현황

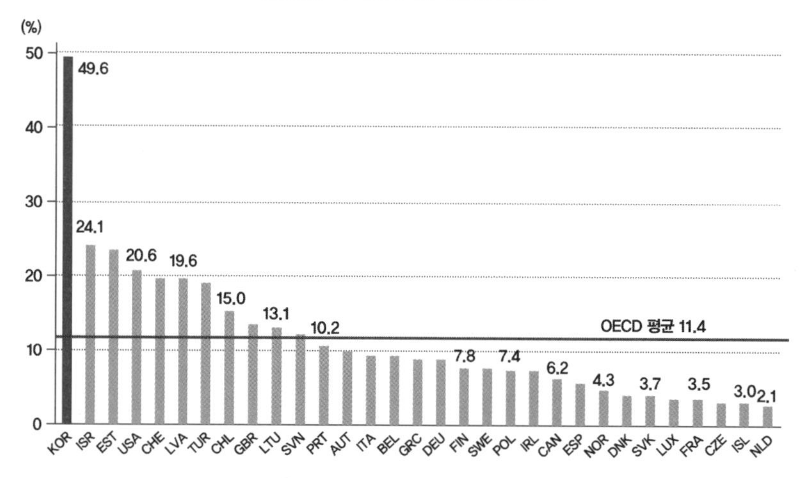

※ OECD에서 제공하는 노인 빈곤율은 66세 이상을 기준으로 함

자료: OECD(2017)

년, 37년이었습니다.

이처럼 고령사회 진입 후 고령화 속도가 매우 빠르다는 데 문제가 있는 겁니다. 달리 말하면 고령사회 진입에 대한 준비가 어떤 나라보다도 필요한 상황이라고 볼 수 있습니다.

여기서 꼭 짚고 넘어가야 하는 것이 고령사회의 명과 암입니다. 가장 어두운 측면으로는 노인 빈곤율(Elderly Poverty Rate)을 꼽을 수 있습니다. 고령사회에 진입했는데 고령자들의 빈곤 수준이 굉장히 높다는 거죠.

OECD에 가입된 나라의 노인 빈곤율을 보면 우리나라가 압도적으로 높아요. 빈곤 수준이 매우 높다는 거죠. 그런데 이스라엘을 비롯해 다른 나라들과 비교해보면, 특히 2~3위국과 비교해봐도 엄청난 차이를 보입니다. OECD 평균치와 비교해봐도 빈곤율이 매우 높습니다. 빈곤 수준이 매우 높다는 거예요. 이게 바로 정책적으로 어떤 준비를 해야 하는지 알 수 있게 해주는 부분입니다.

실제 우리나라는 17세 이하나 18~65세 구간에서는 OECD 평균보다 오히려 빈곤율이 낮아요. 하지만 66세로 진입하는 순간 빈곤율이 갑자기 높아져요. 결국 66세 이전에는 안정적인 소득에 기초해 자기 삶을 영위해나갈 수 있지만 은퇴 후 '노인'으로 진입하는 순간 소득절벽을 경험하게 된다는 것입니다. 우리나라 노인의 빈곤 수준에 대해 고민해야 할 게 많다는 의미입니다.

노인들이 삶을 정상적으로 영위할 수 있도록 기초노령연금을 비롯하여 공적 이전지출을 통한 다양한 복지 혜택을 깊이 고민해야 하는 시점입니다.

고령사회는 기회다

• • •

고령사회 진입에 따른 어두운 단면을 살펴봤으니, 이번에는 고령사회에서 붙잡을 수 있는 기회에 대해 알아보겠습니다. 어떻게 기회가 될 수 있겠느냐고 생각하는 사람도 많을 것 같네요.

정책 의사결정자, 학계 전문가, 국회의원 등 여러 계층에서 이 분야에 매우 큰 관심을 갖고 있습니다. 어쨌든 고령사회에 진입했으니 고령화 속도를 늦추든가, 고령사회에서 맞닥뜨리게 될 문제들을 해결하든가, 아

기존 시니어 vs. 뉴 시니어

구분	기존 시니어	뉴 시니어
세대 특성	수동적, 보수적, 동질적	적극적, 다양함, 미래지향적
경제력	의존적이며 경제력 보유자가 적음	독립적이며 경제력 보유자가 많음
노년의식	인생의 황혼기	새로운 인생의 시작
가치관	본인을 노년층으로 인식	실제 나이보다 5~10년 젊다고 생각
소비관	검소함	합리적인 소비 생활
취미 활동	취미 없음, 동일 세대 간 교류	다양한 취미, 다양한 세대와 교류
레저관	일 중심, 여가 활용에 미숙	여가에 가치를 두며 생활
여행	단체여행 선호, 효도여행 중심	여유 있는 부부여행, 자유여행
노후 준비	자녀 세대에 의존	스스로 노후 준비
보유자산	자녀에게 상속	자신의 노후 준비를 위해 사용

니면 그것을 나름의 기회로 포착해서 잘 대응해야 할 것입니다.

그러기 위해 우선 이 전제로 시작합니다.

'이전의 시니어와 지금의 시니어는 다르다.'

최근 들어 시니어라는 표현을 쓰지만, 전에는 '노인'이라고 했어요. 지금부터 저는 시니어, 특히 '액티브 시니어(active senior)'라는 표현을 쓰겠습니다. 기존 고령자와 앞으로 10년 후의 고령자는 다르기 때문입니다. 기존 고령자는 일반적으로 매우 수동적이었습니다. 보수적이고요. 경제력이 없고 의존적이기도 했어요. 노후 준비를 한 적이 없기 때문입니다. 인생의 황혼기에 대한 인식, 노년에 대한 인식이 매우 낮았어요.

가장 재미있는 것 중 하나는 소비관이 매우 검소했다는 겁니다. 본인을 노년층으로 인식했으며, 취미 활동 같은 건 없었습니다. 그냥 동일 세대끼리만 교류하고, 일이 중심이어서 여가 활동에 미숙했어요. 여행이라고 해봐야 단체여행이나 효도여행이 전부고요. 노후 대비가 되어 있지 않아 자녀에게 의존하고, 주로 손주들을 돌보는 데 많은 시간을 썼습니다.

이처럼 기존의 고령자는 소비 여력이 불충분했고, 그래서 여가나 자기 삶을 가꾸고 즐기는 데는 크게 관심이 없었다고 볼 수 있습니다.

하지만 앞으로는 지금의 베이비붐 세대가 고령자의 주축이 됩니다. 베이비붐 세대가 고령 세대로 진입하는 순간, 다른 시니어의 세계가 펼쳐질 겁니다. 이들은 이전 고령자와 달리 매우 적극적이고, 미래지향적이에요. 그리고 '나는 100세까지 산다'라는 생각을 갖고 있죠. 경제력이 충분하고 노년이 인생의 끝이 아닌 새로운 인생의 시작이라고 생각해요. 그래서 자신이 나이보다 젊다고 생각하죠. 소비도 열심히 즐깁니다. 물론 합리적인 소비를 하죠. 다양한 취미도 즐깁니다.

다양한 세대와 교류하고, 여가에 상당한 가치를 둬요. 여가를 즐기는 거죠. 여유 있는 부부여행이나 자유여행도 선호하고요. 더 중요한 것은 의존적이지 않고 스스로 노후 준비를 한다는 겁니다. 자신의 노후를 준비하기 위해 보유자산을 사용합니다. 자산을 자녀 세대에게 물려주는 것이 아니라 자신의 삶을 멋지게 가꾸는 데 사용하고자 하는 거죠.

이렇게 기존의 시니어와 미래의 뉴 시니어, 액티브 시니어는 다른 세대라고 말할 수 있습니다. 간단히 말해 이전의 고령자는 스마트폰을 사용하지 못했지만, 앞으로의 고령자는 디지털에 익숙한 세대가 될 겁니다.

고령사회에서는 이 계층을 주된 소비자 타깃으로 삼아야 합니다. 기업들은 이 세대를 주된 소비층으로 인식해야만 성장의 기회를 마련할 수 있어요.

ECONOMIC ISSUE

준비 없이 진입한
고령사회

•••

100세 시대라고 말한다. 원격진료와 빅데이터 기반 헬스케어 시스템은 인간의 수명을 더 늘려놓을 거라고 이야기한다. 더 오래 살 거라는 기대는 확실하나, 어떻게 살아야 할지에 대한 계획은 희미하다. 젊은 사회는 앞만 보고 달렸지, 앞에 놓인 사회의 모습에 대해서는 생각하지 못했다. 장수 사회에 대한 막연한 기대는 컸으나, 고령사회가 줄 부담은 생각하지 못했다.

한국은 2018년 '고령사회'에 진입했다. '원래 고령사회 아니었나?'라고 생각하는 사람이 많을 것이다. UN의 정의에 따르면 65세 이상의 고령층이 전체 인구의 7퍼센트 이상이면 고령화사회(aging society), 14퍼센트 이상이면 고령사회(aged society)로 분류된다. 한국은 2017년까지는 고령화사회였다. 고령층 비중이 2017년 13.8퍼센트에서

2018년 14.3퍼센트로 상승하면서 고령사회로 진입했다.

한국은 세계적으로 가장 빠르게 고령사회에 진입한 국가로 꼽힌다. 따라서 정부 정책 및 기업 전략 등에 각별한 관심을 가질 필요가 있다.

한국은 2000년 고령화사회에 진입했고, 2018년 고령사회로 진입하기까지 18년이 걸렸다. 초고령사회로의 진입 기간은 8년으로 예상돼 여타 선진국 대비 가장 빠르게 고령화가 진행되고 있다. 미국, 일본, 독일은 고령화사회에서 고령사회로 진입하는 데 각각 73년, 24년, 40년이 걸렸다. 이를 보면 한국의 고령화 속도가 얼마나 빠른지 실감할 수 있다.

고령사회의 배경은 저출산 현상으로 요약

—

한국은 세계적으로도 저출산 국가에 속한다. 한국의 합계출산율(total fertility ratio)은 세계 최저 수준으로 앞으로도 고령화 속도가 늦춰지지 않을 것임을 보여준다. 합계출산율이란 한 여성이 가임기간(15~49세)에 낳을 것으로 예상되는 평균 자녀 수를 의미한다. 합계출산율은 출산력 수준을 비교할 때 대표적으로 활용되는 지표이기도 하다. 한국의 합계출산율은 OECD 국가(OECD 평균 1.70명) 중 가장 낮은 35위를 기록하고 있으며, 세계 224개국(세계 평균 2.54명) 중에서도 220위로 최저 수준에 해당한다.

2017년 한국의 출생아 수가 역대 최저 수준으로 감소했다. 2000년

63만 4,501명에서 2016년 40만 6,243명으로, 2017년 35만 7,700명으로 급감했다. 2017년 출생아 수는 통계를 집계하기 시작한 1970년 이래 가장 낮은 수치이고, 2018년엔 더 낮아질 것으로 전망된다.

합계출산율은 2000년 1.47명에서 추세적으로 하락해 2016년 1.17명을 기록했다. 2013년 출산장려책을 확대하면서 1.19명으로 잠시 반등했으나, 2016년 들어 다시 하락했다.

보육시설 확충, 아이돌보미 서비스 확대, 여성 경력단절 해소, 시간선택제 일자리와 같은 유연근로제도 확대, 출산장려금 지급 확대 등의 다양한 정책적 노력이 시행됐음에도 출산 여건은 이전보다 더 나빠졌다.

주요국 합계출산율 현황

	합계 출산율(명)	순위	
		OECD(35개국)	세계(224개국)
이스라엘	2.66	1	7
프랑스	2.07	3	108
영국	1.89	8	139
미국	1.87	10	142
독일	1.44	28	205
일본	1.41	31	210
한국	1.25	35	220
OECD	1.70	-	
세계	2.54	-	

※ 2016년 224개국 추정치 기준(한국의 합계출산율은 UN추정치(1.25명)와 한국 통계청 자료(1.17명) 간에 다소 차이가 있음)

자료: UN, CIA World Factbook(2016)

한국의 출생자 수 및 합계출산율 추이

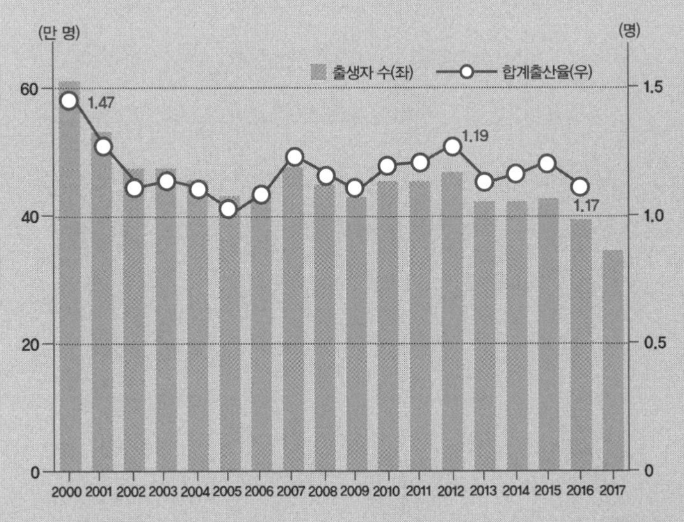

자료: 통계청

청년들의 사회 진입 시기가 지연되는 반면, 주택 가격은 상승하면서 혼인 연령층의 결혼도 지연되어왔다. 결혼한 가구마저 자녀 부양에 대한 부담 탓에 둘 이상의 자녀 출산을 꺼리는 분위기가 조성되고 있다. 여성의 일·가정 양립이 가능한 근로 여건을 만들기 위해 상당한 제도 개선이 시도됐지만 여전히 일과 가정을 병행하기에는 현실적 어려움이 있는 상황이어서 출산 의지가 낮을 수밖에 없다.

고령사회의 부담

—

저출산·고령화가 급격하게 진행됨에 따라 노년 부양비(dependency

ratio of old age)가 급증하고 있다. 노년 부양비는 생산가능인구 100명이 부담해야 하는 65세 이상 인구의 수를 의미한다. 즉, 부양 연령층의 부담이 가중되고 있다는 것이다. 저출산 고령화 현상이 지속됨에 따라 유소년 부양비는 감소하고, 노년 부양비는 가파르게 증가하고 있다. 2016년까지는 노년 부양비가 유소년 부양비를 밑돌다가 2017년부터 초과하기 시작했다. 돌봐야 하는 아이보다 돌봐드려야 하는 고령자가 더 많아진 구조다.

2017년은 15~64세 생산가능인구가 줄어들기 시작한 해다. 노년층 인구가 증가하는 가운데, 생산가능인구가 빠른 속도로 줄어들고 있어 앞으로 국가경제의 노년 부양 부담이 가중될 것으로 전망된다. 생산가능인구 또는 취업자 1명당 부담해야 할 노년층 인구가 증가하면서 사회적인 부담이 커질 것이다. 예를 들어 국민연금, 기초노령연금, 기초생활자, 고령층 대중교통 지원 등 다양한 영역에 걸쳐 노년 부양 부담이 늘고 잠재 성장률이 하락할 것으로 전망된다.

OECD 회원국 중 한국의 노인이 제일 빈곤하다?

—

한국 사회의 고령층은 매우 빈곤하다. 소득수준도 낮은 데다가 자가 주택 이외의 자산이 없고, 뚜렷한 노후 준비를 못 했기 때문이다. 한국의 노인 빈곤율은 49.6퍼센트로 OECD 회원국 중 1위이고, 2위국인 아이슬란드(24.1퍼센트)보다도 2배 이상 높다. OECD 평균인 11.4퍼

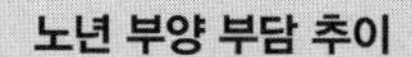

노년 부양 부담 추이

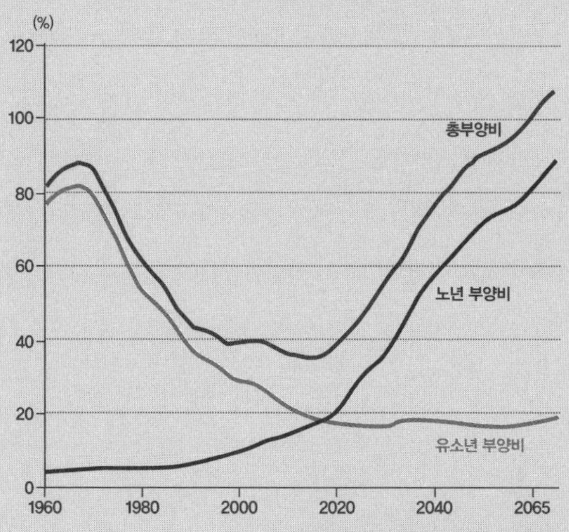

※ 총부양비 = 유소년 부양비+노년 부양비
– 유소년 부양비 = 유소년인구/생산가능인구×100
– 노년 부양비 = 고령인구/생산가능인구×100
자료: 통계청

생산가능인구 추이

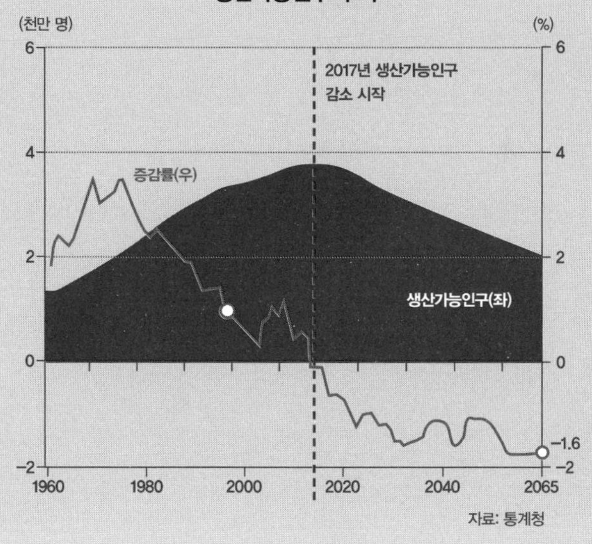

자료: 통계청

센트와 비교하면 그야말로 심각한 수준임을 알 수 있다.

한국의 노인층은 60대 이전에는 안정적인 소득에 기반하여 중산층의 삶을 살지만, 60대 이후 고용 안정성이 떨어지고 노후에 대한 준비가 부족하여 취약계층으로 전락하는 경향이 나타난다. 특히 60대 이상이 은퇴 후 생계형 창업을 시작하지만 자영업 동종 업종의 과다 경쟁 속에서 살아남지 못해 실패로 끝나는 경우가 부지기수다.

노인 복지
재정 부담 가중

노인 복지를 위한 재정 부담도 가중되고 있다. 노령사회 복지지출액은 1990년 1.5조 원 수준에서 2014년 45조 원으로 확대됐고, 노령사회 복지지출액이 GDP에서 차지하는 비중도 크게 상승하여 2014년 3.03퍼센트를 기록했다.

노령자에 대한 연금 지급 및 보건·복지비 지출의 증가로 현재의 재정지출 성향이 유지된다면, 앞으로 재정건전성이 빠르게 악화될 가능성이 크다. 노령연금 수급자가 확대되면서 연금재정 부담도 증가하고 있다. IMF는 2010년 연차협의보고서를 통해 한국의 고령화 현상이 재정건전성을 심각하게 위협할 것이며 별도의 조치가 없을 경우 국민연금도 2050~2060년경 고갈될 것으로 전망했다.

노령사회 복지지출액 추이

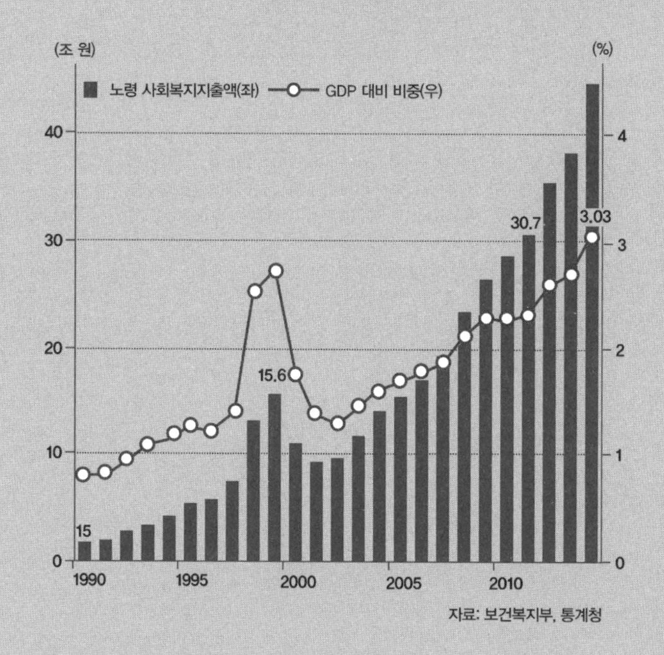

고령사회에서 기회를 찾자

•••

2010년대 들어 사회 각층에서는 고령화 문제와 대응책에 관한 논의가 넘쳐났다. 물론 노년 부양 부담이 확대되고, 노인 빈곤율이 심화되며, 생산가능인구가 줄어드는 등 다양한 사회경제적 위협요인이 즐비한 것은 사실이다. 그러나 고령사회가 주는 기회에 대해 논의해보는 시간은 부재했던 것 같다.

고령사회 진입에 따른 문제점을 파악하고, 정책적·사회적으로 어떻게 대응해야 할지도 충분히 고민해봐야 한다. 그러나 하나의 현상이 등장하면 위협만 있는 것이 아니라 기회도 있는 법이다. 어떤 기회가 있는지도 모색해볼 필요가 있다.

그동안 고령사회가 주는 문제점들에만 집중해온 것은 '노년층은 일을 할 수 없고, 노년층은 빈곤하다'라는 전제가 바탕이 된 것으로 보인다. 전제가 잘못되면, 거기서 유추된 결과물도 잘못되기 마련이다. 미래의 노년층은 과거의 노년층과 다르다. 이를 설명해주는 용어가 액티브 시니어다.

액티브 시니어는 '건강하고 활동적인'을 의미하는 액티브(active)와 '연장자'를 의미하는 시니어(senior)가 합쳐진 신조어다. 액티브 시니어는 기존 노년층과 달리 고령사회의 핵심 소비 주체 역할을 할 것으로 기대된다.

과거 노년층이 일할 여력이 없거나 빈곤 수준이 높은 것으로 묘사된 반면, 액티브 시니어는 많은 자산과 소비 여력을 보유하고, 스포츠나 문화를 즐기며 사회적 영향력을 행사한다는 점에서 차이가 있다. 과거 노년층의 대다수가 소일거리를 찾거나 손주를 돌보며 시간을 보냈다면, 액티브 시니어는 고자산 기반의 안정된 소비 여력을 갖추고 있고 자신을 위해 소비한다는 점에서 차이가 있다.

액티브 시니어는 디지털화된 세상에 익숙하고, 스마트폰을 즐겨 사용하며, 자신만의 패션 코드를 가지고 있다. 건강하고 아름답게 삶을 가꾸는 '웰에이징(well-aging)'을 추구한다.

시니어 비즈니스 시장의 성장

•••

시니어가 주요 소비층으로 급부상하면서 이들을 겨냥한 시니어 비즈니스 관련 시장이 커지고 있다. 한국보건산업진흥원에서 추산한 고령친화시장 규모는 금융업을 제외하고 2012년 27조 4,000억 원에서 2015년 39조 3,000억 원으로 약 43퍼센트 성장했다. 이 시장은 2015년부터 2020년까지 매년 13.1퍼센트 수준의 성장률을 기록하면서 2020년에는 약 72조 8,000억 원 규모에 달할 것으로 전망된다.

이처럼 시니어를 주요 타깃으로 한 시니어 비즈니스의 성장세가 지속될 것으로 예상된다. 다양한 산업군에서 소비 여력을 갖춘 시니어를 잡기 위한 전략을 마련하는 데 집중하고 있다. 특히 기존 노년층과 달

고령친화시장 규모 추이 및 전망

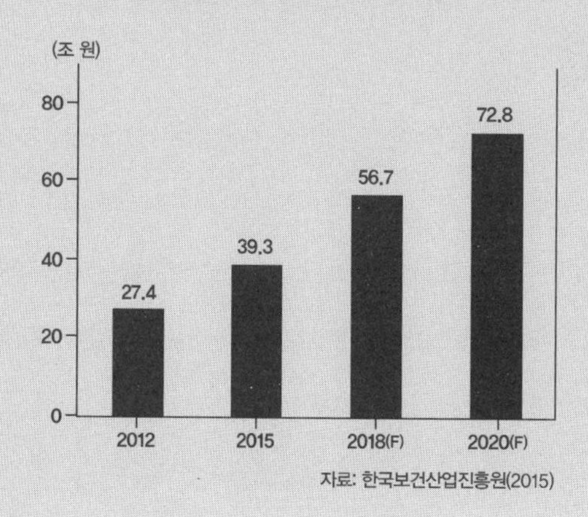

자료: 한국보건산업진흥원(2015)

리 액티브 시니어는 새로운 라이프스타일을 지향하므로 이들의 경제력이 앞으로 기업들의 비즈니스에 큰 영향을 미칠 것으로 예상된다.

고령사회에 먼저 진입한 주요국들의 사례를 통해 어떤 기업들이 시니어 비즈니스에 성공적으로 대응했는지를 보면, 어떻게 접근해야 할지 방향성이 나올 것이다. 다양한 산업군에서 시니어 비즈니스에 대응한 주요 사례들을 네 가지 카테고리로 구분했다. 시니어들에게 노인 전용의 콘셉트보다는 제품·서비스의 사소한 불편 해소를 지원하는 전략인 'senior friendly', 건강관리에 관심 많은 시니어 니즈에 대응하는 'wellness', 여가에 대한 시니어들의 열망에 부응하여 시니어를 위한 다양한 엔터테인먼트 서비스를 제공하는 'fun', 금융·일상·사후관리 등 다양한 분야에서 체계적인 관리 서비스를 제공하는 'management'다.

Senior friendly, 시니어 친화적 설계

많은 기업이 시니어 계층이 불편하다고 느낄 수 있는 작은 부분까지 놓치지 않고, 이를 배려하여 설계한 제품·서비스를 제공했다. 주요 기업들이 인구구조 변화에 주목하면서 대응 중인 가운데, 시니어 맞춤 상품·서비스는 대다수가 '노인전용'을 전면에 부각시키기보다는 눈에 보이지 않는 곳에서 시니어층의 불편 해소를 돕는 등의 시니어 친화적 설계를 지향했다는 점이 눈에 띈다.

독일의 대형 체인 슈퍼마켓 중 하나인 카이저(Kaiser's)는 매장의 복도를 넓히고, 시니어를 위해 진열대 위에 돋보기를 설치하는 등 시니어 친화적 경영 전략을 펼치고 있다. 카트에 의자 기능을 부가하여 시니어가 쇼핑하기 좋은 환경을 마련하는가 하면, 마트의 제품 안내 문구의 글씨를 키우는 등 세심한 배려를 했다. 독일의 베이비부머 세대가 노년층에 진입하는 과정에서 거대 시니어 소비층으로 분류되는 그레이달러(gray dollar) 세대에 집중한 사례로 평가된다.

Wellness,
시니어 니즈를 충족시키는
헬스케어 비즈니스

—

구매력이 있는 시니어들은 자신의 건강 돌보기를 게을리하지 않는다. 건강을 위한 투자 욕구도 매우 높다. 여행이나 스포츠 등의 다양한 취미를 즐기고, 폭넓은 사회활동에 참여하는 액티브 시니어는 건강한 몸을 유지하는 것이 필수라고 인식하고 있다. 이런 트렌드에 맞춰 기업들은 식품, 건강진단, 스포츠, 통신 등 다양한 산업에서 시니어의 건강관리 욕구를 겨냥한 상품 및 서비스를 출시하고 있다.

일본의 NTT도코모(NTT docomo)는 시니어 대상의 스마트폰인 라쿠라쿠폰을 출시했다. 라쿠라쿠폰은 GPS 및 혈압계, 맥박계, 만보기 등 건강관리 기능을 제공한다. 더불어 NTT도코모는 만보기, 체중계, 혈압계 등에서 측정된 고객의 체중, 혈압 등 신체 데이터를 휴대전화

NTT도코모 헬스케어 모델

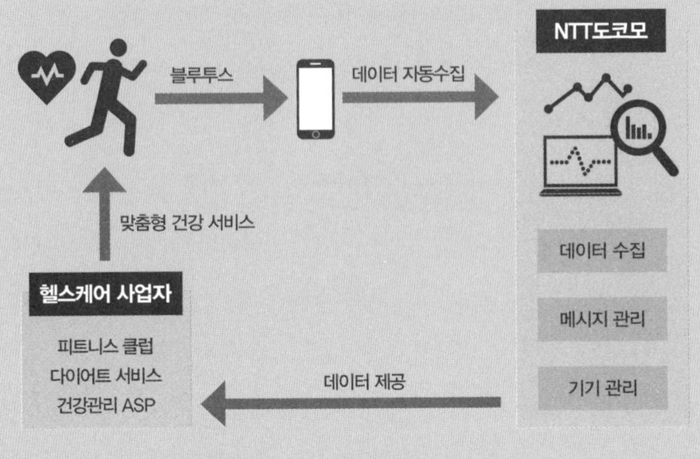

자료: NTT도코모

를 통해 자동으로 수집·전송하는 맞춤형 건강 서비스인 모바일 헬스케어 서비스를 제공 중이다.

Fun,
여가 · 문화 소비를 즐기는
시니어 맞춤형 비즈니스

—

직장에서 퇴직한 액티브 시니어들은 제2의 인생을 꿈꾸며 새로운 직업에 도전해보기도 하고, 지인들과 평소 쉽게 다니지 못했던 여행을 다니기도 한다. 통계청 데이터를 통해서 보면 적극적으로 여가생활을 즐기는 시니어의 비중이 늘어나고 있음을 확인할 수 있다. 문화예술

모어댄어카페

자료: Mather's

및 스포츠 관람을 한다고 응답한 시니어의 비율은 50대와 60세 이상에서 모두 증가하는 추세다. 레저시설 이용률 역시 시니어 계층 전반적으로 증가하고 있다.

미국 매더라이프웨이즈(Matherlifeways)는 모어댄어카페(More Than a Cafe)를 설립해 시니어의 아지트를 제공하고 있다. 이 공간은 카페(Cafe)와 캠퍼스(Campus), 공동체(Community) 기능이 하나로 합쳐진 곳이다. 단순히 커피를 마시는 곳을 넘어 친구들과의 놀이공간, 학교, 레스토랑이 모두 합쳐진 시니어들의 복합문화공간이다. 모어댄어카페는 시니어 이터테인먼트(eatertainment, eat+entertainment)를 제공한다. 시니어들은 세련된 카페 분위기에서 시니어의 신체적·심리적·사회적 특성을 잘 아는 직원들의 서비스를 받으며, 비교적 저렴하고 질 높은 식사를 할 수 있다. 음식, 건강, 여행 및 컴퓨터 활용 강좌 등 다양한 프로그램이 개설되어 있다.

Management,
시니어의 라이프 매니지먼트

—

액티브 시니어들은 직장에서 퇴직하기 이전까지 축적한 자산을 효율적으로 관리하는 데 많은 관심을 가지고 있다. 투자자문 및 자산관리와 더불어 건강 및 취미, 라이프 플랜 등 은퇴 이후 30여 년의 삶을 관리해주는 라이프 매니지먼트 서비스를 필요로 한다. 특히 '은퇴설계'는 제2의 인생이라 불리는 퇴직 후의 삶을 건강하고 활기차면서도 안정되게 보내기 위해 필수적인 항목이다.

시니어의 삶은 은퇴 후 소득 발생 여부, 자산 보유 여부, 연금 수령액 등과 그에 따른 재무관리 서비스에 따라 달라질 것이다. 맞춤형 비서 서비스인 '컨시어지 서비스'는 금융사의 대표적인 비금융 서비스로, 금융사들은 이를 통해 자산 보유 규모가 큰 시니어 고객을 유치하기 위해 노력하고 있다.

미국의 다국적 금융 서비스 기업 웰스파고(Wells Fargo)는 시니어 고객 전용 회원제 프로그램인 엘더케어 프로그램(Elder Care Program)을 운영하고 있다. 이 프로그램은 신체의 변화로 불편을 겪는 시니어가 이전과 같은 삶의 질을 유지하도록 지원해주는 서비스로 65세 이상 고객 중 관리자산 35만~100만 달러 이상인 고객들을 대상으로 한다. 병원 예약, 간병인 등 의료 서비스뿐만 아니라 식사, 심부름, 집수리 등의 생활 서비스, 라이프 플랜 설정까지 지원한다.

웰스파고의 엘더케어 프로그램

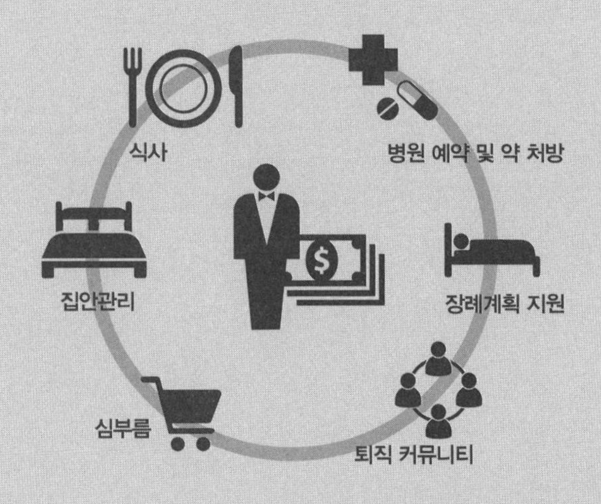

자료: 웰스파고, 〈월스트리트저널〉

준비된 고령사회 만들기

•••

어떻게 하면 '준비된 고령사회'를 만들 수 있을까?

첫째, 출산 환경을 개선하여 출산율을 높이고 고령화 속도를 지연시켜야 한다. 양질의 시간선택제 일자리와 보육시설을 확대하여 여성이 경력단절을 겪지 않고 육아와 일을 병행할 수 있는 환경을 마련해야 한다. 출산장려금이나 보육·교육비 지원도 확대하여 출산 여건을 개선해나갈 필요가 있다.

둘째, 부양 연령층의 부양 능력을 제고해야 한다. 생산가능인구가 감소하기 때문에 더 많은 비중의 생산가능인구가 고용시장에 진입할 수 있도록 노동시장의 구조적 변화가 필요하다. 즉, 부양 연령층의 고용 확대 및 질적 개선이 필요하다.

셋째, 노인 복지의 재정건전성을 강화해야 한다. 세대별로 노후 준비의 필요성을 인식시키고, 적절한 노후 준비 방법 등에 관한 가이드라인을 제시하고 컨설팅을 제공해야 한다. 더욱이 사적연금, 부동산 운영 등 공적연금 이외의 방법으로 노후를 준비할 수 있도록 적절한 금융상품을 개발·보급할 필요가 있다.

마지막으로, 노년층의 자립성을 키워야 한다. 일을 할 수 있는 노년층을 중심으로 공공근로사업 및 가교일자리를 마련함으로써 최저생계비 수준의 노후소득을 마련할 수 있도록 해야 한다.

시니어 비지니스 진출 전략

인구구조가 변화하고 있다. 기업 입장에서는 시장구조가 변화하는 것이다. 단기적인 관점에서 시니어 비즈니스에 투자하는 것이 부담이 될 수 있지만, 중장기적인 관점에서 대응책을 마련하는 것은 필수적인 일이 될 것이다. 시니어 비즈니스라는 새로운 비즈니스 영역으로 사업을 다각화할 수도 있을 것이며, 기존 사업 영역 내에서 시니어 비즈니스적인 관점으로 접근하는 방법도 있을 것이다.

액티브 시니어가 주로 향유하는 문화오락 서비스나 플랫폼 개발도 필요하다. 핵심 소비 주체로 등장할 액티브 시니어에게 맞춤화된 제품 카테고리를 개발하고, 시니어 친화적 쇼핑 환경을 조성하는 등의 전략도 요구된다. 시니어의 라이프스타일에 맞춤화된 복합문화공간을 조성하거나 여가 프로그램을 기획하는 등 다양한 기회를 모색할 필요가 있다.

:: 제 1 3 강 ::

산업 구조조정

노동력이 전부였던 산업 초창기

• • •

1980년대로 잠시 돌아가 봅시다. 저는 사실 그때를 기억하지 못합니다. 학습을 통해 알고 있을 뿐이죠. 우리나라는 저렴하고 성실한 노동력을 가지고 있었습니다. 지금도 마찬가지지만 우리나라가 자원이 풍부합니까, 아니면 영토가 넓습니까? 당시 가진 거라고는 노동력밖에 없었습니다. 따라서 우리나라는 노동집약적인 산업이 주축이었습니다.

산업에는 노동집약적인 산업, 자본집약적인 산업, 기술집약적인 산업 등이 있습니다. 최종 생산물의 원가에서 인건비가 많은 비중을 차지한다면 노동집약적 산업이 될 것이고, 자본이나 기술이 중요한 요소라면 자본집약적 또는 기술집약적인 산업이 되겠지요.

당시 우리나라의 주력 수출 품목은 신발, 가발, 섬유 등이었습니다. 한마디로 경공업이죠. 당시 우리나라는 후진국으로 분류됐지요. 근래 들어서 개발도상국이라는 교양 있는 표현이 등장했지만, 당시에는 그렇지도 못했던 것 같아요.

1990년대 후반이 되면서 놀라운 성장 속도를 보이며 중진국으로 성장했지요. 중국만 14퍼센트 성장률을 찍은 것이 아니라 우리나라도 14퍼센트를 기록할 때가 있었어요. 놀라운 성장 속도를 보이는 과정에서 인건비가 비싸졌습니다. 그러자 신발, 가발, 섬유를 팔 수가 없게 됐어요. 인건비가 너무 늘어서 경쟁력이 없어진 거죠. 그런 산업들은 다른 신흥국에 내줬습니다. 그러면서 우리나라는 중화학공업으로 이전했죠. 철강, 조선, 석유화학, 자동차 등의 산업을 중심으로 산업구조가 개편됩니다.

산업구조 개편으로 도약해온 한국 경제

•••

2010년대에 들어서 많은 신흥국이 중화학공업으로 본격적으로 진출했어요. 대표적으로 중국이 그랬습니다. 지금은 또 중화학공업에서 우리나라가 경쟁력을 잃어갑니다. 기술 수준도 엄청난 속도로 추격해오고 있어요. 특정 산업에서는 중국의 기술 경쟁력이 우리를 추월하기도 했습니다. 예컨대 핀테크가 그렇죠. 신흥국이 추격하고 있고 가격 경쟁력도 없는 상황에서 우리가 할 수 있는 것은 또 한 번의 도약밖에 없습니다. 다른 산업구조로의 개편이 필요한 시점입니다.

2016년에 일명 '원샷법'을 발의했습니다. '기업 활력 제고를 위한 특별법'이지요. 기업을 합병·분할할 때 절차나 규제를 간소화하고, 세제 혜택을 주어 사업재편을 쉽게 할 수 있게 한 특별법입니다. 더는 경쟁력이 없을 것 같은 주력 산업, 즉 해운, 조선, 철강 등의 산업을 구조조정하기에 이릅니다. 산업 구조조정이 본격화된 시점이 2017~2018년입니다.

장기적 관점에서 볼 때, 현재는 우리가 산업구조를 고도화할 수 있는 기회의 시점이라고 할 수 있습니다. 그러나 2019년 초반까지는 가슴앓이를 해야 합니다. 왜냐하면 인력의 유출이 일어나고, 구조조정 과정에서 지역경제가 붕괴되기 때문입니다.

또 한 번의 도약이 필요한 시점

•••

경남의 한 조선 공장을 방문한 적이 있습니다. 대략 500~600명이 일할 만한 중견기업 정도의 규모였는데요. 이곳에 단 한 사람이 근무하고 있었습니다. 바로 경비 아저씨였어요. 인력 유출이 발생하고 서민 경제가 위축되면서 공장 인근의 밥집들도 문을 닫았습니다. 저는 밥집이 공급사슬 최전방에 있다고 봅니다. 이런 가슴앓이를 당분간 하게 될 것입니다.

정부는 어떤 역할을 해야 할까요? 지금 가장 중요한 정책은 거시경제 정책이 아니라 마이크로 정책입니다. 유출되는 인력을 리매칭(rematching)해줘야 합니다. 그러려면 재교육을 시켜야 해요.

예를 들어 어떤 사람이 납땜 전문가라면, 경량 소재 개발에 필요한 역량을 교육시켜서 그쪽 산업으로 이동하도록 지원해야 해요. 또는 그런 분들이 신흥국에 있는 다른 기업들에서 일할 수 있는 체제를 만들어줘야 해요. 연결, 다리 역할을 해줘야 합니다. 도저히 재고용이 안 되는 경우는 복지 대책을 마련해야 합니다. 이는 현재 시점에 매우 중요한 정책 과제라고 볼 수 있습니다.

ECONOMIC ISSUE

과거에 집착하면 날지 못할 것이다

•••

유충이 나비가 되려면 버려야 할 것이 있다. 몸에 맞지 않는 허물이다. 유충에게 맞는 옷이 있고, 나비에게 맞는 옷이 있는 법이다. 만일 나비가 번데기 허물을 벗지 않는다면 날지도 못할 것이고, 꽃도 만나지 못할 것이다.

기업의 의사결정자들이 하는 많은 오판도 그동안 해왔던 방식들을 버리지 못해서인 경우가 많다. 지금까지 그 방식으로 성공해왔기 때문에 쉽사리 버릴 수도 없다. 하지만 아날로그 시절에 해왔던 경영 방식과 디지털화된 세상에서 요구되는 경영 방식은 분명히 다르다. 개발도상국 시절에 해왔던 제품 및 사업 전략은 중진국을 넘어 선진국으로 도약하는 과정에서 달라져야만 한다. 과거에 집착하면, 날지 못할 것이다.

주력 산업의 이동과 중진국 함정

•••

1980년대를 기억하는가. 1980년대 한국의 주력 수출 품목은 가발, 운동화, 섬유 등이었다. 이런 얘기를 학생들에게 하면 믿기 어려워한다. 한국의 어머니들은 방직공장에서, 한국의 아버지들은 건설현장과 공장에서 젊음을 보내셨다.

1990년대를 거쳐 2000년대로 오면서 철강, 조선, 석유화학 등의 중화학공업으로 성장의 축을 이동시켜왔다. 1980년대 주력 산업이었던 경공업은 2000년대가 되자 더 이상 주력 산업이 아니었다. 어쩌면 2020년을 앞둔 한국 경제의 주력 산업은 중화학공업이 아닐지도 모른다. 성장의 축을 다시 이동시켜야 하는 시점이다.

사실 조선, 철강 등의 중화학공업은 과거 유럽의 주력 산업이었다. 인건비가 올라가고, 후발 주자들과의 기술 격차가 축소되면서 일본과 한국으로 중화학공업이 이동했다. 그동안 미국과 유럽은 지식·기술집약적인 고부가가치 서비스업으로 이동했다.

2000년대 들어 한국의 주력 산업들에서는 중국을 비롯한 주요 신흥국들과의 기술 격차가 축소되기 시작했다. 그뿐 아니라 가격 경쟁력도 현저히 떨어졌다. 글로벌 수요가 둔화된 상황에서 경쟁자는 많아졌다. 이제 새로운 산업으로의 전환을 시도해야 하지만 쉽지 않은 일이다.

산업구조를 전환하지 못하면 중진국 함정(middle income country

trap)에 빠진다. 세계은행(World Bank)에 따르면, 1960년대 중간소득 수준에 속하던 101개 국가 중 88개 국가가 2008년까지 여전히 중간 소득 수준에 머무르는 것으로 나타났다. 선진국으로 도약한 13개 국가는 상대적으로 맞지 않는 옷을 벗고 새로운 산업으로 전환했다고 판단된다. 중진국에 맞는 산업구조가 있고, 선진국에 맞는 산업구조가 있다. 고부가가치 산업구조로 전환해야 하는 시점이다.

과다한 부채가 초래한 '고용 없는 경제'의 시대

●●●

글로벌 금융위기 이후 국내 한계기업 수가 크게 늘었다. 한계기업은 경쟁력을 상실하여 앞으로의 성장이 어려운 기업을 뜻한다. 이자보상비율(영업이익/이자비용)이 3년 연속 100퍼센트 미만인 기업을 의미한다. 즉, 그해 이익으로 이자도 못 갚는 기업을 말한다. 언론에서 '좀비기업'이라고 부를 만큼 국가경제에 부담이 된다. 한계기업 수가 2010년 2,400개에서 2016년 3,126개로 약 30퍼센트 증가했다. 2만여 개의 외부감사 대상 기업에서 한계기업이 차지하는 비중은 2015년 기준 약 12.7퍼센트에 달한다. 산업은행이 관리하는 구조조정 기업은 2017년 8월 기준 108개로 이들에 대한 위험노출액이 6조 7,233억 원에 달했다.

국내 한계기업 추이

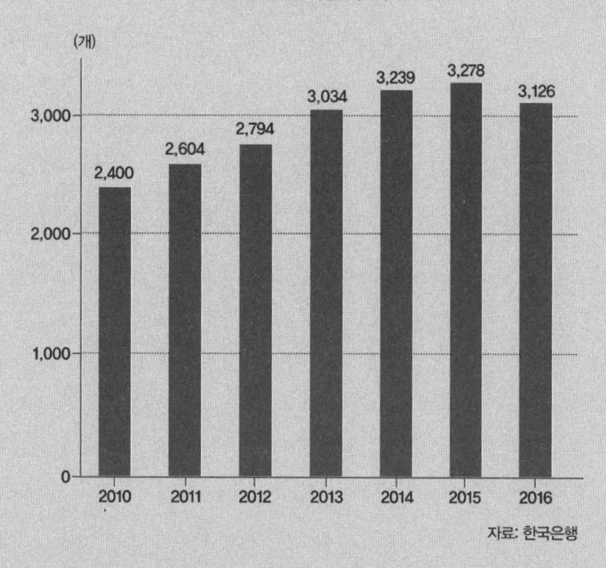

자료: 한국은행

과다부채에 의존한 것이 문제였다. 즉, 글로벌 금융위기 이후 저금리 상황을 바탕으로 상당수의 기업이 과다한 부채에 의존해 생존을 이어왔다. 이런 한계기업이 경제 울타리 내에 많아질수록 수익성이 떨어지고, 기업들의 투자가 위축된다. 기존 산업에 대한 비전이 더는 없음에도 기업들은 새로운 산업에 대한 투자를 꺼리고 있다. 시장의 불확실성이 매우 높다고 인식하기 때문이다.

그렇다고 기존 산업에 대한 투자를 확대할 수도 없다. 수요가 부족해 재고가 쌓이고 있는 마당에 공장을 증설할 수는 없는 일이다. 이렇게 저렇게 투자가 축소되고 있다. 설비투자 증감률은 2017년 2분기 이후 하락세로 전환됐고, 건설투자 증감률은 2016년 3분기 이후 급속히 하락하고 있다.

국내 투자 추이

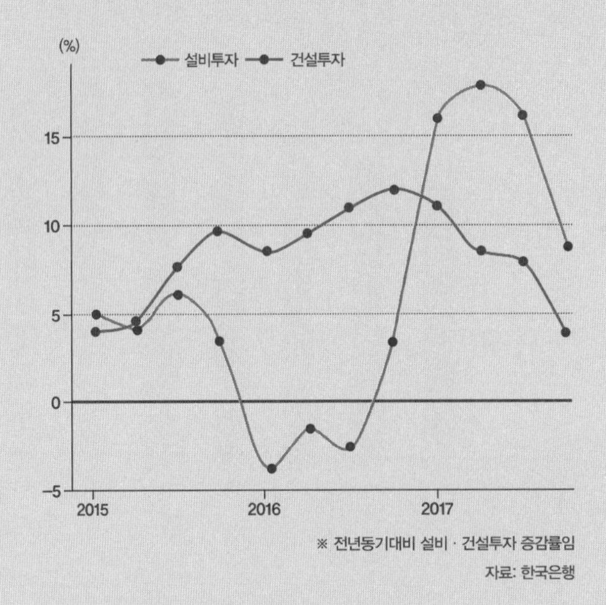

※ 전년동기대비 설비 · 건설투자 증감률임

자료: 한국은행

결국 위축된 투자는 '고용 없는 경제'를 만들고, 국민의 소득 불안정을 야기해 소비 부진으로 연결된다. 소비가 위축되면 기업들은 더욱 더 투자를 할 수 없다. 특히 세계경제가 긴축의 시대로 돌입했고, 한국도 기준금리를 인상해나갈 것으로 전망되고 있기에 한계기업들의 문제는 갈수록 심각해질 것이다.

시장금리는 이미 저금리 시대를 지났다. 국내 시장금리는 2016년 7월을 저점으로 반등하고 있는 모습이다. 한국은행은 평균 대출금리가 1퍼센트포인트 올라가면 기업의 연간 이자 부담액은 14.2퍼센트 늘어나는 것으로 분석했다. 부실기업과 한계기업이 늘어나 한국 경제의 부담이 더욱 가중될 위험이 있다.

국내 시장금리 추이

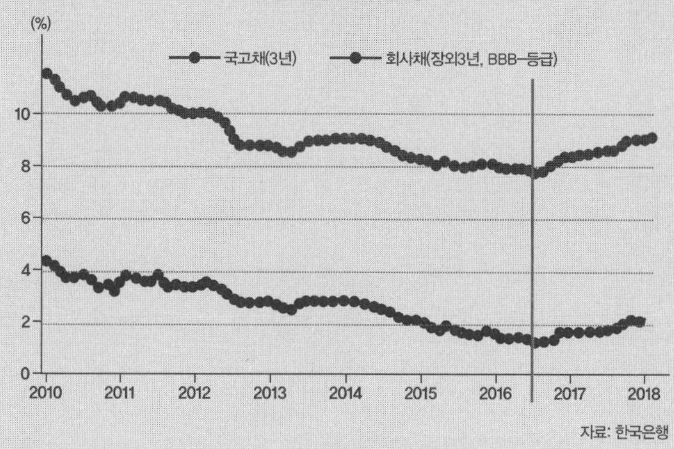

자료: 한국은행

산업 구조조정 본격화

•••

2018년 GM사태는 산업 구조조정을 보여준 대표적인 예다. 조선업이 집중적으로 분포되어 있는 지역이나 철강업이 중심인 지역에 가보면 그 지역의 경제 상황을 쉽게 알 수 있다. 공장이 문을 닫으니, 원자재나 부품을 납품하는 중소기업들도 살길이 막막해진다. 공장에 의존해 오던 식당 등의 자영업체들도 나란히 문을 닫는다. 근로자들이 떠나면서 상가와 주택의 공실이 심각해지고, 부동산 투자자도 울상이다. 지자체의 세수도 줄어 지역경제 활성화 역량도 떨어진다.

국내 주력 산업의 체질을 개선하고 현 상황을 극복하기 위해 기업의 사업재편을 선제적으로 추진할 필요성이 제기되면서 2016년 '기업활력제고를 위한 특별법(일명 '기업활력법')'이 제정됐다. 또한 2016년 6

월에 시작한 '산업경쟁력강화 관계장관회의'는 2018년 5월 15회차까지 열렸다. 그동안의 기업 구조조정 방향성에 대한 미비점을 보완하고 2017년 12월 '새로운 기업 구조조정 추진방향'을 발표하기도 했다. 산업진단 시스템을 신설하여 부실을 예방하고, 신용위험을 평가하여 기업활력법을 활용해 선제적 사업재편을 지원하고 있다. 또한 지역 사회의 각종 문제점을 수렴하는 방향으로 미시적 정책을 강화하고 있다.

기업들은 과감한 사업재편을 고려할 필요가 있다. 기업활력법을 활용하여 비용 및 시간 효율적인 M&A를 시도할 수 있다. 불투명한 사업을 정리하고, 유망 산업으로 이동하기 위해 적극적인 노력이 필요하다. 사업재편 과정에서 유출되는 인력 문제를 이겨내기 위해 인력 재교육·재배치 정책을 활용할 수 있다.

4차 산업혁명의 기반기술들을 활용해 기존 산업 내에서 고부가가치 영역으로 탈바꿈하려는 노력도 필요하고, 전혀 다른 산업으로의 전환도 적극적으로 고려할 필요가 있다. 과거의 산업이라는 익숙한 허물을 벗는 데 대한 두려움보다는 나비로 날아갈 꿈을 구체적으로 그려나가야 한다.

경제
읽어주는
남자

2020년 경제 전망

국내외 10대 경제 이슈와 우리의 대응

Contents

1

경제 전망의 주요 전제

2020년 세계 경제, 위기 '정말' 오는가?

'위기다, 위기다' 말한다. 필자의 지인들이 오랜만에 만난 자리에서 이렇게 물어본다. "2020년에 위기가 온다는데 언제 오는 거야?" 2020년 세계 경제위기가 온다는 이야기는 대체 어디서 시작된 걸까? IMF, OECD, 세계은행(World Bank) 등의 세계 주요 경제기구들은 2019년 저점을 뒤로 하고, 2020년에는 반등한다고 이야기한다. 국내 주요 경제 연구기관들도 매우 미미하긴 하지만 2020년 한국 경제는 회복 국면에 진입할 거라고 이야기한다.

경제 관련하여 기사, 강의, 방송, 책들이 넘쳐나는데 어떤 것이 가짜 정보이고 어떤 것이 진짜 정보인지 구분하기는 어렵기만 하다. "정치색 없이, 이권 단체의 입장 없이, 객관적으로 2020년 경제를 먼저 들여다보고 싶다." 경제 주체들은 한없이 목마르다. 2020년 경제를 먼저 객관적으로 들여다보고 싶다는 갈증이다.

2020년 세계 경제는 완만하게 반등할 것으로 전망된다. IMF는 2020년 경제성장률이 완만하게 반등하되 2019년의 저점에서 벗어나는 정도이고, 2017년과 2018년 수준에는 못 미칠 것으로 보고 있다. 미·중 무역분쟁의 불확실성과 브렉시트 등 정치적 리스크가 여전히 하방압력으로 작용할 것이기 때문이다. 특히 무역전쟁과 글로벌 보호무역주의에 취약한 제조업이 침체기를 겪게 될 것으로 보인다.

2020년 세계 경제의 두드러진 특징 중 하나는 신흥국과 선진국이 상반된 양상에 놓일 것이라는 점이다. 미국·유럽·일본 등 주요 선진국 경제는 2019년에 이어 2020년에도 하락세를 지속할 것으로 보이나, 신흥국들은 2019년 저점을 기록한 이후 상당한 수준으로 반등할 것으로 예측된다. 신흥국들은 2018~2019년의 위기 상황에서 벗어나는 국면이지만, 선진국들은 보호무역 조치들과 브렉시트 등의 영향으로 부진한 흐름을 보일 전망이다.

IMF의 2020년 세계 경제 전망

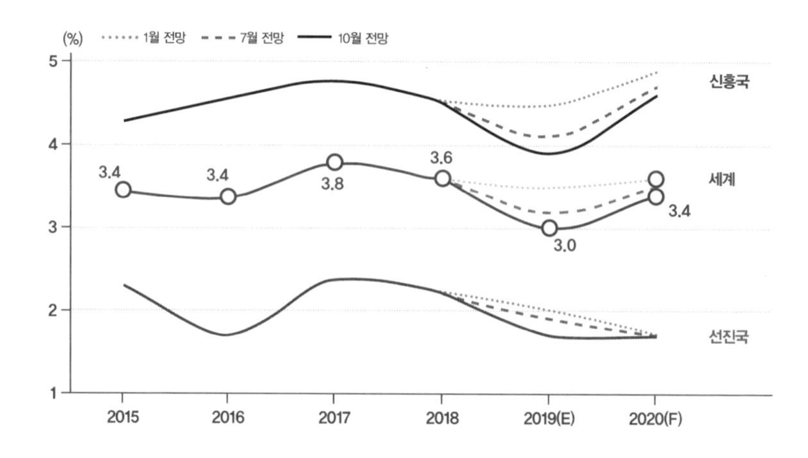

자료: IMF(2019.10), World Economic Outlook

주: 2019년 1월과 7월 전망은 점선으로, 10월 전망은 실선으로 표시함

2020년 주요국의 상황은?

주요국별로 살펴보면, 먼저 미국의 경기둔화가 지속될 것으로 전망된다. 미국은 2016년 경제성장률 1.5%에서 2017년 2.2%, 2018년 2.9%로 뚜렷한 회복세를 보였다. 2019년에도 2.4% 수준의 성장세를 유지했으나, 2020년에는 2% 수준으로 둔화될 전망이다. 미국뿐만 아니라 유럽의 여건도 좋지 못하다. 브렉시트 이슈 등으로 유럽 내 결속력이 약화되고, 투자 및 소비심리가 크게 위축될 전망이다. 일본 경제도 2020년에는 0.5% 수준의 저성장 기조가 고착화될 전망이다.

IMF의 2020년 주요국별 경제 전망

(단위: %)

		2018년	2019년	2020(E)			
				2019년 1월 전망	2019년 4월 전망	2019년 7월 전망	2019년 10월 전망
세계 경제성장률		3.6	3.0	3.6	3.6	3.5	3.4
	선진국	2.3	1.7	1.7	1.7	1.7	1.7
	미국	2.9	2.4	1.8	1.9	1.9	2.1
	유로지역	1.9	1.2	1.7	1.5	1.6	1.4
	일본	0.8	0.9	0.5	0.5	0.4	0.5
	신흥개도국	4.5	3.9	4.9	4.8	4.7	4.6
	중국	6.6	6.1	6.2	6.1	6.0	5.8
	인도	6.8	6.1	7.7	7.5	7.2	7.0
	브라질	1.1	0.9	2.2	2.5	2.4	2.0
	러시아	2.3	1.1	1.7	1.7	1.9	1.9
	ASEAN-5	5.2	4.8	5.2	5.2	5.2	4.9
세계 교역증가율		3.6	1.1	4.0	3.9	3.7	3.2

자료: IMF(2019.10), World Economic Outlook

2020년에는 신흥개도국들의 경제 회복세가 상당한 수준에 이를 것으로 전망된다. 중국은 경제성장률의 심리적 지지선이었던 6% 수준을 밑돌 가능성이 상당히 커졌다. IMF의 2019년 10월 전망 기준으로 2020년에는 경제성장률이 5.8%대로 하락할 것으로 보인다. 러시아와 브라질은 2015년과 2016년의 마이너스 성장에서 벗어나 2017년 플러스로 전환되었다. 2019년에도 회복세를 지속하고 있지만, 2020년에는 회복 속도가 더뎌질 것으로 전망된다. 반면, 인도와 ASEAN-5의 회복 속도가 두드러져 이들이 신흥개도국 성장률을 견인할 것으로 보인다.

2

2020년 국내외 경제 이슈

01 • 긴축의 시대에서 완화의 시대로

긴축의 시대가 가고 완화의 시대가 왔다. 기준금리를 인상하는 긴축의 시대가 가고, 불황을 타개하고 경기를 부양하기 위해 기준금리를 인하하는 완화의 시대가 시작됐다. 2008년 글로벌 금융위기 이후에는 양적완화 및 기준금리 인하 등의 강도 높은 완화적(확장적) 경제정책이 주를 이뤘다. 이후 미국 경제가 상당한 수준으로 회복되면서 미국 연방준비제도(Fed)는 2015년 12월과 2016년 12월에 기준금리를 한 차례씩 인상했다. 이어 2017년에는 세 차례, 2018년에는 네 차례 기준금리를 인상했다. 2019년 하반기

들어 기준금리를 낮추는 이른바 완화의 시대가 다시 도래한 것이다.

2019년까지는 미국 경제가 2% 중반 수준의 견고한 성장 기조를 지속했다. 그러나 국제통화기금(IMF)은 2020년부터 경기가 상당한 수준으로 급랭할 것으로 전망했다(2019.10). 미국 경제가 2019년까지는 비교적 견조한 성장세를 이어왔지만, 미·중 무역분쟁과 글로벌 경기둔화에 따른 불확실성 및 위험이 증폭되고 있기 때문이다. 미국의 제조업지수와 소비자신뢰지수가 크게 하락했고, 신규 고용 규모도 크게 축소되는 등 경기후퇴의 경계감이 확대되고 있다. 이에 대응하기 위해서 미국 연준이 2019년 7월 이후 기준금리를 세 차례 인하한 것이다.

미국과 주요 선진국들의 정책금리 전망

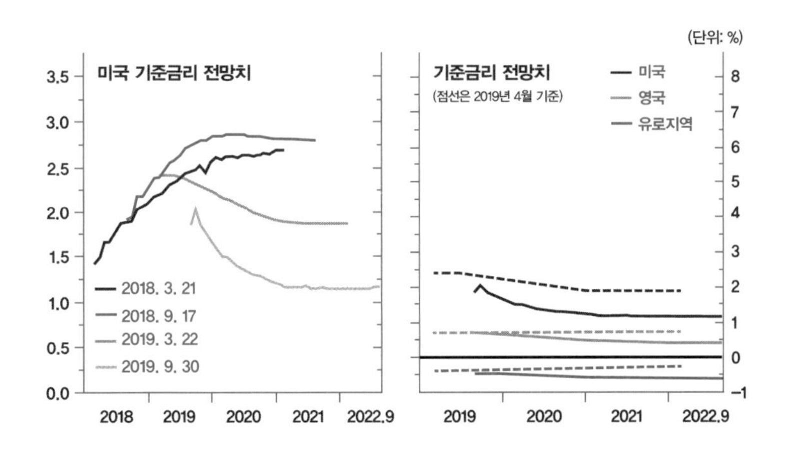

자료: IMF(2019.10), World Economic Outlook

세계적으로도 통화정책 완화 기조로 전환되고 있다. 중국 런민은행은 2019년 8월과 9월 '1년 만기 대출우대금리(LPR, Loan Prime Rate)'를 낮춰 잡았다. 유럽중앙은행(ECB)과 일본은행(BOJ)은 마이너스 국채금리를 도입했다. 신흥국들도 도미노 대열에 동참했다. 홍콩, 브라질, 인도네시아, 뉴질랜드, 인도, 인도네시아, 태국, 터키 등 수많은 신흥국도 줄줄이 기준금리를 인하했다.

기준금리 변동 결정은 기조의 변화를 뜻한다. 마치 비행기가 이착륙하는 것처럼, 한번 이륙하면 상당 기간 비행하고 한번 착륙하면 상당 기간 체류하는 것과 같다. 지난달 인상하고 이번 달에 인하하는 식의 결정이 아니다. 세계적으로 긴축의 시대에서 완화의 시대로 전환된 것이다. 2019년 하반기에 통화정책 기조가 본격적으로 전환되기 시작했으므로, 2020년에는 세계적으로 상당 기간 완화적 통화정책이 유지될 것으로 전망된다.

2019년 들어 한국은행은 두 차례의 기준금리 인하를 단행했다. 이에 따라 한국은 역사적으로 가장 낮은 1.25% 기준금리 시대로 다시 진입하게 된다. 2020년에도 완화적 통화정책을 유지할 것으로 보인다. 한국은행은 지속되는 저물가 현상 및 디플레이션 우려를 막아내고 경기를 부양하는 데 초점을 둘 것으로 판단된다. 확장적인 재정정책과 완화적 통화정책이 맞물려 경기부양에 긍정적으로 작용할 것으로 전망된다.

02
미·중 무역분쟁 장기화와 후폭풍

미·중 무역전쟁이 장기화되는 과정에서 그 영향이 한국을 비롯한 주변국에도 증폭될 전망이다. 미 무역대표부(USTR)는 WTO 개도국 기준을 바꿔 개도국 지위를 넘어선 국가가 특혜를 누리지 못하게 할 것을 공식적으로 제안했다. ① OECD 가입국, ② G20 회원국, ③ 세계은행 분류 기준의 고소득 국가, ④ 세계 상품무역 비중 0.5% 이상 등의 기준에 어느 하나라도 부합하는 국가는 WTO 개도국에 포함되면 안 된다고 강조했다. 중국을 겨냥해 개도국 혜택을 제외하려는 조치이지만, 한국은 고래 싸움에 새우 등 터지는 격이 됐다. 한국은 위 네 가지 기준에 모두 부합하기 때문이다.

한국은 1995년 WTO에 가입할 당시 농업 분문에서는 개도국임을 선언했고, 지금까지 개도국 지위를 유지하고 있다. 농업 외 분야에서는 개도국의 지위를 활용하지 않기로 약속했다. 무역학 이론 중에 '유치산업 보호론(Infant Industry Argument)'이 있다. 어린아이처럼 유치한(infant) 산업에 자유무역논리를 적용하면 산업이 정상적으로 성장할 수 없기 때문에 관세 등의 보호무역 조치를 취할 수 있다는 내용이다. 현재 한국은

WTO 개도국 지위 관련 미국의 제시 기준

	OECD 가입국(7)	G20 회원국(10)	고소득국가(22)	세계무역 비중 0.5%이상(17)
모든 기준 해당(1)	한국	한국	한국	한국
3개 기준 해당(3)	터키, 멕시코	터키, 멕시코, 사우디아라비아	사우디아라비아	터키, 멕시코, 사우디아라비아
2개 기준 해당(12)	칠레, 이스라엘	중국, 인도네시아, 인도, 브라질, 아르헨티나, 남아공	칠레, 이스라엘, 아르헨티나, 싱가포르, UAE, 홍콩, 대만	중국, 인도, 인도네시아, 브라질, 남아공, 싱가포르, UAE, 홍콩, 대만
1개 기준 해당(19)	콜롬비아, 코스타리카		안티구아, 바레인, 바베이도스, 오만, 브루나이, 쿠웨이트, 마카오, 파나마, 푸에르토리코, 트리니다드 토바고, 카타르, 세이셸, 우루과이	필리핀, 태국, 베트남, 말레이시아

자료: 주요 외신 종합

쌀, 고추, 마늘, 양파, 감귤, 인삼, 감자와 일부 민감 유제품 등을 특별품목으로 지정해 높은 관세를 적용하고 있어 자유무역체제에서도 '마음 놓고 농사를 지을 수' 있는 상황이다. 예를 들어 수입쌀에는 513%의 관세를 부과할 수 있다. 그러나 이제 관세를 조정해야 하는 상황에 놓인 것이고, 2020년부터는 국내 농산업에 상당한 구조조정이 일어날 수 있겠다는 우려가 든다.

03
한 · 일 무역전쟁의 소강 국면

2019년 격화됐던 한·일 무역전쟁은 2020년 소강 국면으로 진입할 전망이다. 일본의 수출규제에 한국이 적극적으로 대응함으로써 오히려 자국에 피해가 더 컸음을 일본이 자각했기 때문이다. 한국 정부는 일본이 수출제한 품목을 확대할 경우 선제적으로 대응하기 위해 다양한 대책을 마련했다. 우선 일본의 수출 통제 가능 품목 총 1,194개를 조사하여, 국내 사용량이 많고 수입 대체가 불가능한 품목 약 159개를 집중관리 품목으로 선정했다. 소재부품 수급 대응 지원센터를 구축해 재고 수입 동향을 상시로 파악하고, 기업 애로사항을 해소하며, 맞춤형 대응책을 제공하기 위해 준비하고 있다. 특히 '소재·부품·장비 경쟁력 강화 대책'을 발표해 핵심 전략 품목들을 중심으로 공급을 조기에 안정화하고 대외 의존적 산업구조를 탈피할 청사진을 제시했다.

포토레지스트(감광제)를 생산 판매하는 도쿄오카공업·JSR, 불화수소를 생산 판매하는 스텔라케미파·쇼와덴코·모리타화학공업, 플루오린 폴리이미드를 생산 판매하는 가네카·다이킨공업은 큰손을 잃게 됐다. 한국이 주요 소재 수요를 일본에 90% 의존해온 만큼, 일본의 소재 기업들도 공급의 90%를 한국에 의존해왔기 때문이다. 큰손인 국내 기업들에 안정적으로 납품하기 위해 그동안 수천억을 투자했는데, 당장 문을 닫아야 하는 상황이다. 국내 기업들이 소재 교체를 위한 작업을 이미 단행한 만큼, 양국의 관계가 개선된다고 하더라도 일본 기업들의 재기는 불투명하다. 그뿐 아니라 국민들의 불매운동도 큰 타격이 됐다. 유니클로·혼다·미쓰비시·아사히맥주 등의 주요 일본 제품에 대한 불매운동이 크게 확산됐고, 한국은 일본이 함부로 공격할 만한 대상이 아님을 자각하게 했다.

그 밖에도 여러 가지 이유에서 일본의 경제 공격이 격화되기 어렵다고 판단된다. 2020년에는 도쿄올림픽을 성공적으로 유치해야 하기에 한국을 비롯한 주변국과의 갈등을 최소화해야 하는 상황이다. 무엇보다, 일본 경제가 매우 좋지 못하기 때문에 경제전쟁을 지속할 수가 없다. 일본은 정부부채는 과도하게 쌓이고 경제성장률은 2%를 채 넘지 못하는 지지부진한 흐름을 이어왔다. IMF는 2020년 일본의 경제성장률을 0.5%로 전망했다. '잃어버린 30년'이 되어가는 모습이다. 경제전쟁을 계속할 만큼 자국의 사정이 좋지 못하다.

04

중국, '세계의 공장'이란 타이틀 빼앗겨

중국을 상징했던 '세계의 공장'이라는 표현이 더는 어울리지 않게 됐다. 세계적으로 '탈중국' 추세가 가속화되고 있기 때문이다. 그동안은 주요 글로벌 기업들이 노동집약적인 산업을 중심으로 저렴하고 풍부한 노동력을 보유한 중국을 생산기지로 삼아왔다. 그러나 중국의 노동력은 아시아 주요국들과 비교해 경쟁력을 잃어가고 있고, 그에 비해 베트남을 비롯한 주요 아시아 국가들은 생산 및 물류 인프라를 안정화하기 위해 노력해왔다. 그뿐만이 아니라 글로벌 기업들의 생산 과정에서 노동이라는 요소보다 기술과 정보라는 요소가 더욱 중요해지기도 했다.

미·중 무역분쟁이 장기화되면서 중국에 자리 잡았던 생산기지는 더욱

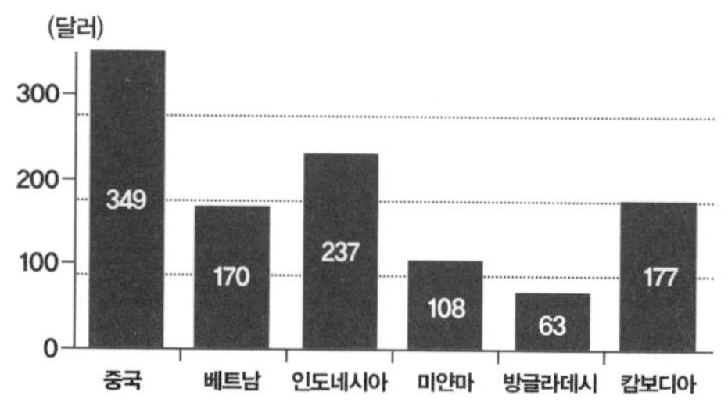

자료: 주요 외신 종합
주: 2018년 기준, 월 임금

빠르게 이동하기 시작했다. 세계 1·3위 컴퓨터 제조 업체인 HP와 델은 중국(충칭) 내 노트북 생산량을 30% 줄인다는 계획을 발표했다. 마이크로소프트, 아마존, 소니, 닌텐도 등의 다국적 기업들 역시 중국 생산라인을 다른 나라로 이전하기 시작했다. 구글도 컴퓨터의 핵심 부품인 머더보드의 생산기지를 대만으로 옮겼고, 애플의 협력회사인 폭스콘은 인도 공장의 생산 능력 확대를 위해 대규모 투자를 진행할 계획이다.

일본의 무쓰미공업은 2019년 초 미얀마 밍글라그룹과 합작해 미얀마에 공장을 설립했다. 무쓰미공업은 자동차 부품이나 플라스틱 제품을 주로 생산하는 기업으로, 미얀마 공장이 완공되는 대로 중국 내 생산 비중을 축소해나갈 계획이다. 일본 엡손은 중국 내 인건비 상승과 환경규제 강화 등으로 대규모 감원을 단행했고, 2021년 3월에는 선전의 손목시계 공장을 폐쇄하기로 결정했다.

한국의 주요 기업들도 마찬가지다. 삼성전자는 2018년 5월 선전의 통신장비 공장을 철수했고, 같은 해 12월 톈진 휴대전화 공장을 철수했다. 현대자동차도 2019년 5월에 베이징 1공장 가동을 중단하고, 시설 활용 방안을 논의 중이라고 한다. 롯데그룹도 중국 내 제과 및 음료 공장 6곳 중 일부를 매각할 것을 검토 중인 것으로 알려졌다. 주요 유통사들도 현지 매장을 철수하거나 매각을 진행하는 추세다. 미·중 무역분쟁이 장기화될 것을 우려하는 기업들이 중국의 현지 공장을 베트남, 인도, 미얀마 등으로 이전하는 현상은 2020년에도 두드러질 것으로 전망된다.

05 · 대국들(Great Countries)의 슬럼프

IMF는 'Group of Four(4대 그룹)'라는 표현을 처음 사용했다. 선진국 그룹, 즉 미국·유로존(Euro Zone)·일본과 중국을 묶어 2020년 이후 뚜렷한 하강 국면에 처할 것으로 전망했다. 대국들(Great Countries)이 슬럼프

세계 및 Group of Four의 경제성장률 전망

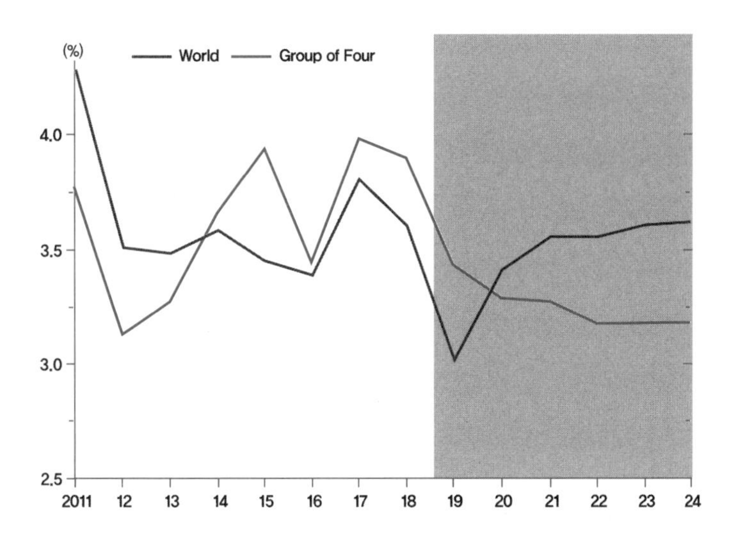

자료: IMF(2019.10), World Economic Outlook
주: 'Group of four'는 중국, 유로존, 일본, 미국을 가리킴

에 처하는 상황인 것이다. 더욱 중요한 점은 세계 경제가 2019년에 저점을 형성하고, 2020년과 2021년에 뚜렷한 반등이 있을 것이라고 진단했다는 점이다. 세계 경제성장률이 2019년 3.0% 수준에서 2020년 3.4%, 2021년 3.6%로 상승할 것으로 전망하는데, 대국들을 제외한다면 그 상승세는 더욱 가파르게 나타날 것이다.

세계은행도 세계 경제가 2019년에 저점을 형성하고, 2020년과 2021년에 반등할 것으로 전망했다(2019.6). 재미있게도 세계 경제성장률은 반등하지만, 선진국과 신흥국은 다른 기조를 보일 것으로 예상하고 있다. 즉 선진국은 2019년 이후 경제성장률이 지속적으로 둔화되지만, 신흥국은 반등할 것으로 전망한다. 이런 관점(view)은 IMF를 비롯하여 주요 경제기구들이 맥을 같이하고 있다.

선진국을 구성하는 주요국들을 보면, 2020년 미국·유럽·일본 등의 경제가 2019년보다 훨씬 안 좋다. 미국은 2019년까지 양호한 고용시장이 뒷받침되어 민간소비 회복세가 기대되고 세제 개편 및 확장적 재정 지출 등으로 견조한 성장세를 지속했으나, 2020년에는 경기둔화 우려가 확산되는 모습이다. 특히 제조업 경기가 크게 부진해지고, 중국의 농산물 수입금지 조치 등으로 1차 산업에도 충격이 더해질 전망이다. 이런 흐름을 반영해 미국 연준은 기준금리를 인하하는 등 적극적인 경기부양책을 단행해나갈 것으로 예측된다.

유로존은 2016년의 저점에서 2017년까지 회복세를 보였으나, 2018년 이후 회복세가 점차 둔화되면서 2019년 1.3% 수준의 부진한 흐름을 이어가고 있다. 2020년 경제는 2019년 최악의 수준에서는 벗어나지만, 부진한 흐름이 지속될 것으로 보인다. 유럽의 경제를 견인하는 독일도 수출경기가 위축되고 제조업 경기가 심각하게 침체되면서 성장부진이 지속될 전망이다. 영국 신임 총리 보리스 존슨이 2019년 10월 말 브렉시트를 강행하고 있어 상당한 지각 변동이 일어나고 있다. 영국의 노딜 브렉시트의 문제가 해소될 기미가 보이고는 있지만, 연합왕국(United Kingdom)을 이루는 4개국(잉글랜드·웨일스·스코틀랜드·북아일랜드)을 묶던 힘이 약해지고 분리 독립 가능성이 커지면서 영국을 비롯한 유럽을 중심으로 불확실성이 확대되고 있다.

일본은 '잃어버린 20년'에서 '잃어버린 30년'으로 장기 저성장세가 지속되고 있다. 1990년대 초 버블이 붕괴된 이후 일본 경제는 장기 저성장세를 이어왔다. 2017년까지 약 30년간 평균 1% 성장에 그쳤다. 그 결과 일본의 1인당 GDP는 3만 달러대에 머무는 등 소득 수준이 정체된 상황이다. 2018년과 2019년에 0%대 성장세를 지속했는데, 2020년에도 0.4% 수준으로 극심한 침체 국면에 진입할 것으로 전망된다. 일본이 단행한 한국을 향한 수출규제는 오히려 자국 경제와 산업에 회복의 걸림돌로 작용하면서 경제 여건이더욱 어려워질 것으로 보인다.

중국은 경제성장률의 심리적 지지선이었던 6% 수준을 밑돌 가능성이 상당히 커졌다. IMF는 2020년 중국의 경제성장률을 5.8%로 전망했다(2019. 10). 2019년 7월 이후 미·중 무역전쟁이 더욱 격화됐고, 그 영향이 직접적으로 미치고 있기 때문이다. 기업들의 생산기지 이전이 더욱 가속화됨에 따라 부채 문제를 해결하기 어렵고, 투자와 소비가 더욱 위축되는 악순환의 고리에 처할 것으로 보고 있다.

②

06

2020년을 이끌 반등신흥국
(Rebounding Emerging)

2020년에는 신흥개도국들의 경제 회복세가 상당한 수준에 이를 것으로 전망된다. 세계 주요 기구들은 신흥국들의 경제성장률이 2019년 이후 대체로 뚜렷한 반등세를 보일 것으로 본다. 신흥국 중에서도 아시아 신흥국들이 두드러지게 높은 경제성장률을 기록할 것으로 예상된다. 다른 신흥국 권역들은 3% 수준의 성장세이지만 아시아 신흥국들은 6%대의 성장세를 보인다는 점에서, 2020년을 이끌어갈 주력 신흥국들이 아시아에 집중적으로 분포되어 있다고 판단된다.

세계 주요 해외투자은행들은 인도, 인도네시아, 필리핀, 베트남 등의 성장세에 주목하고 있다. 해외투자은행들은 2020년 경제성장률을 인도 7.0%, 인도네시아 5.2%, 필리핀 6.2%, 베트남 6.7%로 전망했다(2019. 8). 필자는 2019년 1월에 이미 오마이스쿨 유료 온라인 강연을 통해 베트남, 인도, 필리핀을 VIP(Vietnam, India, Philippines)로 꼽으며 유망 투자 대상국임을 설명한 바 있다. 그 밖에도 미얀마, 캄보디아, 태국, 라오스 등의 신흥국들도 유망한 투자 대상임을 다양한 강연과 칼럼을 통해 밝혀왔다. 미얀마, 라오스, 캄보디아 등의 국가들도 경제성장률이 7% 수준

아시아 주요국 경제성장률 전망

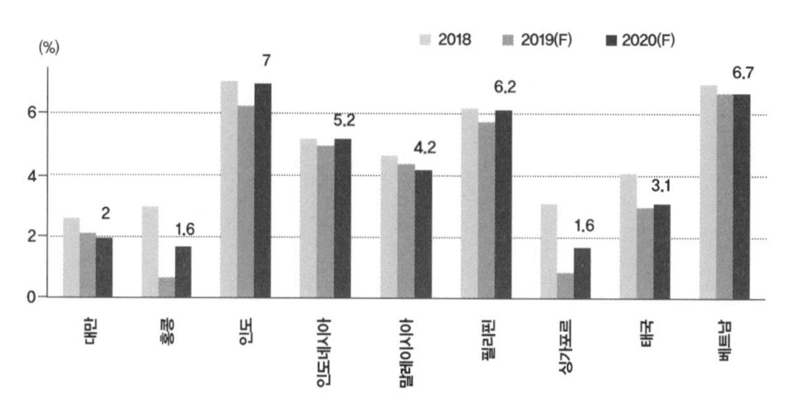

자료: 국제금융센터, 주요 9개 해외투자은행(Barclays, BoA-ML, Citi, Credit Suisse, GS, JPM, HSBC, Nomura, UBS)의 전망 집계
주: 2019년 8월 말 기준

을 지속하고 있다. 이들 국가는 에너지·통신·교통·물류 인프라를 고도화하기 위해 집중적으로 투자하고 있고, 저렴한 노동력과 풍부한 자원을 바탕으로 중요한 생산기지로 자리 잡아가고 있다.

07

소득주도성장 계속될까?

"2020년까지 최저임금 1만 원을 이룬다는 목표는 사실상 어려워졌습니다. 결과적으로 대선공약을 지키지 못하게 된 것을 사과드립니다." 2018년 7월 16일 오후 문재인 대통령의 청와대 발표 내용이다.

2018년에는 공약을 달성하기 위해 16.4%라는 최저임금 인상률을 적

최저임금 공약 달성 시나리오와 실제 최저임금 인상 속도 비교

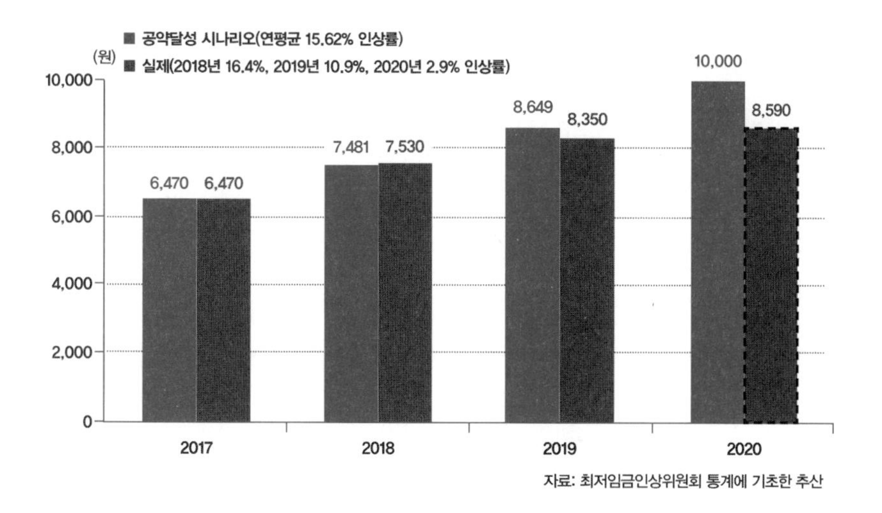

자료: 최저임금인상위원회 통계에 기초한 추산

극적으로 추진했으나, 2019년에는 인상 여건의 다양한 어려움을 인정하면서 최저임금 인상률을 10.9%로 낮춰 잡았다. 2019년 최저임금이 8,350원으로 결정된 상황에서는 2020년 인상률을 19.76%로 결정해야만 공약을 이행할 수 있는데, 사실상 이행이 불가능해진 것이다.

문 대통령은 또 "최저임금의 인상 속도가 기계적 목표일 수는 없으며 정부의 의지만으로 할 수 있는 일이라고 생각하지 않습니다"라고 밝혔다. 소상공인과 중소기업들의 인건비 급등으로 일자리가 줄어드는 부작용을 고려해 인상 속도를 조절한 것으로 평가된다. 2020년까지 10,000원의 최저임금 인상 목표를 달성하는 것은 우리 경제가 감당하기 어렵다고 판단한 것이다. 결국 2020년 최저임금은 전년 대비 2.9% 오른 8,590원으로 결정됐다.

공약은 반드시 지켜야 할 국민과의 약속이다. 약속을 지키기 어려워진 상황에서는 대통령의 진중한 사과도 필요하다. 그 약속을 믿고 대통령을 선택했기 때문이다. 현재의 경제적 여건에서는 '공약 불이행과 사과'가 최선의 의사결정이 아니었나 생각해본다. 철저하게 경제적 여건만을 고려했을 때 그렇다는 것이다. 최저임금 10,000원이라는 '좋은 공약'은 언제나 좋은 것이 아니라, '좋은 여건'이 전제됐을 때 좋은 것이다. 좋은 공약이었지만, 지금의 경제적 여건에서는 공약 불이행이 보다 적절한 선택이라고 판단된다.

②

08
'소주성'에서 '소부장'으로

2020년에는 소득주도성장(소주성)이라는 분배 중심의 경제정책 기조에서 소재·부품·장비(소부장)의 투자진작이라는 성장 중심의 기조로 전환될 전망이다. 2020년 예산은 약 513.5조 원에 달한다. 2018년에 계획했던 504.6조 원과 비교하면 약 8.0조 원을 확대 편성한 것이고, 2019년 예산과 비교하면 43.9조 원이 증액된 셈이다. 2020년만이 아니라 2021년과 2022년의 예산안 계획치를 봐도 기존의 계획보다 훨씬 큰 규모로 지출하겠다는 의지가 보인다.

예산안의 규모도 중요하지만 '잘 쓰이는가'도 매우 중요하다. 자녀에게 용돈을 줬을 때, 그 돈으로 자녀가 책을 살 수도 있고 게임을 하는 데 쓸 수도 있다. '어떻게 쓰이느냐'에 따라 결과는 달라질 것이다. 2020년 정부 예산안의 분야별 증감률을 보면, 현 정부가 경제 분야에 집중하고 있음이 명확히 드러난다. 무엇보다 '6. 산업·중기·에너지' 부문의 2020년 예산 증가율이 27.1%로 단연 높다. 사실 2019년에도 이 분야에 대한 예산을 가장 크게 증가시켰다. 신산업에 대한 투자를 확대해 미래 성장동력을 창출하고자 하는 방향성이 두드러진다. '5. R&D' 예산은 핵심

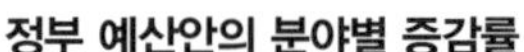

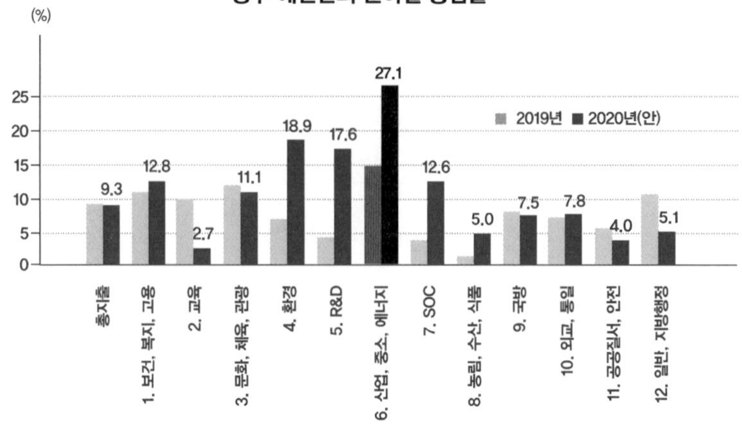

자료: 기획재정부

주: 2019년은 국회 통과 후 확정 예산을, 2020년은 국회 통과 전 예산안을 기준으로 함

소재·부품·장비 산업을 고도화하기 위해 17.6% 증가시킬 계획이고, '4. 환경'과 '7. SOC' 예산도 중점적으로 확대해 건설투자를 회복시키는 데 주안점을 두고 있다.

특히 정부의 중점 투자 분야에 주목해야 한다. 정부는 소재·부품·장비의 핵심 기술 개발 분야에 중점을 둘 계획이다. 핵심 소재·부품·장비가 조기에 안정적으로 공급되도록 지원하고, 수입 의존도를 획기적으로 낮추어 산업 체질을 근본적으로 강화하는 데 목표를 두고 있다. 기술 개발과 설비투자를 위한 펀드를 조성해 민간투자를 유인할 것으로 보인다. 무엇보다, 이미 소재 양산 기술을 보유한 기업들을 중심으로 공급물량을 확대하기 위해 설비투자 자금을 지원할 방침이다.

09

일상으로 다가온 디지털 트랜스포메이션

디지털 트랜스포메이션(Digital Transformation)은 기업들이 빅데이터, 로봇, 블록체인, 클라우드, 인공지능, 사물인터넷, 가상·증강현실 등 4차 산업혁명의 기반 기술들을 활용하여 전략과 비즈니스 모델을 전환하고 경쟁력을 강화하는 방향으로 나아가는 것을 말한다. 농축산업에서는 스마트팜을, 제조업에서는 스마트팩토리를, 유통업에서는 키오스크(Kiosk)를 도입하는 것이 대표적인 예다. 디지털경제(Digital Economy)로 변모하고 있는 시점에 주도권을 잡고 이를 선도하려는 기업들의 움직임이 다양하게 나타나고 있다.

비자카드는 위치기반 빅데이터에 기반하여 마케팅 효과를 극대화했다. 고객의 소비 빅데이터를 활용해 소비행태를 분석하고, 향후 예상 경로 및 소비를 예측하는 시스템이다. 이를 통해 고객에게 맞춤화된 쿠폰을 발송해주는 시스템까지 구축했다. 모든 고객에게 똑같은 쿠폰 및 서비스를 제공했던 기존 모델과는 차별화된 서비스를 제공하고 있다.

비자카드의 빅데이터 기반 소비성향 예측

자료: 비자카드

필자가 특허청 한국발명진흥회 심사위원으로 활동하면서 접한 인상 깊은 기술이 있다. C&Tech라는 스타트업의 사물인터넷(IoT)을 활용한 원격 동산 담보 관리 시스템으로, 이 기술이 은행 산업에 돌풍을 일으켰다. 부동산 담보나 3년 이상의 매출실적을 갖고 있지 못한 스타트업들은 그간 은행으로부터 대출을 받아 자금을 마련하기가 상당히 어려웠다. 그 때문에 좋은 기술이나 아이디어가 있어도 사업화하기가 쉽지 않았다. 중소기업들 역시 대출을 받기가 쉽지 않았다. 중소기업들이 보유한 자산은 주로 생산장비 등인데, 훼손이나 분실 등의 우려가 있어 은행들이 동산 담보로 인정하길 꺼렸기 때문이다. 그런데 C&Tech의 원격 동산 담보 관리 시스템은 은행 담당자가 동산 현장을 계속 방문·점검해야 하는 불편을 줄였고, 자금난을 겪는 중소기업에 숨통을 틔워주었다.

이 시스템의 등장으로 부동산 담보에 치우쳐 있던 기존 기업여신 제도

사물인터넷 기반의 동산 담보 관리 시스템

자료: C&Tech, 금융위원회

가 개선되고 있다. 기술력이나 성장 잠재력이 높지만 자금 여력이 부족해 어려움을 겪던 기업들을 육성하는 데에도 혁신적인 기여를 하고 있다고 평가받는다. 국내 시중은행들은 모두 동산 담보 관리 시스템을 도입했고, 2020년에는 보다 많은 홍보가 이루어지면서 동산 담보 대출 규모가 급증할 것으로 전망된다.

2020년에는 무인은행이 등장할 것으로 전망된다. 무인서점이나 무인까페와 달리 무인은행은 불가능하다고 주장하는 전문가들도 있는데, 보통 이들은 '신분확인 및 인증'과 '상담 서비스'라는 한계로 무인은행이 불가능할 것으로 보고 있다. 그러나 2019년에는 신분확인 및 인증이 기술로 가능함을 보여준 사례들이 등장했다. 중국을 대표하는 은행 중 하나인 ABC(Agricultural Bank of China)는 바이두(Baidu)가 개발한 안면인식 기술(facial recognition technology)을 활용한 ATM을 도입했다. 2020년에는 얼굴, 목소리, 홍채, 지문, 정맥 등의 생체인식 기술을 중첩적으로 적용해 비대면 신분확인 서비스가 상용화될 것으로 보인다. 필자는 국내 공항을 이용할 때 신분증을 지참할 필요가 없다. 필자가 특별한 사람이라서가 아니라 정맥과 지문을 등록했기 때문이다. 머지않아 생체인식 기술을 도입해 개인인증을 처리하는 서비스가 보편화될 것으로 보인다.

상담 서비스도 인공지능 챗봇이 하게 될 것으로 보인다. 문자 챗봇에서 나아가 음성 챗봇과 다국어 챗봇까지 등장했다. 영국의 냇웨스트(NatWest)은행은 인공지능 챗봇 '코라(Cora)'를 자체 개발해 테스트를 진행했다. 소프트뱅크(SoftBank)가 개발한 로봇 형태의 챗봇에 이어 모니터 속의 아바타형 디지털 챗봇이 개발됐고, 이 챗봇이 은행 직원의 업무를 대신 수행하고 있다. 이에 따라 2020년에는 신분확인 및 인증과 상담 서비스가 가능한 실감형 키오스크의 형태로 무인은행 서비스가 등장할 것

안면인식 ATM 도입

자료: Agricultural Bank of China

인공지능 챗봇 코라(Cora)

자료: NatWest Bank

으로 전망된다. 이미 우리은행은 화상상담이나 바이오인증 시스템 등을 통해 평일 저녁이나 주말, 공휴일에도 신규 통장이나 체크카드를 발급할 수 있는 '위비키오스크'를 도입해 86곳의 탄력점포를 운영하고 있다.

'언택트 서비스(Untact Service)'가 보편화될 전망이다. Untact는 접촉을 뜻하는 콘택트(contact)에 부정의 의미를 나타내는 접두사 'un'이 합쳐진 신조어로, 비대면/비접촉을 뜻한다. 최근 유통 산업의 디지털 트랜스포메이션의 돌풍을 불러온 기술은 키오스크라고 해도 과언이 아니다. 2020년에는 키오스크가 고도화되고, 대형 외식 프렌차이즈뿐만 아니라 소상공인에게까지 보편화될 것으로 전망된다. 소비자들도 키오스크 사용에 익숙해지고, 점원을 통하는 것보다 키오스크를 더 선호하게 될 것이다. 이뿐 아니라 다양한 생체인식 기술이 적용되면서 무인결제 시스템이 보급될 것이고, 스타벅스가 선보인 사이렌 오더 기능과 같이 점원을 만나지 않는 언택트 서비스가 급증할 전망이다. 이런 현상은 오프라인상에서의 소비임에도 온라인에서 결제를 진행하는 O2O 서비스(Offline to Online service)가 급격한 속도로 확대되리라는 예상도 가능케 한다.

UX(User Experience, 사용자 경험)가 기업의 최대 고민이 될 것이다. 이미 온라인으로 주요 소비처를 옮겨간 소비자들에게 어떻게 하면 제품과 서비스를 미리 경험/체험해보게 할 수 있을까에 대한 고민이다. 일본의 안경 브랜드 진스(Jins)는 가상·증강현실과 인공지능 및 빅데이터를 결합한 '진스브레인(Jins Brain)' 서비스를 제공하고 있다. 워너비

인공지능 기반 상품 추천 플랫폼

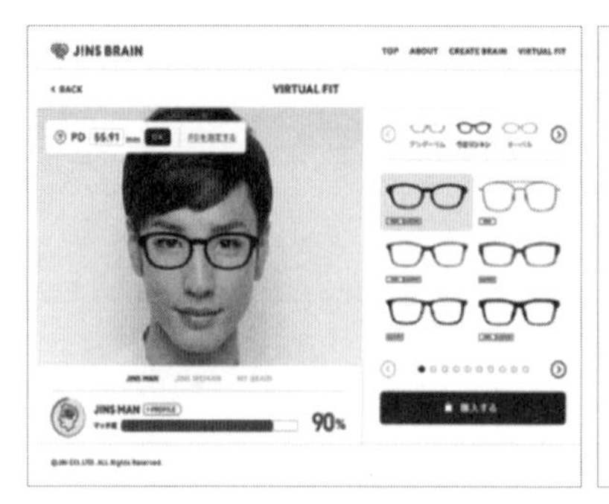

자료: Jins

증강현실 상품 체험 플랫폼

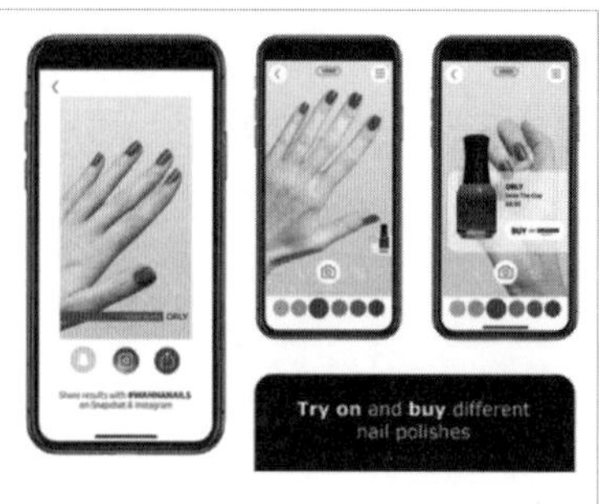

자료: WANNABY

(WANNABY)라는 스타트업은 증강현실(AR) 기술을 사용해 신발을 미리 신어보거나, 매니큐어를 칠해보거나, 반지를 착용해보고 구매를 진행할 수 있는 플랫폼을 개발해 세계적으로 주목받고 있다. 이케아(IKEA)도 가구를 미리 놓아보고 구매할 수 있도록 플랫폼을 도입했다. 그 외 수많은 패션 기업이 옷을 입어보고 구매하고, 화장품 기업들도 화장을 해보고 구매할 수 있도록 하는 UX 관점의 고민을 하고 있다. 2020년에는 유통사들의 UX 경쟁이 치열하게 전개될 것으로 보인다.

전 산업에 걸쳐서 디지털 트랜스포메이션이 본격화되고 구체적으로 새로운 비즈니스 모델과 서비스를 제공하기에 이를 것이다. 드론을 활용하는 건설업, 블록체인을 도입하는 물류 서비스, 빅데이터에 기초한 이동 서비스, 스마트팩토리를 도입한 제조업뿐만 아니라 스마트홈과 스마트가전 등의 보편화로 일상의 모습도 디지털로 전환될 것이다.

10
2020년 부동산시장의 키워드는 탈동조화

2019년 부동산시장의 주요한 이슈는 '역전세난'이었다. 2013년부터 2017년까지 전세공급 부족 현상이 가속화되면서 전세난이 심각했다. 해당 기간 주택 매매 가격이 급등하면서 아파트 분양물량이 급증했다. 이를 가격 상승세를 노린 투자자들이 적극적으로 매수했고, '전셋집 찾기가 하늘의 별 따기'라고 느끼던 많은 가계는 전세에서 '내 집 마련'으로 이동해왔다. 투자자들이 매수했으니 전세공급이 늘었고, 전세에서 내 집 마련으로 이동했으니 전세수요가 줄었다. 그래서 역전세난이 온 것이다. 집주인이 세입자를 구하지 못해 어려움을 겪는 지역도 있다.

2019년 하반기부터는 역전세난이 다소 해소되는 모습이다. 전세수급지수가 2019년 중에 100p를 밑돌았지만, 반등하며 상승세로 전환됐다. 다시 전세공급 부족 현상이 나타나기 시작했다고 해석할 수 있다. 전국의 평균적인 지표가 그렇지만, 지역별로 매우 다른 움직임이 나타날 것으로 전망된다. 특히 산업 구조조정이 본격화된 지방권을 중심으로 공실이 해소되지 못하며, 급매나 경매 물건들이 확대되는 모습이 전개될 것으로 보인다. 상대적으로 수도권은 매매거래는 활발하지는 않지만, 수요

아파트 매매가격지수 추이

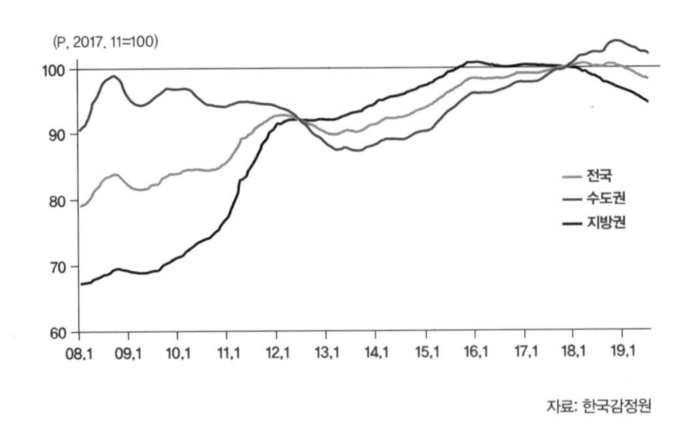

자료: 한국감정원

가 뒷받침되고 저금리 수혜 등으로 매매 가격이 조정되지 않는 견조한 흐름을 보일 것으로 전망된다. 분양가 상한제의 적용과 각종 부동산 규제 이행 등에 따라 차이가 있겠지만, 단기간 안에는 수도권 주택 가격 상승세가 잡히는 효과가 나타나더라도 일시적일 뿐 중기적으로는 상승세를 이어갈 것으로 보인다. 미분양주택 추이를 보면 그런 현상을 보다 정확히 읽을 수 있다.

전국의 평균적인 아파트 매매 가격은 2019년 말까지 하락세가 지속되고 있다. 그러나 이런 추세는 지방권의 가파른 하락세가 반영됐을 뿐 수도권은 다른 모습을 보인다. 이런 흐름은 2020년에도 지속될 것으로 전망된다. 지역별 탈동조화(decoupling) 현상은 2020년 부동산시장의 키워드가 될 것으로 보인다.

지방권의 아파트 매매가격지수는 2016년부터 둔화되기 시작했고, 2017년 하반기부터 하락세가 뚜렷하게 나타나고 있으며, 2019년에는 하락세가 상대적으로 가파르게 나타났다. 주로 산업 구조조정이 본격화된 지역들을 중심으로 주택 매매 가격이 조정된 것이다. 2019년에는 부동산 매수 심리가 크게 위축되면서, 재건축 등의 특수가 없는 지방권을 중심으로 매매 가격이 조정됐다. 특히 수요가 뒷받침되지 못하는 지역에서 전세 가격이 먼저 조정됐고, 이에 따라 '갭투자자들'의 매도세가 증폭되어 가격조정으로 이어진 것이다. 2020년에도 뚜렷하게 회복될 만한 요소가 없기 때문에 이런 흐름이 지속될 것으로 전망된다.

수도권은 수요가 탄탄하게 뒷받침되는 특징이 있기에 가격조정보다는 거래둔화가 이어져 왔다. 지방권에서는 세입자를 찾지 못하는 투자자들이 급매를 내놓으면서 가격이 조정됐지만, 수도권에서는 자가에 거주하는 실거주자가 집을 내놓지 않는 선택을 하고 있다. 자가점유 비중이 높은 수도권의 경우, 2020년에도 '가격이 떨어지더라도 눌러앉자'라는 심리가 지배적으로 되면서 거래가 줄어들 뿐 수요층의 호가만 상승하는 현상이 지속될 것으로 보인다. 매매거래는 크게 줄어들지만, 종종 체결되는 매매계약은 가격이 완만하게 상승하는 추세를 연출할 것으로 보인다. 더욱이 정부가 위축된 건설투자를 회복시키기 위해 대규모 SOC 투자를 집중할 예정이다. 특히 수도권 신도시 지역과 서울의 미개발 지역을 중심으로 GTX 등의 대규모 교통시설이 들어서고, 다양한 지역 인프라가 확충되는 과정에서 가치가 상승하는 현상이 나타날 전망이다.

3

2020년 한국 경제 전망과 우리의 대응

2020년 국내 경제성장률 전망

2019년 한국 경제는 하강 국면이 명확한 '결정점(deciding point)'으로 비유됐다. 기회요인보다 위협요인이 절대적으로 많은 해였다. 대외적으로나 대내적으로나 불확실성이 가득했다. 사실 2018년부터 시작된 하강 국면은 2019년에 더욱 강하게 작용한 것으로 보인다. 보호무역주의가 격화되면서 무역분쟁으로 확대되듯이 말이다. 2018년 한국 경제가 '나름의 선방'이라는 2.7%를 기록한 이유는 수출 덕분이다. 내수경제가 급속히 안 좋아졌지만, 수출이 3.3% 증가하면서 경제를 지탱해주었다. 2019년에는 대내경제가 안 좋은데 수출마저 크게 둔화되면서 경제성장률이 크게 하락한 것이다. 2019년 경제성장률 2.1%는 2009년의 글로벌 금융위기 충격 이후 가장 낮은 수준이고, 유럽발 재정위기의 충격이 있었던 2012년(2.4%)보다도 낮은 수준이다.

2020년 한국 경제 전망

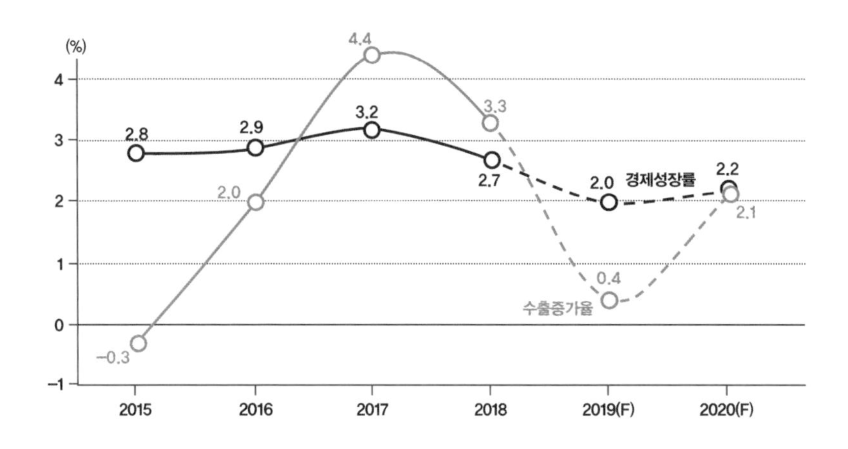

자료: 김광석(2019.10.29.) 《한 권으로 먼저 보는 2020년 경제 전망》, 이지퍼블리싱

주 1: 2019년 11월 20일 기준 전망치임

주 2: 수출 증가율은 재화의 수출(F.O.B)을 기준으로 함

2020년 한국 경제는 수많은 변화에 직면하는 대전환점(point of great transition)에 놓여 있다. 2019년 저점에서는 반등하지만, 회복세를 체감할 수 없는 수준의 2.2% 경제성장률을 기록할 것으로 전망된다. 주변의 많은 채널에서 위기감을 조성하는 경향이 있기도 하다. 2020년은 IMF 외환위기나 글로벌 금융위기와 같은 위기 상황이 아니다. 중장기적으로 경기가 둔화되는 기조 속에서, 2019년 저점을 뒤로하고 소폭의 반등이 있는 시점이다. 회복이라고 느껴지지는 않지만, 위기라고 정의될 수는 없다.

우리의 대응

2020년은 많은 것이 바뀌는 대전환점이다. 세계 경제의 기조도, 정부의 재정정책 방향도, 통화 당국의 통화정책 결정도 모두 전환되는 시점이다. 이런 전환에 발 빠르게 대응하지 않으면 아무것도 얻을 수 없을 것이다. 변화의 흐름을 적극적으로 관찰하고, 적절한 대응 전략을 구사해야 할 것이다.

국내외 경제 이슈들은 '나'와 상관없는 게 아니다. 도리어 '나'의 삶을 결정한다. 기업은 2020년 경제적 환경 변화를 주목하고, 기회요인을 포착하고 위협요인에 대비해 극복할 수 있어야 한다. 개인은 세계 경제에 속해 있는 하나의 유기체로서 경제를 들여다보고 싶다는 인문학적 필요를 충족할 수 있다. 특히 투자자라면, '눈을 감고 운전하는 일'이 없어야 할 것이다.

다른 시대로의 전환이 이루어지기 시작하는 2020년에는 개인이 어떻게 대응하느냐에 따라 결과가 달라질 수 있다. 하강 국면에서는 대부분에게 좋지 않은 흐름이 진행되고 상승 국면에서는 대부분에게 좋은 성과를 가져다주겠지만, 전환 국면에서는 준비된 자에게만 좋은 결과가 나타날 수 있다. 2020년 경제를 먼저 들여다보고, 나에게 어떤 기회가 있을지 그리고 어떤 위협요인이 있을지를 진단해볼 필요가 있다.

2020년은 선택적으로 투자를 계획할 시점으로 판단된다. 긴축의 시대에서 완화의 시대로 전환되는 2020년은 유례없는 초저금리를 경험하게 될 가능성이 있다. 금리가 하락하니, 현금을 보유하기보다는 유망한 투자처로 현금을 이동시킬 필요가 있다. 주식시장과 부동산시장이 2019년에 비해 매력적일 수 있다.

주식시장은 기본적으로 경제와 동행하고 금리와 역행하는 성격이 강하기 때문에 2020년 주식시장은 추천할 만한 투자 대상이다. 낮은 금리에 따른 수혜와 확장적으로 편성되는 재정이 투입되는 산업에 대한 관심이 필요하다. 물론 평균 주가(KOSPI)가 뚜렷하게 상승하지는 않기 때문에 경제성장을 견인하는 유망 산업을 주목할 필요가 있다. 디지털 트랜스포메이션을 선도하는 기업들에 주목하자. 또 소재·부품·장비 국산화에 기여하는 기업들은 평균적인 주가의 흐름을 넘어설 것이다. 반도체 산업의 고도화, 재생에너지로의 패러다임 전환, 지급결제 산업의 혁신 등도 투자 관점에서 중요하게 고려되어야 할 산업 트렌드다. 예를 들어 전기자동차 충전 및 과금 시스템 도입이나 시스템 반도체 핵심 장비 개발 등을 선도하는 기업들은 투자 관점에서 상당한 주목을 받을 것이다.

부동산시장은 평균적으로는 완만한 상승세가 지속되지만, 지역 간 탈동조화 현상에 주의가 필요하다. 내 집 마련을 목표로 한 실수요자라면, 신규 주택 분양의 기회를 잡기 위해 적극적으로 시도해야 할 것이다. 2020년 부동산 후속 대책들은 실수요자들이 내 집 마련의 기회를 가질 수 있도록 여건을 마련하는 데 더욱 집중할 것이고, 분양가 상한제 적용과 금융지원 등을 통해 부담을 줄여줄 것이다. 한편 투자자들은 지역별로 달리 움직인다는 특성을 전제하고, 정부의 SOC 투자가 집중됨에 따라 가치가 크게 상승할 만한 지역을 선별적으로 따져보면서 소극적으로 투자 의사결정을 해야 하겠다.

마지막으로 2020년 경제 전망에 기초한 투자 방법을 고려해볼 만하다. 2020년에는 세계 경제가 신흥국들을 중심으로 반등하고, 특히 아시아 신흥국의 성장세가 상대적으로 견조할 전망이다. 이런 관점에서 신흥국 경기지수를 연동한 아시아 신흥국 ETF(Exchange Traded Fund)가 유망할 것으로 보인다. 한편, 원유선물 ETF 투자를 시도하는 것도 적절할 수 있겠다. 주요 국제기구들은 국제원유의 공급 차질 및 글로벌 수요 증가로 국제유가가 2020년 상반기까지 상승세를 지속할 것으로 보고 있다.